# Was dich in diesem Buch erwartet:

Dieses Buch ist in zwei Abschnitte unterteilt.

## 1. Buch

Im ersten Abschnitt findest du alle Inhalte des **Öffentliche Verwaltung** Buches.

## 2. Digitale Inhalte

Im zweiten Teil erklären wir dir, wie du unseren digitalen **Rechtspfleger** Online Testtrainer nutzen kannst.

Lucas Weigerstorfer
Waldemar Erdmann

# Einstellungstest Öffentliche Verwaltung

## Verwaltungsfachangestellte & Verwaltungswirte

## Über 1.200 Eignungstest-Aufgaben mit Lösungen

## Eignungstest im Auswahlverfahren bestehen

Allgemeinwissen, Logik, Konzentration, Merkfähigkeit, Sprache, Fachwissen

plakos

**Herausgeber:**
Plakos GmbH
Vertretungsberechtigter Geschäftsführer: Waldemar Erdmann
Sitz: Willy-Brandt-Allee 31 B, 23554 Lübeck
Redaktion: Sonja Waldschuk

**Website und Kontakt**:
www.plakos-akademie.de
E-Mail: support@plakos.de

Facebook: plakosDE
YouTube: Plakos Akademie
Instagram: plakos_akademie
TikTok: plakos_akademie



ISBN: **978-3-985252-96-1**

# Einstellungstest erfolgreich bestehen?

Die Plakos GmbH hat bereits tausende Bewerber mit Büchern, Online-Kursen, Apps und Seminaren auf Einstellungstests und Assessment Center vorbereitet. Die angesehenen Online-Tests von Plakos wurden millionenfach absolviert. Dieses Buch dient zur umfassenden Vorbereitung auf den Einstellungstest Öffentliche Verwaltung.

**Dein Feedback ist uns wichtig!**

Sollten dir Fehler in diesem Buch auffallen oder solltest du unzufrieden mit den Inhalten oder einem unserer Produkte sein, so schreibe uns gerne eine E-Mail an support@plakos.de. Wir antworten schnellstmöglich! Antworten auf häufig gestellte Fragen findest du auch auf der Webseite plakos-akademie/kundenservice/.

**Hinweis**: Aus Gründen der Lesefreundlichkeit wird weitgehend auf Gendering verzichtet. Die gewählte Personenform gilt wertfrei für beide Geschlechter.

1. Auflage
Lucas Weigerstorfer
Waldemar Erdmann

## Danksagung

Unser Dank gilt vor allem den Bewerbern, die mit ihren zahlreichen Zuschriften, Erfahrungsberichten und Verbesserungsvorschlägen dieses Buch erst möglich gemacht haben. Vielen Dank für eure Kommentare und Nachrichten auf YouTube und Facebook und anderen Kanälen!

Außerdem bedanken wir uns bei allen internen und externen Mitarbeitern, welche einen wesentlichen Anteil an dem Buch hatten, dazu gehören insbesondere Sarah Hoss, Dorena Nellen, Ha Linh Truong, Jana Buchtojarow, Marja Schiffer und Annika Miersen.

# Inhalt

Inhalt

# Über die Autoren

**Waldemar Erdmann** ist Geschäftsführer der Plakos GmbH, welche bereits seit über einem Jahrzehnt erfolgreich Webseiten für Karriereberatung und Online-Tests betreibt. Er machte seinen Abschluss an der Fachhochschule Würzburg zum Thema Skills Management Software. Er hat zahlreiche Bücher und Artikel zum Thema Eignungstests und Auswahlverfahren verfasst. Darüber hinaus entwickelt Waldemar eigenständig Apps und Online-Tests, welche Bewerber auf verschiedenste Auswahlverfahren vorbereiten. Heute lebt er mit seiner Familie in der schönen Hansestadt Lübeck.

**Lucas Weigerstorfer** ist Diplom-Verwaltungswirt (FH) und hat selbst ein duales Studium in der öffentlichen Verwaltung in Bayern absolviert. Um für dieses Studium in Frage zu kommen, musste er am LPA-Test sowie dem sich anschließenden Auswahlverfahren teilnehmen.

Als Lucas die Website www.beamtentest-vorbereitung.de ins Leben rief, war es sein Ziel, ausführliche Informationen zu den einzelnen Ausbildungs- und Studienberufen in der öffentlichen Verwaltung zu liefern. Gemeinsam mit Plakos bedient Lucas außerdem einen YouTube-Kanal mit tausenden von Aufrufen jeden Monat. Die Komplettpakete von Plakos sind digitale Kurse, die eine umfassende Vorbereitung auf den Einstellungstest in der öffentlichen Verwaltung ermöglichen. In diesem Buch findest du neben unzähligen Aufgaben wertvolles Zusatzwissen, das dir dabei hilft, das für dich bestmögliche Ergebnis zu erzielen und das Einstellungsverfahren mit Erfolg zu meistern.

# Vorwort

Auf den folgenden Seiten findest du die besten Tipps zur optimalen Vorbereitung auf den Einstellungstest in der öffentlichen Verwaltung. Wir zeigen dir unter anderem, wie das Einstellungsverfahren im Detail abläuft, analysieren die einzelnen Themenbereiche des Tests und erarbeiten deine beste Strategie für die Vorbereitung und für dein Vorgehen in der Prüfung.

Warum wir so gut über dieses Thema informiert sind? Einer der beiden Autoren, Lucas Weigerstorfer, hat sich nach dem Fachabitur für ein duales Studium in der öffentlichen Verwaltung in Bayern entschieden. Nach erfolgreicher Teilnahme am LPA-Test wurde er von verschiedenen Behörden zu Vorstellungsgesprächen sowie Assessment Center eingeladen. Die Gespräche verliefen positiv und sein künftiger Dienstherr bot ihm einen Studienplatz an der Hochschule für den öffentlichen Dienst in Bayern an. Über diese Zusage hat sich Lucas sehr gefreut, auch wenn er zunächst gar nicht so viel über die öffentliche Verwaltung wusste. In seinem darauffolgenden Studium lernte er vieles über Recht, Verwaltung und Organisation.

Die öffentliche Verwaltung bietet vielfältige berufliche Möglichkeiten. Interessante und abwechslungsreiche Tätigkeiten, gute Aufstiegs- und Karrierechancen sowie ein von Beginn an attraktives Gehalt sorgen dafür, dass sich jedes Jahr zahlreiche Bewerber dem Einstellungstest unterziehen.

Egal, ob du dich für eine Ausbildung oder ein Studium interessierst, mit einem guten Testergebnis stehen dir viele Türen offen. Der Einstellungstest in der öffentlichen Verwaltung ist eine Auswahlprüfung, auf die du dich sehr gut vorbereiten kannst, wenn du weißt, wie du dich vorbereiten musst. Im Test werden neben der deutschen Sprache auch Allgemeinbildung sowie logisch-schlussfolgerndes Denken geprüft. Jeder, der ein ernsthaftes Interesse an einer Ausbildung oder einem Studium in der öffentlichen Verwaltung hat, sollte sich rechtzeitig auf diese Auswahlprüfung vorbereiten.

Gerade Schüler unterschätzen diesen Test und bereiten sich nicht ausreichend darauf vor. Diese Prüfung unterscheidet sich maßgeblich von schulischen Prüfungen, wie du sie sonst kennst. Beim Üben anhand der Aufgaben in diesem Buch wird dir auffallen, dass im Einstellungstest Öffentliche Verwaltung oftmals Fragen gestellt werden, die nichts mit bloßer Schulbildung zu tun haben.

Die gründliche Vorbereitung auf die Auswahlprüfung lohnt sich in jedem Fall. Je besser dein Ergebnis ist, desto mehr Behörden kommen im darauffolgenden Einstellungsverfahren auf dich zu. Im Idealfall kannst du am Ende aus verschiedenen beruflichen Alternativen frei wählen. Die öffentliche Verwaltung öffnet jungen Menschen gerade heutzutage interessante Berufe und vielfältige Karrieremöglichkeiten in Verbindung mit der Sicherheit, die du in einem Beamtenverhältnis genießt. Nutze deine Chance und starte deine Karriere im öffentlichen Dienst. Der erste Schritt hierfür ist die erfolgreiche Teilnahme am Einstellungstest Öffentliche Verwaltung.

Wir wünschen dir viel Erfolg für dein Einstellungsverfahren!

Lucas Weigerstorfer und Waldemar Erdmann

# Vorbereitung

## Erster Überblick über den öffentlichen Dienst

Als Bewerber im öffentlichen Dienst solltest du wissen, wie die Verwaltung aufgebaut ist. Zudem gibt es einige Begriffe, die wir gemeinsam in diesem ersten Abschnitt dieses Buches klären sollten. Sind dir diese „Basics“ bekannt, so kannst du im Einstellungsverfahren selbständig die richtigen Entscheidungen treffen, da du weißt, wie du in den einzelnen Phasen des Einstellungsverfahrens vorgehen musst.

**Staatliche Behörde oder Kommunalverwaltung**
Zunächst unterscheiden wir zwischen der Verwaltung deines Bundeslandes, also der Staatsregierung, und der Kommunalverwaltung. Kommunen sind Gemeinden, Städte, Landkreise und Bezirke. Jede Kommune hat ihren eigenen Wirkungskreis, in dem sie sich selbständig verwaltet.

Zu den größten kommunalen Arbeitgebern in Deutschland zählen die Verwaltungen der Landeshauptstädte, wie München, Stuttgart, Düsseldorf, Hannover, Frankfurt oder Berlin. Alle Kommunen, angefangen von diesen großen Städten bis hin zu einer kleinen Gemeinde mit 3.000 Einwohnern, sind Arbeitgeber beziehungsweise Dienstherren. Das bedeutet, sie können Angestellte und Beamte beschäftigen. Für dich heißt das: Jede Stadt beziehungsweise jede Gemeinde in deiner Nähe ist ein potenzieller Arbeitgeber, wenn du dich für eine Ausbildung in der öffentlichen Verwaltung interessierst. Kommunen bilden gleichermaßen Verwaltungswirte und Verwaltungsfachangestellte aus. Ein Vorteil von Kommunen ist, dass sie dir eine wohnortnahe Arbeitsstelle bieten können.

Der zweite Bereich der öffentlichen Verwaltung ist die Staatsverwaltung, also die Verwaltung deines Bundeslandes. Dein Arbeitgeber ist dann etwa der Freistaat Bayern, das Land Bremen, der Freistaat Sachsen oder das Land Nordrhein-Westfalen. Die Staatsverwaltung umfasst sämtliche staatlichen Behörden. Da ein Landratsamt auch staatliche Aufgaben wahrnimmt, sind dort neben den Angestellten des Landkreises (Kommune) auch Angestellte des Freistaats beziehungsweise des Landes beschäftigt. Zu den für dich relevanten Behörden der Staatsverwaltung zählen neben den Landratsämtern auch Finanzämter, Gerichte, Staatsanwaltschaften, Justizvollzugsanstalten, Hochschulen, staatliche Archive, staatliche Bibliotheken, die Deutsche Rentenversicherung, das Landesamt für Finanzen, die Ämter für Ernährung, Landwirtschaft und Forsten sowie die Zentren für Familie und Soziales. Über die Internetauftritte all dieser öffentlichen Stellen in deinem Bundesland kannst du dich zu den aktuellen Ausbildungs- und Studienmöglichkeiten informieren, Anfragen zu Schülerpraktika stellen oder dich gegebenenfalls direkt über Online-Bewerbungsportale bewerben. Alle diese Behördenzweige bilden Verwaltungs- oder Finanzwirte sowie Verwaltungsfachangestellte aus.

Gut zu wissen: Du kannst dich gleichzeitig bei der Staatsregierung sowie bei einer oder mehreren kommunalen Verwaltungen bewerben. Wenn du dich bei mehreren Stellen bewirbst, steigt auch deine Chance, zu einem persönlichen Gespräch eingeladen zu werden.

Möchtest du dich bei einer Kommune bewerben, musst du auf die jeweilige Kommunalverwaltung zugehen und dich dort eigenständig bewerben. Informiere dich hierzu auf dem Internetauftritt der Stadt beziehungsweise der Gemeinde, wie dort Bewerbungen einzureichen sind. Solltest du dort keine geeigneten Informationen finden, wählst du einfach die zentrale Rufnummer und lässt dich mit dem zuständigen Sachgebiet beziehungsweise der zuständigen Person verbinden.

Wir halten fest, dass es sowohl in der Staats- wie auch in der Kommunalverwaltung Ausbildungsplätze für Verwaltungswirte und Verwaltungsfachangestellte gibt. Es ist nur wichtig, dass du diese Möglichkeiten erkennst und dich bei den jeweiligen Stellen bewirbst. Recherchiere, welche Behörden es in deiner näheren Umgebung gibt und ob für dein gewünschtes Ausbildungsjahr noch freie Ausbildungsplätze zu vergeben sind.

**Verwaltungswirt und Verwaltungsfachangestellter**

In der öffentlichen Verwaltung gibt es zum einen die Ausbildung in der Beamtenlaufbahn zum Verwaltungswirt sowie die Ausbildung im Angestelltenverhältnis zum Verwaltungsfachangestellten. Wer sich für eine Ausbildung zum Verwaltungswirt entscheidet, wird für den Zeitraum der Ausbildung in das Beamtenverhältnis auf Widerruf eingestellt. Nach der in der Regel zweijährigen Ausbildung folgt eine zweijährige Probezeit. Wer sich in der Probezeit bewährt, wird in das Beamtenverhältnis auf Lebenszeit berufen. Die Verbeamtung auf Lebenszeit ist ein großes Ziel all jener, die sich für diese Beamtenlaufbahn entscheiden.

Wer Verwaltungswirt werden möchte, muss jedoch neben dem Einstellungstest einige weitere persönliche Voraussetzungen erfüllen. Dazu zählen etwa eine Erklärung über die Verfassungstreue sowie eine Bescheinigung eines Amtsarztes über die gesundheitliche Eignung. Während der Ausbildung besucht man die Verwaltungsschule im Blockschulsystem. Praxisphasen in der Behörde wechseln sich mit theoretischem Unterricht an der Verwaltungsschule ab. Zu den Unterrichtsfächern zählen neben verschiedenen Rechtsgebieten wie Verwaltungs- und Prozessrecht auch Verwaltungsbetriebswirtschaftslehre sowie die öffentliche Finanzwirtschaft und Informationstechnologie. Entsprechend der breit gefächerten Ausbildung bist du später im Amt an verschiedenen Stellen einsetzbar.

Während deines Berufslebens kannst du auch mehrmals die Abteilungen oder gar die Behörde wechseln. Damit bleibst du ein Leben lang flexibel. Wenn du im beruflichen Alltag überzeugen kannst, kannst du den Aufstieg in die dritte Qualifikationsebene anstreben. Dafür musst du zwei bis drei Jahre an der Hochschule für den öffentlichen Dienst in deinem Bundesland studieren. Das Studium ermöglicht dir später etwa die Übernahme von Führungspositionen.

Neben der Ausbildung im Beamtenverhältnis gibt es auch eine Berufsausbildung im Angestelltenverhältnis. Die Rede ist vom Verwaltungsfachangestellten. Wenn du deine dreijährige Ausbildung zum Verwaltungsfachangestellten beginnst, schließt du mit der Regierung oder der Kommune einen Arbeitsvertrag ab. Obwohl du nicht verbeamtet wirst, genießt du dennoch auch als Angestellter in der Verwaltung einen sicheren Arbeitsplatz. Zu den Ausbildungsinhalten zählen Kommunikation und Kooperation sowie betriebliche Organisation und – ähnlich wie bei der Ausbildung zum Verwaltungswirt – rechtliche Grundlagen.

Darüber hinaus wirst du in der Arbeitsorganisation, der Verwaltungs- und Informationstechnik sowie der Verwaltungsbetriebswirtschaftslehre unterrichtet. Wie in der Ausbildung zum Verwaltungswirt bist du auch hier während deiner Ausbildung immer wieder für mehrere Wochen in der Behörde zum Praktikum eingesetzt. Die überbetriebliche Ausbildung findet an einem Standort der Verwaltungsschule in deiner Nähe statt und wechselt sich mit Lehrgängen an der Verwaltungsschule sowie Unterricht an einer kaufmännischen Berufsschule ab. Nach erfolgreichem Abschluss deiner Berufsausbildung kannst du dich durch weiterführende Lehrgänge zum Verwaltungsfachwirt weiterbilden.

Beide Ausbildungen erfordern die Teilnahme an einem Einstellungstest. Dieses Buch bereitet dich gleichermaßen auf die Anforderungen beider Auswahlverfahren vor, da du im Übungsteil alle relevanten Prüfungsaufgaben zu deutscher Sprache, Allgemeinbildung, logischem Denken, Konzentration und Mathematik erhältst.

**Verwaltungswirte und die Qualifikationsebenen**
Noch vor einigen Jahren sprach man anstelle von den vier Qualifikationsebenen (QE) vom einfachen Dienst, mittleren Dienst, gehobenen Dienst und höheren Dienst. In einigen Bundesländern sind diese Begriffe inzwischen veraltet, denn sie wurden zum Teil abgelöst durch die Bezeichnungen „Erste Qualifikationsebene", „Zweite Qualifikationsebene", „Dritte Qualifikationsebene" und „Vierte Qualifikationsebene". Jede QE hat gewisse Zugangsvoraussetzungen. Als Verwaltungswirt beginnst du deine Laufbahn in der zweiten QE.

Die erste QE umfasst zum Beispiel Tätigkeiten von Boten, Hausmeistern und den Beschäftigten in den Poststellen von Behörden. Wer in der vierten QE einsteigen will, muss die Erste Staatsprüfung, die Erste Juristische Prüfung, einen Master-, Diplom- oder Magisterabschluss oder eine vergleichbare Qualifikation an einer Universität vorweisen können. Es bleiben demnach zwei QE, die für dich relevant sind: die zweite und die dritte QE. Diese beiden wollen wir uns jetzt etwas genauer ansehen.

Wenn du eine Ausbildung zum Verwaltungswirt anstrebst, gelten für dich die Einstiegsvoraussetzungen für die zweite QE. Als Mindestvoraussetzung für die zweite QE ist der mittlere Schulabschluss oder der qualifizierte Mittelschulabschluss erforderlich. Nach erfolgreichem Abschluss der Real- oder der qualifizierten Mittelschule bringst du somit die Grundvoraussetzungen für die Ausbildung zum Verwaltungswirt mit.

Solltest du hingegen ein Studium zum Diplom-Verwaltungswirt (FH) anstreben, gelten für dich die Einstiegsvoraussetzungen für die dritte QE. Als Mindestvoraussetzung für die dritte QE ist die Fachhochschulreife oder eine andere Hochschulreife gefordert. Von diesen Begriffen sind das allgemeine Abitur, das fachgebundene Abitur sowie das Fachabitur umfasst.

Wenn du nach erfolgreichem Abschluss der Ausbildung zum Verwaltungswirt gute Leistungen im beruflichen Alltag zeigst, kann dir dein Dienstherr unter Umständen den Aufstieg in die dritte QE anbieten. Dazu studierst du zwei bis drei Jahre an der Hochschule für den öffentlichen Dienst und schließt mit einem Diplom-Abschluss ab. Eine Ausbildung in der zweiten QE ermöglicht dir damit weitere Aufstiegsmöglichkeiten.

Der Einstieg in einer bestimmten QE ist also noch nicht das Finale deiner beruflichen Laufbahn in der Verwaltung. Vielmehr kannst du dich durch herausragende berufliche Leistungen für den Aufstieg in höhere QE qualifizieren.

**Die Fachbereiche für Verwaltungswirte**

Du beginnst nicht einfach eine Ausbildung zum Verwaltungswirt, sondern du beginnst diese Ausbildung immer in einer bestimmten Fachlaufbahn. Wenn du dich beispielsweise für die Ausbildung an einem Finanzamt entscheidest, machst du eine Ausbildung zum Finanzwirt in der Steuerverwaltung. Gehst du in die Sozialverwaltung, so heißt das Ganze „Ausbildung zum Verwaltungswirt in der Sozialverwaltung". Möchtest du an einem Gericht oder bei der Staatsanwaltschaft arbeiten, trägt deine Ausbildung den Titel „Fachwirt in der Justiz". Wenn du deine Beamtenausbildung bei einer Stadtverwaltung beginnen möchtest, nennt sich deine Ausbildung „Verwaltungswirt in der Kommunalverwaltung".

All diese Ausbildungen heißen nicht nur anders, du lernst auch an verschiedenen Verwaltungsschulen. Es gibt in deinem Bundesland nicht eine zentrale Einrichtung, in der Verwaltungswirte ausgebildet werden. Vielmehr hat die Verwaltungsschule in deinem Bundesland mehrere Standorte, an denen diese unterschiedlichen Schwerpunkte gelehrt werden. In den meisten Bundesländern findet man die folgenden sechs Fachlaufbahnen für die Ausbildung zum Verwaltungswirt:

- Verwaltung und Finanzen
- Bildung und Wissenschaft
- Justiz
- Polizei und Verfassungsschutz
- Gesundheit
- Naturwissenschaft und Technik

Wofür interessierst du dich? Jede dieser Fachlaufbahnen bietet dir eine oder mehrere Ausbildungen an. Auf www.beamtentest-vorbereitung.de findest du alle Ausbildungen der verschiedenen Fachbereiche im Überblick.

**Welche Behörden bilden aus?**
Wir haben bereits zwischen den staatlichen Behörden in deinem Bundesland und den kommunalen Verwaltungen von Gemeinden, Städten, Landkreisen und Bezirken unterschieden. Demnach gibt es diese beiden Gruppen von Behörden, bei denen du dich bewerben kannst.

Die Regierung deines Bundeslandes bietet dir, wie oben gezeigt, verschiedene Behörden in unterschiedlichen Fachbereichen, an denen du deine Ausbildung absolvieren kannst. Die Kommunen hingehen bieten dir die „Ausbildung zum Verwaltungswirt in der Kommunalverwaltung" an. Verwaltungsfachangestellte werden gleichermaßen in staatlichen wie in kommunalen Behörden ausgebildet.

Wenn du die Ausbildung zum Verwaltungswirt in der Kommunalverwaltung anstrebst, solltest du dich bei Kommunen in deiner Umgebung informieren, ob Ausbildungs- oder Studienplätze für das relevante Ausbildungsjahr ausgeschrieben sind. Wie schon oben erwähnt, kannst du deine Chancen auf die gewünschte Ausbildung erhöhen, indem du dich zugleich bei der Staatsverwaltung als auch bei mehreren Kommunen direkt bewirbst.

## Das Einstellungstestverfahren detailliert erklärt

Im folgenden Abschnitt gehen wir das Einstellungsverfahren im öffentlichen Dienst von Anfang bis Ende durch. Schließlich warten nach dem Einstellungstest noch ein paar weitere Stationen auf dich. Das Ziel dieses Kapitels ist es, dass du alle Stationen des Einstellungsverfahrens kennenlernst, damit du dich gezielter auf die Anforderungen vorbereiten kannst.

**Bewerbung und Anmeldung zum Einstellungstest**
Zunächst musst du dich bei einer Behörde deiner Wahl bewerben. Wie bereits dargestellt, solltest du dich in deiner Umgebung umsehen und zum Beispiel durch eine Internetrecherche die für dich relevanten öffentlichen Stellen herausfiltern. Bei deiner Recherche musst du insbesondere ein Augenmerk darauf richten, ob für dein Ausbildungsjahr noch Bewerbungen für eine Ausbildung zum Verwaltungswirt oder für eine Ausbildung zur Verwaltungsfachangestellten angenommen werden.

Falls aus dem Internetauftritt keine eindeutigen Informationen hervorgehen, kannst du dich telefonisch oder per E-Mail an die Behörde wenden und dort bei den zuständigen Mitarbeitern nachfragen. Denke bitte auch daran, dass viele öffentliche Stellen die lokale Tageszeitung nutzen, um darin auf ihre Ausbildungs- und Stellenangebote aufmerksam zu machen. Ein gelegentlicher Blick in deine Tageszeitung kann sich daher lohnen.

Selbst wenn du dich bereits beworben hast und eine Einladung zu einem Einstellungstest erhalten hast, hindert dich dies nicht, dich auch bei anderen Behörden zu bewerben. Je mehr Bewerbungen du schreibst, desto größer sind deine Chancen, zu einem persönlichen Gespräch eingeladen zu werden.

Du weißt bereits, dass wir zwischen der Staatsverwaltung, also den Behörden der Regierung deines Bundeslandes, und den kommunalen Verwaltungen, also Städten und Gemeinden, unterscheiden. Um als Beamter in der Verwaltung einsteigen zu können, musst du einen dieser zwei Wege wählen:

Zum einen kannst du dich bei deinem Bundesland bewerben. Dort gibt es verschiedene Fachlaufbahnen, in denen du deine Ausbildung zum Verwaltungswirt absolvieren kannst. Angefangen von Verwaltung und Finanzen über Bildung und Wissenschaft bis hin zu Naturwissenschaft und Technik stehen dir dort viele Richtungen offen.

Zum anderen kannst du bei vielen kommunalen Verwaltungen eine Ausbildung beginnen. Dort wird die Ausbildung zum Verwaltungswirt in der Kommunalverwaltung, beziehungsweise das Studium zum Diplom-Verwaltungswirt (FH) in der Kommunalverwaltung angeboten.

Wenn du dich bei deiner Landesregierung bewerben möchtest, musst du möglicherweise an einem zentral durchgeführten Einstellungstest wie etwa dem LPA-Test in Bayern teilnehmen. Viele Länder haben ein Online-Anmeldeportal für ihren Einstellungstest eingerichtet. Meist kannst du dich auf der Homepage deines Innenministeriums informieren. Dort erfährst du auch, wie und wo du dich für das zentrale Auswahlverfahren anmelden musst.

In der Kommunalverwaltung läuft dieses Prozedere etwas anders ab. Hier reichst du zuerst deine Bewerbungsunterlagen bei einer Verwaltung ein und wirst anschließend zum Einstellungstest in der jeweiligen Behörde eingeladen. Dabei gilt es zunächst herauszufinden, welche kommunalen Verwaltungen in deiner Nähe Ausbildungs- oder Studienplätze anbieten und damit als potenzielle Dienstherren infrage kommen würden. Dazu informierst du dich am besten auf der einschlägigen Homepage oder rufst in der Hauptverwaltung der jeweiligen Verwaltung an und erkundigst dich beim zuständigen Sachbearbeiter. Gerade größere Verwaltungen auf kommunaler Ebene bieten dir die Möglichkeit, deine Bewerbungsunterlagen über ein Online-Bewerbungsportal hochzuladen. Du kannst dich auch gleichzeitig bei einer oder mehreren Kommunen und bei der Staatsverwaltung bewerben.

**Einladung und Ablauf des Einstellungstests**

Nachdem du deine Bewerbung eingereicht hast, musst du dich unter Umständen ein paar Wochen gedulden, bis du weitere Informationen von der Behörde erhältst. Viele öffentliche Stellen informieren dich bereits kurz nach Einreichen deiner Bewerbungsunterlagen darüber, wie lange du warten musst, bis du eine Rückmeldung bekommst. Sollte dies nicht der Fall sein und du nach drei Wochen noch keinerlei Rückmeldung erhalten haben, so empfehlen wir dir, dich telefonisch oder per E-Mail bei der Personalverwaltung zu melden und dort nachzufragen. Frage höflich an, wann du mit einer Rückmeldung rechnen kannst.

Etwa zwei bis drei Wochen vor dem Einstellungstesttermin erhältst du deine Einladung per Post oder E-Mail. In deiner Einladung findest du wichtige Informationen, wie die Anschrift deines Prüfungsorts und Informationen zu der Prüfung selbst. Gegebenenfalls musst du dein Einladungsschreiben als Bestätigung zum Test mitbringen. Bewahre dieses Schreiben also gut auf.

Wir empfehlen dir, deine Fahrt zum Prüfungsort rechtzeitig zu planen. Welche Bus- oder Bahnverbindung beziehungsweise -linie musst du nehmen? Wie lange brauchst du für diese Fahrt an einem Werktag? Gibt es Parkplätze in der Nähe des Prüfungsorts? Zudem raten wir dir, mindestens eine halbe Stunde mehr für deine Fahrt miteinzuplanen. Du solltest bereits 30 Minuten vor Prüfungsbeginn am Prüfungsort sein. Lass an diesem Tag keine unnötige Hektik entstehen und plane deine Anreise.

Am Prüfungsort angekommen hast du dann idealerweise etwas Zeit, um dich zu akklimatisieren. Nachdem du dir einen Platz gesucht und deine wichtigsten Schreibutensilien aufbereitet hast, erfolgt eine Einführung durch die Prüfungsleitung. Bei jedem Einstellungstest gibt es mehrere Personen, die den geordneten Ablauf dieser Auswahlprüfung überwachen und den Prüflingen wichtige Informationen zur Prüfung mitteilen.

Wenn du im Einstellungstest eine ausreichende Punktzahl erreicht hast, wirst du zu einem persönlichen Gespräch eingeladen. Etwa drei bis vier Wochen nach dem Einstellungstest solltest du ein Schreiben deiner Einstellungsbehörde über das weitere Vorgehen erhalten.

**Ablauf des Vorstellungsgesprächs**

Das Vorstellungsgespräch ist die letzte Hürde auf deinem Weg zur Einstellung im öffentlichen Dienst. Zugleich ist es noch einmal ein großer Schritt, den künftigen Kollegen beziehungsweise Vorgesetzten zum ersten Mal persönlich gegenüberzusitzen. Bekanntlich liegen bei solch einem Termin die Nerven blank. Umso besser, dass wir nun einige Tipps für dich an der Hand haben, mit denen du dein Vorstellungsgespräch in der Behörde mit Erfolg meisterst. Wenn man es genauer betrachtet, gibt es einen bestimmten Ablauf für ein solches Gespräch. Wer diesen Ablauf kennt, kann sich besser auf sein Vorstellungsgespräch vorbereiten.

Sowohl in der öffentlichen Verwaltung wie auch in Unternehmen der freien Wirtschaft arbeitet man gerne nach dem Multimodalen Interview (MMI) von Heinz Schuler. Dies ist ein Verfahren zur Personalauswahl. Es ist ein gutes Mittel, um ein Vorstellungsgespräch so zu gestalten, dass man am Ende auch tatsächlich den am besten geeigneten Kandidaten findet. Dies wird dadurch ermöglicht, dass das Verhalten des Bewerbers in den einzelnen Gesprächsabschnitten mit Punkten bewertet wird. Im Voraus werden Kriterien festgelegt, die mit einem bis fünf Punkten bewertet werden. So hat man zum Beispiel im Gesprächsabschnitt „Selbstvorstellung des Bewerbers“, den wir dir später noch genauer erläutern werden, das Kriterium „Ausdrucksweise“. Ein Bewerber, der mit eloquenter Wortwahl seinen bisherigen Lebensweg kurz zusammenfassen kann, erhält hier fünf Punkte.

Der Bewerber, der am Ende die meisten Punkte in allen Bereichen hat, bekommt die Zusage. Dadurch wird das Auswahlverfahren objektiver. Das Gespräch gliedert sich dabei in acht Gesprächsabschnitte, die wir dir nun genauer vorstellen möchten:

*1. Gesprächsbeginn*
Die gute Nachricht vorneweg: In dieser Phase findet keine Bewertung statt. Dieser Abschnitt läuft ab dem Zeitpunkt, an dem du den Raum betrittst. Zunächst werden dich die Interviewpartner begrüßen und dir ein paar einleitende Fragen stellen. Das Ziel in diesem Abschnitt ist, eine angenehme Situation zu schaffen. Möglicherweise bietet man dir ein Glas Wasser an oder fragt dich, ob du eine angenehme Anreise hattest.

*2. Selbstvorstellung des Bewerbers*
Nachdem man sich vorgestellt hat und die Formalitäten geklärt sind, wird man dich wahrscheinlich auffordern, etwas über dich zu erzählen. Du hast nun die Möglichkeit, dich kurz vorzustellen. Du startest mit einigen persönlichen Daten, die auch deinem Lebenslauf zu entnehmen sind und er-

zählst daraufhin etwas über deine schulische beziehungsweise deine berufliche Laufbahn, insofern du schon eine Ausbildung gemacht hast und über Berufserfahrung verfügst. Deine Interviewpartner lassen dir in diesem Gesprächsabschnitt freies Spiel. Du selbst musst aufpassen, nicht ewig über dein Privatleben zu erzählen, sondern deinem Gegenüber prägnante Informationen zu geben, die deine Persönlichkeit ausmachen und für die zu besetzende Stelle von Relevanz sind.

*3. Freies Gespräch*
In diesem Gesprächsabschnitt stellt dir der Interviewer Fragen, die sich aus deiner soeben erfolgten Selbstvorstellung sowie deinen Bewerbungsunterlagen ergeben. Indem du gerade ein paar Minuten über dich erzählt hast, lieferst du dem Interviewpartner einige Informationen, die er nun verwenden kann, um dir Fragen zu stellen. Konkret sieht dies so aus, dass man ein paar Punkte, die du soeben noch in deiner Selbstvorstellung aufgeführt hast, aufgreift und dazu Fragen stellt.

*4. Organisationswahl*
Nun möchte man von dir wissen, warum du dich ausgerechnet bei dieser Behörde beworben hast. Wie bist du auf die ausgeschriebene Stelle aufmerksam geworden? Was hat dich dazu bewogen, dich in der öffentlichen Verwaltung zu bewerben? Für die Behörden ist es interessant zu wissen, weshalb sich die Bewerber ausgerechnet bei ihnen beworben haben. Ich rate dir, dass du dich vor dem Vorstellungsgespräch auf der jeweiligen Behördenwebsite über die wichtigsten Behördendaten informierst und recherchierst, womit diese Behörde Mitarbeiter anwirbt. Möglicherweise gibt es im Haus eine bestimmte Personalkultur, die gelebt wird? Was unterscheidet diesen Dienstherrn von all den anderen? Finde es durch Recherche heraus und nenne diese Alleinstellungsmerkmale an dieser Stelle in deinem Vorstellungsgespräch.

*5. Biografische Fragen*
Dein Gesprächspartner hat sich bereits im Voraus deinen Lebenslauf genauer angesehen und wird dir jetzt einige Fragen zu den einzelnen Stationen stellen. Falls du noch Schüler bist und direkt nach deiner Schulzeit das Studium oder die Ausbildung in der Verwaltung anstrebst, ist dein Lebenslauf noch überschaubar. Hier können höchstens Fragen zu deinen

schulischen Leistungen gestellt werden. Anders sieht es aus, wenn du bereits studiert hast oder eine Ausbildung in einem anderen Bereich absolviert hast und schon Berufserfahrung gesammelt hast. An dieser Stelle ein Tipp von mir: Kenne deinen Lebenslauf besser als dein Gegenüber! Stelle dich darauf ein, dass Fragen zu den einzelnen Stationen kommen werden und überlege dir im Vorfeld geeignete Antworten.

*6. Realistische Tätigkeitsinformationen*
In diesem Gesprächsabschnitt erfährst du alle relevanten Informationen rund um die zu besetzende Stelle. In welchem Sachgebiet/Team wirst du später tätig sein? Wie gestalten sich die Praktikumsphasen während der Ausbildung? Wie sieht der künftige Arbeitsalltag aus? Du hast nun die Möglichkeit, Fragen zur Ausbildung zu stellen, die dir wichtig erscheinen. Wenn du hier die richtigen Fragen stellst, kannst du vieles in Erfahrung bringen. Dieser Abschnitt bietet dir die Chance, die wichtigste Fragen von allen zu beantworten: Passt die zu besetzende Stelle zu mir?

*7. Situative Fragen*
Jetzt schildert man dir eine fiktive Problemsituation aus deinem künftigen Arbeitsalltag. Man erwartet von dir, dass du innerhalb kurzer Zeit eine passende Lösung für dieses Problem findest. Meist schildert man dir eine Situation, in der es zwischenmenschliche Probleme gibt und du als dritte Partei in diesem Streit eine Lösung finden musst. Es ist sehr schwer, sich effektiv auf diesen Gesprächsteil vorzubereiten, da es unendlich viele Situationen gibt, die dir hier begegnen können. Es folgt ein Beispiel:

| | |
|---|---|
| Interviewpartner: | Okay, Herr Meier, ich schildere Ihnen nun eine Situation aus Ihrem künftigen Arbeitsalltag. Ich möchte von Ihnen, dass Sie mir anschließend sagen, wie Sie in dieser Situation reagieren würden. Sind Sie bereit? |
| Herr Meier: | Ja, ich bin bereit. |
| Interviewpartner: | Gut! Nun stellen Sie sich Folgendes vor: Sie sind stellvertretender Sachgebietsleiter im Bauamt. Die Sachbearbeiterin Frau Müller |

> bringt regelmäßig ihren Hund mit ins Büro, obwohl dies gemäß einer Dienstanweisung in der gesamten Behörde untersagt ist. Von den anderen Kollegen wird dieses Verhalten geduldet, obwohl sie sich davon gestört fühlen. Um das angenehme Klima im Sachgebiet nicht zu stören, sprach Frau Müller bislang niemand auf dieses Verhalten an. Als stellvertretender Sachgebietsleiter haben Sie jedoch eine Vorbildfunktion und sind dafür verantwortlich, rechtmäßige Zustände herzustellen. Vergessen Sie nicht, dass der Hund die anderen Kollegen bei der Arbeit stört. Wie würden Sie hier reagieren?

Du wirst feststellen, dass es in diesen Situationen kein einfaches „Richtig" oder „Falsch" gibt. In diesem Beispiel wäre es jedoch sicherlich von Vorteil, wenn du in deiner Antwort ausführen würdest, dass dir als stellvertretendem Sachgebietsleiter sowohl das gesunde Klima im Team sowie auch die Leistungsfähigkeit dieses Teams wichtig ist. Am Ende muss eine rechtmäßige Sachbearbeitung gewährleistet sein. Die Anträge von Bürgern müssen schnell und richtig bearbeitet werden. Demnach ist es richtig, Frau Müller in höflicher Form auf die Dienstanweisung aufmerksam zu machen. Man muss klarstellen, dass sich die Anwesenheit des Hundes negativ auf die Arbeitsleistung der Kollegen auswirkt. Dies wirkt sich wiederum negativ auf die Tätigkeit von Frau Müller aus, da sie als Teammitglied auf die Arbeitsleistung ihrer Kollegen angewiesen ist.

*8. Gesprächsabschluss*

Sollte es noch offene Fragen geben, so werden sie in diesem abschließenden Gesprächsabschnitt geklärt. Ansonsten verabschieden sich die Parteien voneinander und klären das weitere Vorgehen ab.

Es gibt keine Garantie, dass die Behörde, die dich zum Vorstellungsgespräch eingeladen hat, nach diesem Muster verfährt. Dennoch empfehlen wir dir in jedem Falle, dich auf ein solches Gespräch vorzubereiten, da viele öffentliche Stellen danach verfahren. Selbst wenn deine Behörde nicht danach verfährt, finden sich Teile des Multimodalen Interviews auch in anderen Einstellungsgesprächen wieder. Deine Vorbereitung ist damit niemals umsonst!

**Strategien und Techniken im Vorstellungsgespräch**
Für dein Verhalten im Vorstellungsgespräch gilt es einige grundsätzliche Regeln zu beachten. In einem Vorstellungsgespräch in der öffentlichen Verwaltung solltest du die Gesprächsführung defensiv gestalten. Dies bedeutet, dass du nicht versuchen solltest, mit Gegenfragen zu kontern oder andere in einer Gruppendiskussion zu unterbrechen.

Es gibt einige sehr bedeutende Fragen beziehungsweise Aufforderungen in einem Vorstellungsgespräch. Die folgenden zwölf Aussagen zählen zu den am häufigsten gestellten Fragen in einem solchen Gespräch. Du solltest dir schon einige Zeit vor dem Gespräch Gedanken darüber machen, wie du darauf antworten möchtest:

- „Erzählen Sie uns bitte etwas über sich."
- „Warum denken Sie, dass Sie für diese Ausbildung geeignet sind?"
- „Warum bewerben Sie sich bei unserer Behörde?"
- „Wie kamen Sie auf die Idee, sich in der öffentlichen Verwaltung zu bewerben?"
- „Was erhoffen Sie sich von Ihrer Ausbildung und der künftigen Tätigkeit in unserem Haus?"
- „Wo sehen Sie sich in fünf Jahren?"
- „Was sind Ihre Stärken und Schwächen?"
- „Erzählen Sie uns bitte etwas über Ihren bisher größten schulischen oder beruflichen Erfolg!"
- „Was erwarten Sie von Ihren künftigen Kollegen?"
- „Wie stehen Sie zu Teamarbeit?"
- „Welche Fragen haben Sie an uns?"
- „Können Sie sich vorstellen, künftig auch Führungsaufgaben zu übernehmen?"

Überlege dir Antworten auf diese Fragen und sei dir schon vorab bewusst, dass Nach- und Konkretisierungsfragen gestellt werden. Wenn man dich nach deinen Stärken und Schwächen fragt, ist es von Vorteil, wenn du hinsichtlich deiner Stärken persönliche Eigenschaften nennst, die von großer Bedeutung im Berufsleben sind. Hierzu zählen Ehrgeiz, Zielstrebigkeit, oder Beharrlichkeit. Wenn du auch Schwächen aufzählen sollst, kannst du gerne harmlose, private Schwächen nennen, die sich nicht auf eine berufliche Tätigkeit auswirken. Sollte man dich direkt auf berufliche Schwächen ansprechen, darfst du offensichtliche Schwächen nennen, die sich aus deinem Lebenslauf ergeben. Als junger Bewerber kann man hier etwa die mangelnde Berufserfahrung nennen.

Das Vorstellungsgespräch ist für dich als Bewerber auch deshalb eine Chance, weil du darin vieles über deine künftige Ausbildung und deinen Arbeitgeber erfährst. Der Interviewpartner wird dir vieles erzählen und dabei darfst du ihn gerne unterstützen. Lass deinen Interviewpartner ruhig erzählen und falle ihm keinesfalls ins Wort. Durch die Techniken des aktiven Zuhörens kannst du deinen Gesprächspartner darin bestätigen, seinen Vortrag fortzuführen. Die bekanntesten Techniken sind bestätigendes Nicken, Blickkontakt, kurze Zwischenbemerkungen wie „ich verstehe“ oder auch verbale Signale wie „mhm“, „aha“, „okay“ oder „ja“.

## Erfolgreich bewerben in der öffentlichen Verwaltung

Um eine Einladung zum Einstellungstest zu erhalten, musst du eine aussagekräftige Bewerbung aufsetzen. Die wichtigsten Dokumente deiner Bewerbung sind das Anschreiben und der Lebenslauf. Hier gibt es gerade im Anschreiben einige Punkte, die du bei einer Bewerbung im öffentlichen Dienst beachten solltest. Im folgenden Teil möchten wir dir einen Leitfaden mit an die Hand geben und dir Schritt für Schritt zeigen, wie du ein gelungenes, individuelles Anschreiben verfasst und worauf es bei der Erstellung eines Lebenslaufs ankommt.

**Das Anschreiben in der Verwaltung**

Auf den ersten Blick fordern Behörden Bewerbungsunterlagen an, die auch von privaten Unternehmen angefordert werden. Dazu zählt der Lebenslauf, Schulzeugnisse und natürlich das Anschreiben. Es gibt Behörden, die Online-Bewerbungsportale bedienen, andere setzen auf die klassische Methode und lassen sich die Unterlagen auf dem Postweg zukommen. Manche Behörden bieten dir beides an. Auf dein Anschreiben möchten wir im Folgenden genauer eingehen, da es hier unserer Meinung nach ein paar Punkte zu beachten gibt.

Ein ansprechendes Anschreiben zu formulieren ist gar nicht so leicht. Bevor du beginnst, dein Schreiben aufzusetzen, solltest du dir die folgende Frage stellen: „Warum bewerbe ich mich jetzt für diese Stelle bei diesem Dienstherrn beziehungsweise bei diesem Arbeitgeber?“ In dieser Frage findest du vier wesentliche Merkmale, auf die du in deinem Anschreiben unbedingt eingehen musst. Diese sind:

- „ich“
- „jetzt“
- „diese Stelle...“
- „diesem Dienstherrn/diesem Arbeitgeber“

Daraus ergibt sich ein erster Aufbau deines Anschreibens: Zu Beginn stellst du deine Person vor. Dabei nennst du ein paar Daten aus dem Lebenslauf und gehst auf deine schulische Laufbahn ein. Daraufhin machst du klar, warum du dich ausgerechnet jetzt bewirbst. In der Regel liegt dies daran, dass du entweder die Schule abgeschlossen hast und nun eine Ausbildung beginnen möchtest oder du möchtest dich nach einem anderen Studium oder nach einer anderen Ausbildung neu orientieren und schätzt die Vorteile der öffentlichen Verwaltung.

Als dritten Schritt in diesem Aufbau machst du klar, was die ausgeschriebene Stelle beziehungsweise die jeweilige Ausbildung oder das Studium für dich ausmacht. Zum Schluss solltest du noch angeben, was den Dienstherrn, bei dem du dich bewirbst, so attraktiv für dich macht. Mit diesen vier Schritten hast du nun ein Muster an der Hand, an dem du dich beim Anfertigen deines Anschreibens orientieren kannst.

Du kannst dich jedoch auch einer der folgenden Methoden bedienen, um mit mehr Struktur an diese Sache heranzugehen. Die im Folgenden beschriebenen Methoden hat einer der Autoren dieses Buches selbst angewandt, um sein Anschreiben zu formulieren. Entscheide selbst, welche Methode dir mehr zusagt!

<u>Erste Herangehensweise: Ein Stichpunkt – ein Absatz</u>
Formuliere zu den folgenden Stichpunkten jeweils einen Absatz:

- Vorstellung deiner Person und der wichtigsten Stationen deines bisherigen Werdegangs (Schule und gegebenenfalls Ausbildung beziehungsweise Studium)

- deine bisherigen Praktika und deine bisherige Berufserfahrung
- wichtige Eigenschaften, die du für die zu besetzende Stelle mitbringst
- Aus welchen Gründen bewirbst du dich für die ausgeschriebene Stelle?
- abschließende Worte, Schlussformulierung

Zweite Herangehensweise: Brainstorming mit System
Diese Herangehensweise besteht aus zwei Schritten: Zunächst begibst du dich auf unsere Webseite www.beamtentest-vorbereitung.de/sollte-ich-beamter-werden/. Über die Startseite gelangst du zum „Beamten-Check“. Anhand dieser Checkliste können Bewerber feststellen, ob der öffentliche Dienst als Arbeitgeber für sie infrage kommt. Du liest dir die neun Punkte dieser Checkliste durch und legst zwei bis drei davon fest, die am besten auf dich zutreffen. Diese Punkte wirst du anschließend in dein Anschreiben einbauen. Im zweiten Schritt nimmst du dir ein Blatt Papier und schreibst darauf die folgenden vier Fragen:

- Wer bin ich?
- Was kann ich?
- Warum bewerbe ich mich bei diesem Dienstherrn?
- Wo will ich hin?

Schreibe nun zu jedem dieser Stichpunkte deine Gedanken auf. Schreibe alles auf, was dir einfällt. Schreibe auch ruhig Gedanken nieder, die dir spontan einfallen. Dies wird lediglich eine Mind Map und noch nicht das Anschreiben, daher kannst du dich ruhig austoben. Anschließend streichst du Punkte, die du für ungeeignet hältst. Wenn du mit dieser Methode arbeitest, fallen dir insbesondere unter dem Punkt „Was kann ich“ persönliche Eigenschaften ein, die dir sonst wohl nicht klar geworden wären. Diese Vorgehensweise hilft dir dabei, dich von anderen Bewerbern abzusetzen. Unter dem dritten Stichpunkt gehst du auf die Punkte aus dem Beamten-Check ein, die dich besonders ansprechen.

Jeder dieser vier Stichpunkte stellt einen Absatz deines künftigen Anschreibens dar. Jeder Gedanke, den du unter einem dieser Stichpunkte festgehalten hast, wird in einem Satz ausformuliert. Somit wird aus einer wilden Mind Map ein schickes Anschreiben.

**Der Lebenslauf**

Gemeinsam mit dem Anschreiben bildet der Lebenslauf das Herzstück deiner Bewerbung. Oftmals wird das Anschreiben nur dann gelesen, wenn der Lebenslauf den Personalsachbearbeiter überzeugen konnte. Für dich bedeutet dies, dass du in die Erstellung deines Lebenslaufs mindestens so viel Energie und Aufwand wie in das Anschreiben investieren solltest. Der Lebenslauf dient als Aushängeschild für deine Person. Zunächst möchten wir mit dir einige Formalitäten klären, die du bei der Erstellung deines Lebenslaufs beachten musst:

- Verwende in deinem Lebenslauf dieselbe Schriftgröße und Schriftart wie in deinem Anschreiben.
- Dein Lebenslauf darf ein- bis zwei Seiten umfassen.
- Verwende für die Erstellung deines Lebenslaufs einen tabellarischen Aufbau.
- Achte bei der Erstellung deines Lebenslaufs für die Verwaltung auf ein schlichtes Design.
- Schließe deinen Lebenslauf mit der Angabe deines vollständigen Namens, deiner eigenhändigen Unterschrift sowie Angabe des Datums ab.
- Nach Fertigstellung deines Lebenslaufs lässt du dieses Dokument von mindestens einer weiteren Person gegenlesen und auf Rechtschreib- und Grammatikfehler hin überprüfen.

Dein Lebenslauf muss Informationen zu folgenden Punkten beinhalten:

- Persönliche Daten: Darunter fallen dein vollständiger Name, Anschrift, Kontaktdaten wie E-Mail oder Telefonnummer und der Familienstand.
- Berufliche Erfahrung (falls vorhanden): Angabe aller bisherigen Stationen und dazugehörigen Zeiträume deines beruflichen Werdegangs, alternativ kannst du hier auch Praktika angeben
- Theoretische und praktische Ausbildung: Angaben über deine Schulbildung, die besuchte Hochschule, erworbene Abschlüsse, eventuelle Schwerpunkte sowie jeweiliger Zeitraum
- Praktika: Angabe des Betriebs oder der Behörde sowie der Abteilung, in der du eingesetzt warst, sowie des Zeitraums, über den sich das Praktikum erstreckt hat

- Weiterbildungen: Solltest du neben der Schule oder während deines bisherigen Berufslebens Weiterbildungen oder Seminare besucht haben, die für deine künftige Tätigkeit in der Verwaltung nützlich sind, kannst du diese hier angeben und wenn möglich die Nachweise über die Teilnahme als Anhang zu deiner Bewerbung beifügen.
- Ehrenämter: Falls du in deiner Freizeit ein Ehrenamt ausübst, darfst du dies gerne in deinem Lebenslauf aufführen.
- Fähigkeiten und (Sprach-)Kenntnisse: Hierunter fallen Kenntnisse in den Anwendungen von Microsoft wie Word, Excel, PowerPoint und Access sowie Kenntnisse in Fremdsprachen.
- Hobbys: Ein Hobby kann jede Aktivität sein, die du gerne machst, auch wenn du sie nur ein paar Mal im Jahr ausführst.

## Chancen auf eine Einstellung erhöhen

Im Folgenden möchten wir dir zwei Möglichkeiten vorstellen, mit denen du deine Chancen auf eine Einstellung erhöhen kannst. Das Ziel ist, aus dem Meer an Bewerbern herauszustechen und einen positiven Eindruck in der Personalverwaltung zu hinterlassen. Wie ist das möglich?

### Ein überzeugender erster Eindruck

Bevor du deine Bewerbung verschickst, kannst du in der Behörde anrufen und in einem telefonischen Erstgespräch mit der Personalverwaltung zunächst ein paar grundsätzliche Fragen klären. Wenn du dir vorab zwei bis drei gute Fragen zur Ausbildung oder dem Einstellungsverfahren überlegst, kannst du durch ein solches Gespräch gleich von Beginn an mit einem guten Eindruck punkten. Damit zeigst du, dass du dich für die angebotene Ausbildung interessierst. Lies dir die Stellenausschreibung und die Ausschreibung auf der Homepage genau durch, da du ja keine Fragen stellen möchtest, die sich ohnehin bereits aus der Anzeige oder dem Internetauftritt ergeben.

Das Ziel dieses Erstgesprächs ist es, Interesse an deiner Person zu wecken. Während du telefonierst, solltest du lächeln, da deine Stimme dadurch freundlicher klingt und du sympathischer wirkst. Außerdem macht es einen sehr guten Eindruck, wenn du deinen Gesprächspartner von Beginn an beim Namen nennst. Recherchiere hierzu einfach im Voraus auf der

Website der Behörde, welcher Sachbearbeiter welche Aufgaben wahrnimmt. Die für die Ausbildung und Anwärter zuständige Person ist dein Ansprechpartner. Sollte die Behörde kein derartiges Personenverzeichnis auf ihrer Homepage veröffentlicht haben, kannst du zunächst die zentrale Information anrufen und dich weiterverbinden lassen.

Vor dem Gespräch solltest du dir einen Gesprächsleitfaden erstellen. Darin legst du fest, wie das Gespräch ablaufen soll. Insbesondere dient ein Leitfaden dazu, die wichtigsten Fragen zu formulieren. Bei dem Verfassen deines Leitfadens darfst du ruhig etwas ausführlicher werden. Schreibe dir alle Fragen auf, die du klären möchtest. Insgesamt sollten es jedoch nicht mehr als vier Fragen sein, da dieses Gespräch lediglich dazu dient, einzelne Stichpunkte zu klären, die sich nicht explizit aus der Anzeige beziehungsweise dem Internetauftritt ergeben. Sofern die Behörde nicht schon in der Stellenanzeige darüber informiert, können denkbare Fragen für ein telefonisches Erstgespräch lauten:

- Welche Berufsschule besuche ich während der Ausbildung?
- Wird man während der Ausbildung sowohl an einer Verwaltungsschule als auch an einer Berufsschule unterrichtet?
- Welche Fächer werden in der theoretischen Ausbildung unterrichtet?
- In welchen Positionen kann man nach der Ausbildung in der konkreten Behörde eingesetzt werden?
- Welche Bewerbungsunterlagen werden angefordert?
- Wird die schriftliche Bewerbung oder eine Bewerbung per E-Mail bevorzugt?
- Ist die Bewerbung an eine bestimmte Person im Haus zu adressieren?
- Wie sieht der künftige Arbeitsalltag in der Behörde aus?
- Welche täglichen Aufgaben erwarten mich?
- Welche persönlichen Voraussetzungen werden gefordert?

Obwohl wir wissen, dass man kurz vor und während eines solchen Gesprächs angespannt sein kann, möchten wir dir dennoch raten, während des Gesprächs locker zu bleiben, um einen souveränen Eindruck zu hinterlassen. Sieh deinen Gesprächspartner als jemanden, der dir wertvolle

Informationen über die Ausbildung zur Verfügung stellt und erkenne den Mehrwert, den er dir bietet.

Am Ende des Gesprächs bedankst du dich für die Zeit, die sich dein Gesprächspartner für die Beantwortung deiner Fragen genommen hat. Der Gesprächsabschluss könnte folgendermaßen lauten: „Vielen Dank, dass Sie sich Zeit für die Beantwortung meiner Fragen genommen haben. Das Ganze hört sich nach wie vor sehr interessant an. Ich werde meine Bewerbung in Kürze abschicken und freue mich schon auf Ihre Rückmeldung."

**Das Dankschreiben**

Ein Dankschreiben verfasst man ein bis zwei Tage nach dem Vorstellungsgespräch. In diesem Schreiben bedankst du dich für das freundliche und informative Gespräch und bekräftigst deinen Wunsch, diese Ausbildung anzutreten. Das Schreiben kann genauso als E-Mail verfasst werden. Du solltest dich mit der E-Mail direkt an deinen Ansprechpartner in der Personalverwaltung der Behörde wenden. Die Voraussetzung für ein gelungenes Dankschreiben ist jedoch, dass das zuvor stattgefundene Vorstellungsgespräch erfolgreich verlief. Das Dankesschreiben erzeugt eine größere Wirkung, wenn vorher ein angenehmes persönliches Gespräch stattgefunden hat. Im Wesentlichen bedankst du dich in deinem Schreiben für die Zeit und das Interesse, das dir im Vorstellungsgespräch entgegengebracht wurde. Darüber hinaus hast du in diesem Schreiben noch einmal die Möglichkeit, deine persönlichen Eigenschaften zu nennen, die dich für die zu besetzende Stelle besonders geeignet machen. Dabei muss es sich um persönliche Eigenschaften handeln, die du mitbringst und die in der Ausbildung und der danach zu besetzenden Stelle besonders wertvoll sind. Abschließend darfst du noch eine weitere Fähigkeit von dir nennen, auf die du vielleicht im persönlichen Interview gar nicht eingegangen bist. Hier ein Beispiel für ein Dankschreiben per E-Mail:

*Sehr geehrter Herr Müller,*

*ich möchte mich auf diesem Weg nochmals recht herzlich für das informative und angenehme Gespräch in Ihrem Haus bedanken. Das Gespräch hat mich in dem Wunsch bekräftigt, diese Ausbildung in Ihrer Behörde zu beginnen. Zugleich hoffe ich, dass auch Sie dieses Gespräch positiv in Erinnerung behalten. Nachdem Sie mir Genaueres über die Ausbildung in Ihrem Hause erzählt haben, bin ich mir sicher, dass ich mit meiner Kontaktfähigkeit sowie meiner Flexibilität Ihr Team sehr gut verstärken könnte.*

*Sollten Ihrerseits noch Rückfragen offenstehen, können Sie mich gerne kontaktieren. Ich freue mich auf Ihre Rückmeldung.*

*Mit freundlichen Grüßen*
*Lisa Muster*

## Aufgaben- und Themenbereiche im Einstellungstest

Der Einstellungstest in der öffentlichen Verwaltung ist ein vielseitiger Einstellungstest, der Wissen aus unterschiedlichen Bereichen prüft. Unter anderem wird darin die deutsche Sprache geprüft. So müssen die Testteilnehmer zum Beispiel einen Sachverhalt sprachlich und formal korrekt darstellen. Ebenso finden sich in diesem Test Aufgaben zur Textgestaltung sowie zum Textverständnis. Grammatik und Rechtschreibung können ebenfalls abgefragt werden. Des Weiteren prüft dieser Test die Fähigkeit zu logisch-schlussfolgerndem Denken. Darüber hinaus werden Fragen zur grundlegenden Allgemeinbildung, zu Wirtschaft und Recht sowie zu staatsbürgerlichen Kenntnissen gestellt. In den folgenden Abschnitten möchten wir dir die einzelnen Aufgaben- und Themenbereiche genauer vorstellen.

Beachte bitte, dass wir im Folgenden darauf geachtet haben, alle möglichen Aufgabentypen abzudecken und kurz vorzustellen. Dies bedeutet nicht, dass all diese Aufgabentypen in exakt dieser Form in jedem Einstellungstest vorkommen. Vielmehr wollen wir dir hier eine Auflistung von Aufgabentypen geben, die bislang in diesen Tests immer wieder eine Rolle gespielt haben.

**Deutsche Sprache**
Die Aufgaben, die dir in diesem Teil des Tests begegnen, lassen sich in fünf Kategorien unterteilen:

1. **Rechtschreibung**: Hier gibt man dir zum Beispiel einen Text vor und du musst die Rechtschreibfehler finden oder die Kommas

richtig setzen. Möglich sind auch Multiple-Choice-Aufgaben, bei denen man dir verschiedene Schreibweisen eines Wortes vorgibt und du die richtige Schreibweise ankreuzen musst.

2. **Grammatik**: Typisch sind hier Aufgaben, bei denen du einen Satz vorgegeben bekommst und nun die Wortarten benennen sollst. Es ist auch möglich, dass man dir einen verschachtelten Satz vorgibt und du die einzelnen Satzteile in eine korrekte Reihenfolge bringen musst. Außerdem kann von dir verlangt werden, ein Satzgefüge zu bilden oder Oberbegriffe zu einzelnen Aussagen zuzuordnen.
3. **Textverständnis**: Hier wird ein Text abgebildet, zu dem anschließend Fragen gestellt werden. Die Aufgaben fragen einzelne Informationen aus diesem Text ab. Es ist wichtig, dass du sehr genau liest, da die Aufgaben häufig auf kleinteilige Informationen abzielen, die man gerne überliest. Meist sind es Multiple-Choice-Aufgaben, die du bearbeiten musst. Lies dir die Aufgabenstellung genau durch. Manchmal sind mehr als eine Lösung korrekt und du darfst mehrere Antworten ankreuzen.
4. **Formal- und sprachlich korrekte Darstellung eines Sachverhalts**: Dieser Aufgabentyp verlangt von dir, dass du selbst einen Text verfasst. Bei diesem Aufgabentyp kommt es ebenfalls vor, dass man dir eine fiktive Situation vorgibt, wie etwa ein Gespräch mit einem Bürger. Anschließend wird die Aufgabe gestellt, dieses Gespräch in einem Aktenvermerk zusammenzufassen und die Belange des Bürgers in eigenen Worten darzustellen.

Die Übungsaufgaben dieses Buches umfassen Aufgaben zu Sprachfertigkeiten, die dich auf all die Anforderungen des Prüfungsteils „Deutsche Sprache“ vorbereiten. Bedenke jedoch, dass du im Einstellungstest in der Verwaltung unter anderem mit einem längeren Sachtext arbeiten musst, zu dem Fragen gestellt werden. Um dich auf diese Aufgaben zum Textverständnis vorzubereiten, empfiehlt es sich, Zeitungsartikel in bestimmten Rubriken großer deutscher Tageszeitungen zu lesen. Wir raten dir zu Berichten über Politik, Gesellschaft und Wirtschaft. Der Umfang, den diese Artikel haben, entspricht etwa dem Umfang des Textes im sprachlichen Prüfungsteil.

Lass dir Zeit für die Bearbeitung der Fragen zum Text. Die Aufgaben im Prüfungsteil „Deutsche Sprache" sind im Vergleich zu den Aufgaben zur Allgemeinbildung oder zum logisch-schlussfolgerndem Denken einfach zu bearbeiten. Das stellt für viele Bewerber einen Grund dar, in diesem Prüfungsteil ungenau zu arbeiten. Aufgrund der hektischen und ungenauen Bearbeitung dieser Aufgaben verschenken sie dabei viele Punkte. Du brauchst diesen Fehler aber nicht zu begehen, denn du weißt, dass man in diesem Prüfungsteil relativ einfach Punkte holen kann und nimmst dir ausreichend Zeit für die Bearbeitung.

**Mathematik und logisch-schlussfolgerndes Denken**

In deiner späteren Ausbildung in der Verwaltung wirst du unter anderem auch juristische Klausuren an der Verwaltungsschule schreiben. Dabei ist analytisches Denkvermögen gefragt. Dies wird bereits im Einstellungstest durch die Aufgaben zur Mathematik sowie logisch-schlussfolgerndem Denken geprüft. Die Aufgabentypen, mit denen du es zu tun bekommst, kennst du womöglich auch aus anderen Einstellungstests. Bei den Mathematik-Aufgaben erwarten dich Aufgaben zum Dreisatz, Kopfrechenaufgaben oder Grundrechen- und Textaufgaben. Auch Prozent- und Zinsrechnungen, Rechnungen mit Maßen und Einheiten sowie Klammerrechnungen können vorkommen. Im Bereich Logik finden sich gerne Aufgaben mit Symbolen und Figuren wie Grafikanalogien, Figurenreihen und -folgen, Rotationstests oder Zahnradaufgaben.

Weil sich die Aufgabentypen von Jahr zu Jahr wiederholen, kannst du dich sehr gut darauf vorbereiten. Wenn du intensiv mit diesem Buch arbeitest, werden dir am Prüfungstag viele Aufgaben bekannt vorkommen. Du weißt dann sofort, was die konkrete Fragestellung von dir erwartet.

**Allgemeinbildung**

Der Teil Allgemeinbildung umfasst Aufgaben zu verschiedenen Wissensgebieten. Hierzu zählen Erdkunde sowie Geschichte mit dem Schwerpunkt 20. und 21. Jahrhundert. Des Weiteren können Grundlagen der Wirtschafts- und Rechtslehre abgefragt werden. Schließlich spielen auch staatsbürgerliche Kenntnisse eine Rolle. Im Folgenden möchten wir dir einige Beispiele geben, welche Fragen hier auf dich zukommen können.

Bei den Fragen zur Erdkunde kann vor dir erwartet werden, dass du alle deutschen Bundesländer inklusive der jeweiligen Landeshauptstadt konkret benennst und diese auf einer Karte räumlich voneinander abgrenzt, oder dass du die größten Flüsse Deutschlands auf einer Karte benennen kannst und angeben kannst, welche Bundesländer diese durchfließen. Du solltest alle Mitgliedsstaaten der Europäischen Union sowie die Beitrittskandidaten kennen. Gerne werden auch Fragen zu deinem Heimatbundesland gestellt.

Die geschichtlichen Fragen behandeln vor allem den Zeitraum 20. bis 21. Jahrhundert. Gefragt wird nach der innerdeutschen und europäischen Geschichte in Kombination mit bedeutenden geschichtlichen Ereignissen. Neben den großen Wissensgebieten Erdkunde und Geschichte wird auch nach wirtschaftlichem Grundwissen gefragt.

Die Grundlagen unseres Rechtssystems sollten einem künftigen Mitarbeiter in der Verwaltung ebenfalls bekannt sein. Rechtswissen wird für dich noch sehr wichtig, weil du später in der Ausbildung und im Berufsleben in jeder Behörde und in jedem erdenklichen Einsatzgebiet mit dem Gesetz arbeiten musst.

Im Einstellungstest werden hierzu einige Fragen in diese Richtung gehen. Der Ersteller der Aufgaben kann keine umfassenden Kenntnisse in den Rechtswissenschaften voraussetzen. Die Fragen in diesem Gebiet werden also lediglich die Grundlagen unseres Rechtssystems abbilden. Hierzu ein paar Tipps: Du solltest die Normenpyramide kennen und wissen, dass in Deutschland der Grundsatz „Bundesrecht bricht Landesrecht“ (Artikel 31 des Grundgesetzes) gilt sowie über die Gewaltenteilung informiert sein.

Hier ist eine weitergehende Liste von Stichpunkten, die allesamt Gegenstand von Fragen in diesem Themengebiet sein können:

- Teilung in öffentliches und privates Recht
- Rechtsstaatlichkeit
- Grundsatz der formalen Gleichbehandlung
- Privatautonomie
- Privateigentum
- Vertrauensgrundsatz

## Dein Lernplan für mehr Erfolg im Einstellungstest

Wie bereits aufgezeigt, besteht der Test aus verschiedenen Prüfungsteilen, die jeweils unterschiedliche Aufgabentypen beinhalten. So manchem Bewerber scheint es unmöglich, sich auf all diese Aufgaben vorzubereiten. Da sich die einzelnen Aufgaben von Jahr zu Jahr wiederholen, kannst du dich mit der richtigen Strategie sehr gut auf diesen Test vorbereiten.

Nun zeigen wir dir, mit welcher Strategie dies am besten gelingt. Die Vorbereitung auf den Einstellungstest war für Lucas neben seinen schulischen Verpflichtungen eine weitere Herausforderung. Er hat sich damals täglich mit einigen Aufgaben auseinandergesetzt und die Vorbereitung in seinen Alltag integriert. Ein Lernplan ist hierfür sehr gut geeignet.

Ein Lernplan hilft dir dabei, festzulegen, was du wann lernen willst. Er schreibt vor, welche Aufgaben du an welchem Wochentag übst. Es ist wichtig, dass der Lernplan deine berufliche beziehungsweise schulische Situation berücksichtigt. Im Folgenden ein Beispiel eines Lernplans:

Montag:

- 1 Test Allgemeinwissen
- 1 Test zur Merkfähigkeit

Mittwoch:

- 1 Test Konzentration
- 1 Test Logik und Mathematik

Freitag:

- 1 Test zur Sprache
- 1 Test Allgemeinwissen

Du solltest dir deine Woche so einteilen, dass du jeden Tag oder zumindest jeden zweiten Tag mindestens eine halbe Stunde in die Vorbereitung auf deinen Einstellungstest investierst. Lerne und wiederhole stetig! Fange frühzeitig an und baue dein Wissen sukzessive aus. Nach einiger Zeit entsteht damit ein Arbeitsrhythmus, der dir dabei helfen wird, kontinuierlich weiter zu üben. Später werden wir noch darauf zurückkommen, wieso sich die Vorbereitung auf diesen Test so sehr lohnt und dir ein gutes Ergebnis viele Türen öffnen kann.

Mit der richtigen Vorgehensweise kannst du dir zudem viel Zeit bei deiner Vorbereitung sparen. Beim Üben anhand der Aufgaben in diesem Buch wirst du nach einiger Zeit herausfinden, welche Aufgabentypen dir einfacher und welche dir schwerer fallen. Sobald dir deine Schwachstellen bekannt sind, kannst du dich intensiver mit den Aufgabentypen beschäftigen, die dir Probleme bereiten. Von nun an konzentrierst du dich auf diejenigen Aufgabentypen, bei denen es Nachholbedarf gibt. Wenn du auf diese Weise vorgehst, bereitest du dich effektiver auf den Einstellungstest in der öffentlichen Verwaltung vor.

**Die häufigsten Lernfehler**

Egal, auf welche Prüfung du dich vorbereiten möchtest, die folgenden Lernfehler solltest du in jedem Fall vermeiden. Den ersten und gravierendsten Lernfehler haben wohl viele von uns schon einmal begangen. Wir haben viel zu spät mit unserer Vorbereitung auf eine Prüfung begonnen. Du solltest spätestens drei Wochen vor dem Einstellungstesttermin mit der Vorbereitung beginnen. Dieses Buch liefert dir alle Aufgaben, die du beherrschen musst. Du benötigst jedoch ausreichend Zeit, um damit vernünftig zu arbeiten. Wenn du rechtzeitig mit dem Lernen beginnst, wirst du feststellen, dass es bestimmte Aufgabentypen gibt, die dir besser liegen, und andere, bei denen du eher Probleme bekommst. Dies ist ein großer Vorteil der rechtzeitigen Vorbereitung: Du findest heraus, bei welchen Aufgaben deine Stärken liegen und kannst durch intensiveres Üben der Problemaufgaben deine Schwächen ausgleichen. Da du schon bald wissen wirst, welche Aufgabentypen dir keine Probleme bereiten, kannst du auch im Test strategisch vorgehen und zunächst alle Aufgaben lösen, bei denen du erfahrungsgemäß keine Schwierigkeiten bekommst. Damit gehst du anschließend entspannter an deine Problemaufgaben heran.

Eine Folge dieses Lernfehlers ist, dass viele Bewerber ein paar Tage vor dem Einstellungstest versuchen, den gesamten Stoff zu lernen und zu wiederholen. Danach sind sie am Prüfungstag völlig gestresst und überarbeitet. Das sind selbstverständlich keine guten Voraussetzungen für das Top-Ergebnis, das du anstrebst. Viel besser ist es, wenn du dich täglich in kleinen Schritten auf diese Prüfung vorbereitest und zum Beispiel in diesem Buch täglich deine Lektionen abarbeitest. Wir raten dir, jeden Tag etwa 30 bis 45 Minuten in deine Vorbereitung zu investieren, anstatt dich erst wenige Tage vor dem Test mit der Vorbereitung zu beschäftigen. Diese kürzeren, dafür regelmäßig stattfindenden Lernphasen ermöglichen dir eine entspannte Vorbereitung, da du daneben noch Zeit für deine schulischen Aufgaben sowie Hobbys und Freizeit hast.

**Erholungsphasen – wichtig für deinen Lernerfolg**

Achte in jedem Fall darauf, dass du vor dem ganzen Büffeln nicht vergisst, dass es auch noch ein Leben jenseits deines Schreibtischs gibt. Zeit mit Freunden verbringen, seinen Hobbys nachgehen oder einfach einmal eine Stunde spazieren gehen helfen dir dabei, abzuschalten und auf andere Gedanken zu kommen. Das Wichtigste dabei ist aber, dass du nach der Entspannungsphase wieder aufnahmefähiger bist, neue Aufgaben besser aufnimmst und dir das Gelernte wieder besser einprägen kannst. Es mag skurril klingen, aber die Zeit, in der du nichts lernst und einfach den Dingen nachgehst, die dir Spaß machen, fördert deinen Lernerfolg. Du solltest den Punkt selbst erkennen, an dem es Zeit ist, vom Schreibtisch aufzustehen und einer anderen Tätigkeit nachzugehen. Wenn du dich nur noch mit jeder Aufgabe quälst und merkst, dass du etwas drei oder viermal hintereinander lesen musst, um den Sinn und Zweck dahinter zu verstehen, dann ist es Zeit für etwas Abstand!

Für Schüler ist es am besten, wenn zwischen der täglichen Vorbereitung auf den Unterricht, inklusive Hausaufgaben, und der täglichen Vorbereitung auf den Einstellungstest eine Pause von mindestens 60 bis 120 Minuten liegt.

**Das Lerntagebuch**

Ein Lerntagebuch ist eine sehr gute Möglichkeit, um deine täglichen Fortschritte festzuhalten. Nach deiner täglichen Lernphase hältst du darin fest, welche Aufgaben du heute geübt hast, welche Aufgaben gut gelaufen sind und welche Aufgaben dir Probleme bereitet haben. Am besten solltest du schon von Beginn an mit dem Lerntagebuch arbeiten. Das hat mehrere positive Effekte: Zum einen erfährst du damit, welche Aufgaben du noch intensiver wiederholen musst. Zum anderen hältst du bewusst fest, welche Aufgaben du kannst und steigerst damit dein Selbstbewusstsein. Wenn du über eine längere Zeit mit dem Lerntagebuch deine Ergebnisse festhältst, wirst du immer mehr Aufgaben unter dem Punkt „Beherrsche ich“ verbuchen können. Mit der Zeit sind es immer weniger

Aufgaben, die unter dem Punkt „Bereitet mir Probleme" zu finden sind. Mit einem Lerntagebuch kannst du dir deine Fortschritte immer wieder vor Augen führen. Damit wird dir nach und nach bewusst, dass du immer mehr Aufgabentypen beherrschst.

## Mentale Vorbereitung auf deinen Einstellungstest

Nun sehen wir uns einige Prinzipien aus der Psychologie an, die uns bei der Vorbereitung auf Prüfungen behilflich sein können. Probiere die im Folgenden genannten Tipps einmal in der Praxis aus und finde heraus, welche Technik dir am besten hilft.

Mit welcher Einstellung gehst du an den Einstellungstest heran? Die allermeisten Bewerber sehen ihn als notwendige Hürde auf ihrem Weg zum Ziel: der Einstellung in der öffentlichen Verwaltung. Du kannst diesen Test jedoch auch als Chance sehen. Der Einstellungstest ist deine Chance, dich von deinen Mitbewerbern abzuheben und durch ein Top-Ergebnis aus der Masse an Bewerbern herauszustechen. Ein gutes Ergebnis bringt dich deinem Ziel einen Riesenschritt näher! Der Einstellungstest ist für dich, der sich mit diesem Buch gezielt und intensiv vorbereiten wird, eine Chance zu zeigen, was du kannst. Du musst dir bewusst werden, dass sich die Vorbereitung lohnt, da dir mit einem guten Ergebnis der Weg zu einer vielseitigen Ausbildung im öffentlichen Dienst offen steht. Genau mit dieser inneren Einstellung solltest du an die Vorbereitung herantreten. Am Ende wirst du dich sogar noch auf den Prüfungstag freuen, weil du jetzt endlich allen anderen zeigen kannst, was du gelernt hast.

Eine weitere hervorragende Technik, die dich mental auf den Test einstimmt, ist die Simulation der Prüfungssituation. So solltest du etwa zu der Tageszeit lernen, zu der auch dein Test stattfindet. Da dein Test vermutlich vormittags stattfinden wird, kannst du den Samstag- und Sonntagvormittag für deine Lerneinheiten verwenden. Wenn du dann in der Prüfung sitzt, wirst du dich leichter mit der Situation zurechtfinden, da du geistige Arbeit zu dieser Tageszeit bereits gewohnt bist.

Neben der Tageszeit spielt auch dein Prüfungsoutfit eine Rolle. Wähle bereits Wochen vor dem Test die Klamotten aus, die du am Tag der Prüfung anziehen möchtest. Diese oder ähnliche Kleidung solltest du nun auch während deiner Lernphasen tragen. Wenn du dich zu Hause mit Stoffhose und weißem Hemd an den Schreibtisch setzt und deine Lektionen abarbeitest, wird dir schon früh die Ernsthaftigkeit der Prüfungssituation bewusst. Am Prüfungstag ist es dann für dich nichts Besonderes mehr, diese Kleidung zu tragen und währenddessen einen Test abzulegen. Im Test machst du es deinem Gehirn damit leichter, den gelernten Stoff abzurufen.

Eine weitere Möglichkeit, die Prüfungssituation zu simulieren, ist das Arbeiten unter Zeitdruck. Setze dir eine feste Zeit für eine gewisse Anzahl an Aufgaben und stelle dir zum Beispiel den Wecker auf deinem Smartphone, um dich selbst zu überprüfen. Wie lautet das Ergebnis? Hast du alle Aufgaben bearbeiten können? Von zahlreichen Bewerbern wissen wir, dass Behörden immer wieder die Zeit stoppen und für einzelne Aufgabenteile oder Arbeitsblätter einen bestimmten Zeitrahmen setzen. Kandidaten, die diese Situation nicht kennen, verunsichert diese Taktik und sie schneiden dadurch schlechter ab. Wenn du bereits zu Hause unter Beachtung der Zeit trainiert hast, schenkst du der Stoppuhr der Prüfer weniger Aufmerksamkeit. Das Ziel ist es, dass du dich durch solche Umstände nicht ablenken lässt. Derartige Maßnahmen haben unter anderem auch das Ziel, die Kandidaten unter Stress zu setzen.

Hast du schon einmal etwas vom Cliffhanger-Effekt gehört? Dieser besagt, dass sich dein Unterbewusstsein auch noch Stunden später mit nicht erledigten und ungelösten Aufgaben beschäftigt. Dieses Prinzip kannst du dir für deine Vorbereitung auf den Einstellungstest zunutze machen. Am Ende deiner täglichen Lernphase solltest du dich daher mit einem schwierigen Aufgabentyp beschäftigen, der dir zu diesem Zeitpunkt noch Probleme bereitet. Versuche, diese Aufgabe zu lösen und blicke anschließend nicht in die Lösung. Erst Stunden später oder am nächsten Tag schaust du dir die Lösung an. Dies ist eine gute Möglichkeit, um in seinen Schwächen-Aufgaben besser zu werden.

## Der richtige Umgang mit Prüfungsangst

Deine Stimmung am Prüfungstag ist von entscheidender Bedeutung für dein Abschneiden im Einstellungstest. Prüfungsangst kann dich blockieren und dafür sorgen, dass du, obwohl du dich hervorragend vorbereitet hast, nicht so gut abschneidest, wie du eigentlich könntest. Sie hindert dich daran, dein volles Potenzial auszuschöpfen. Ein Einstellungstest ist eine neue Situation für dich. Es ist sehr wahrscheinlich, dass dein Test an einem für dich unbekannten, neuen Ort stattfindet, wie zum Beispiel in einem Raum in der Behörde. Dabei triffst du auf zahlreiche neue Menschen, wie Prüfer und andere Bewerber. Es ist völlig normal, dass du an diesem Tag nervös bist. Ein gewisser Grad an Nervosität ist sogar hilfreich für dein Abschneiden, da du dich besser auf die Aufgaben konzentrieren kannst. Prüfungsangst, die kurz vor oder während deines Tests auftritt, ist jedoch kontraproduktiv. Mit diesem Abschnitt möchten wir all jenen Bewerbern, die unter Prüfungsangst leiden, helfen. Wir möchten dir nun ein paar praktische Tipps mit an die Hand geben, die dir im Umgang mit deiner Prüfungsangst helfen können.

Wenn du erfahrungsgemäß kurz vor oder während einer Prüfung in einen Stresszustand fällst, solltest du dich einige Tage oder Wochen vor der Prüfung zu Hause mit einem Stift und einem Blatt Papier an den Schreibtisch setzen und deine Gedanken zu Papier bringen. Wovor hast du Angst? Hier einige häufige Antworten von Bewerbern:

- Ich habe Angst, in dem Test zu versagen, weil ich den Stoff nicht ausreichend vorbereitet habe.
- Die Themen zur Vorbereitung auf den Einstellungstest sind so umfangreich. Ich kann mir das niemals alles merken.
- Wenn ich den Einstellungstest nicht gut bestehe, werde ich mein Ziel, die Ausbildung in der öffentlichen Verwaltung, nicht erreichen.

Nun bist du an der Reihe! Schreibe deine Ängste auf. Wie lautet dein Ergebnis? Sind deine Ängste ähnlich zu den oben genannten? Egal, wie deine Ängste konkret aussehen, du hast nun mehrere Möglichkeiten, wie du mit diesen aufgeschriebenen Gedanken umgehst:

*Möglichkeit 1:* Du nimmst dieses Blatt Papier und legst es in einen Schub in deinen Schreibtisch. Bereits das Aufschreiben dieser Gedanken kann befreiend wirken. Allein die Tatsache, dass du dich aktiv mit deinen Gedanken auseinandersetzt, kann dieser Angst den Wind aus den Segeln nehmen.

*Möglichkeit 2:* Falls du noch einen Schritt weitergehen möchtest, kannst du deine soeben zu Papier gebrachten Prüfungsangst-Gedanken umformulieren. Nimm dir dafür ein zweites Blatt Papier und formuliere deine negativen Gedanken um. Wir zeigen dir nun, wie du die oben genannten Gedanken umformulieren könntest:

- So denke ich anfangs immer. In vergangenen Prüfungen habe ich dann doch immer den Stoff ausreichend vorbereitet und habe schon zahlreiche Prüfungen mit Erfolg bewältigt.
- Ich beginne jetzt damit, eine Lektion nach der anderen in der Plakos-Akademie abzuarbeiten. Täglich werde ich mindestens 30 Minuten in meine Vorbereitung investieren und mir dadurch auf Dauer das nötige Wissen aneignen.
- Ich werde alles tun, um das Einstellungsverfahren mit Erfolg zu bestehen. Ich werde alle Tipps umsetzen und mich täglich auf meinen Test vorbereiten.

Denke einmal zurück an all die Prüfungen und Schulaufgaben, die du schon erfolgreich bewältigt hast. Rede dir selbst gut zu und übe mit diesem Buch, bis du dich in allen Prüfungsbereichen sicher fühlst.

Wenn du deine Gedanken aufschreibst, sollte dir bewusst werden, dass die allermeisten davon irrationale Befürchtungen sind, die in der Realität (in der du den Einstellungstest mit Bravour bestehen wirst) nicht eintreten werden.

## Der Tag der Prüfung

Da Lucas selbst an einem Einstellungstest in der Verwaltung teilgenommen hat, möchte er dir an dieser Stelle noch einige praktische Hinweise für den Prüfungstag mit an die Hand geben.

Lucas rät dir, bei deiner Anreise zum Prüfungsort 30 Minuten mehr Zeit einzuplanen. Es ist angenehmer, am Prüfungsort noch zu warten, weil man zu früh dran ist, also gerade noch rechtzeitig oder erst nachdem die Bearbeitungszeit begonnen hat, am Prüfungsort anzukommen. In den meisten Fällen darfst du bereits vor Beginn der Bearbeitungszeit den Prüfungsraum betreten. Manchmal werden Platzkarten vergeben und man weist dir einen festen Platz zu. Bei anderen Behörden wiederrum darfst du dir deinen Platz frei auswählen. Kläre für deine Anreise bitte die folgenden Fragen:

- Welche Bahn- oder Buslinie nehme ich?
- Welche Route muss ich nehmen, wenn ich mit dem PKW anreise?
- Gibt es Parkplätze am Prüfungsort?

Wenn du am Morgen des Prüfungstags bei der Behörde ankommst, wird man dich bereits erwarten. Die Prüfer geben den Bewerbern zu Beginn alle relevanten Informationen und erläutern die Prüfungsbedingungen, unter denen der Test geschrieben wird. Lass dich zu keinem Zeitpunkt von anderen Kandidaten ablenken. Ab dem Beginn der Bearbeitungszeit zählt für dich nur noch die Aufgabenstellung.

Lucas empfiehlt dir, zunächst alle Aufgabenstellungen zu bearbeiten, die dir erfahrungsgemäß keine Probleme bereiten. Wenn du gleich zu Beginn des Testes Aufgabe für Aufgabe lösen kannst, baust du schnell ein gewisses Selbstvertrauen auf. Dieses hilft dir später, wenn du Aufgaben bearbeitest, die dir Schwierigkeiten bereiten. Außerdem arbeitet es sich leichter, wenn man bei den vorangegangenen Aufgaben ein gutes Gefühl hat.

## Wie du mit diesem Buch arbeiten solltest

Wir haben dir bereits gezeigt, wie du einen Lernplan aufstellen kannst, mit dem du dich täglich 30 bis 45 Minuten auf deinen Einstellungstest vorbereiten kannst. Die Aufgaben, die du an den jeweiligen Tagen übst, findest du in diesem Buch. Mit diesem Buch an der Hand hast du den Vorteil, dass du genau solche Aufgaben übst, die für deinen Einstellungstest in der öffentlichen Verwaltung relevant sind. Dieser erste theoretische Teil dieses Buches zeigt dir fernab der einzelnen Aufgaben, worauf es bei dieser Prüfung ankommt. Unser Ziel ist es, dir einen Überblick über das gesamte Einstellungsverfahren zu geben. Bewerber, die mehr über das Einstellungsverfahren wissen, sind in der Praxis im Vorteil!

Dieses Buch dient dir als Leitfaden für das gesamte Einstellungsverfahren. Die Übungsaufgaben im folgenden praktischen Teil bereiten dich ideal auf alle Aufgaben in deinem Einstellungstest vor. Du übst hierbei mit Aufgaben, die von tatsächlicher Relevanz für diesen Test sind. Die Ausführungen in diesem theoretischen Teil sollen dir das nötige Zusatzwissen vermitteln, welches du benötigst, um das Einstellungsverfahren für dich zu entscheiden.

Wenn du möchtest, dass der Einstellungstest in der Verwaltung zum Erfolg für dich wird, musst du regelmäßig mit diesem Buch arbeiten. Alles, was du für deine ideale Vorbereitung benötigst, steht auf den folgenden Seiten. Arbeite regelmäßig hiermit und erhöhe damit deine Chancen auf eine Einstellung im öffentlichen Dienst. Schon im letzten Abschnitt haben wir dir gezeigt, dass es sehr sinnvoll ist, einen Lernplan zu erstellen, mithilfe dessen du dich die Wochen vor dem Einstellungstest vorbereiten kannst.

Eines möchten wir dahingehend noch einmal betonen: Es ist wesentlich sinnvoller, sich durch stetiges Lernen und Wiederholen auf eine Prüfung vorzubereiten, als den Lernstoff in ein paar Tagen in sich hineinzuprügeln. Mithilfe dieses Buches kannst du das für dich bestmögliche Ergebnis in dieser Auswahlprüfung erzielen. Dies ist aber nur unter einer Bedingung möglich: Du musst regelmäßig damit arbeiten. Setze dich hin und erstelle deinen wöchentlichen Lernplan. Setze deine Lernziele so, dass du sie realistisch erreichen kannst. Plane täglich oder zumindest jeden zweiten Tag mindestens 30 Minuten ein, in denen du Tests aus diesem Buch übst. Integriere diese täglichen Übungseinheiten in deinen Alltag. Wie auch feste Trainingszeiten in einem Sportverein deiner Woche eine klare Struktur geben, so sollen auch die von dir selbst festgelegten Übungszeiten für die Vorbereitung auf den Einstellungstest deine Wochenplanung beherrschen.

Korrigiere dich selbst nicht zu großzügig, sondern aus der objektiven Sicht eines unabhängigen Prüfers. Nur so kannst du deinen aktuellen Wissensstand realistisch einschätzen. Gerade in den Aufgaben zur Textgestaltung und der Darstellung eines Sachverhalts solltest du nicht zuerst einen Blick in die Musterlösung werfen, um zu sehen, welche Richtung diese vorgibt, sondern die Aufgabe so bearbeiten, wie du sie in der Prüfung bearbeiten würdest. Bei einigen solcher Aufgaben geht es darum, mehrere Zeilen oder einen ganzen Text zu verfassen. Wenn du zuerst in die Musterlösung blickst, läufst du Gefahr zu denken, dass du eine solche oder zumindest eine ähnliche Antwort ohnehin zu Papier gebracht hättest. Dies bestärkt dich zwar kurzfristig in deinem Selbstvertrauen, bringt dich aber keinen Schritt weiter, da du somit keine Fehler machst und keine Lernerfahrung daraus ziehst. Sieh dieses Buch nicht nur als Mittel zur Vorbereitung auf deinen Einstellungstest, sondern als ständigen Begleiter im gesamten Einstellungsverfahren.

Wir hoffen sehr, dass wir dir auf den vorangegangenen Seiten wertvolles Zusatzwissen vermitteln konnten, das dich auf deinem Weg zur Einstellung in der öffentlichen Verwaltung weiterbringen wird. Im Folgenden findest du nun viele Übungsaufgaben und -tests, die dich ideal auf den Einstellungstest vorbereiten werden. Jetzt liegt es an dir, fleißig mit diesem Buch zu üben, die von uns genannten Tipps in die Tat umzusetzen und das für dich bestmögliche Ergebnis in diesem Test herauszuholen. Vergiss nicht: Das Ergebnis im Einstellungstest ist ein wichtiges Einstellungskriterium. Nur die Bewerber, die hier ein gutes Ergebnis erzielen, haben die Möglichkeit, die vielfältigen beruflichen Möglichkeiten in der öffentlichen Verwaltung wahrzunehmen. Nutze diese Chance. Weitergehende Informationen zu den einzelnen Ausbildungen und den dualen Studiengängen an der Hochschule für den öffentlichen Dienst in Bayern findest du auf unserer Website www.beamtentest-vorbereitung.de.

## Erfahrungsbericht

**Bewerbung als Auszubildende zur Verwaltungsfachangestellten bei der Stadt Regensburg**

Ich werde hier meine Erfahrungen bei der Bewerberauswahl der Stadt Regensburg mit dir teilen. Nach meiner Bewerbung habe ich zuerst eine Einladung zu einem schriftlichen Auswahltest, danach zu einem Assessment-Center bekommen.

Zuerst möchte ich genauer auf den schriftlichen Auswahltest eingehen. Der Test wurde durch die Deutsche Gesellschaft für Personalwesen e.V. durchgeführt und hat mit einer Pause von 15 Minuten zirka vier Stunden gedauert. Die Einladung zum Test, der Ende September stattgefunden hat, kam Anfang September. Für mich persönlich war das Zeitfenster für die Vorbereitung etwas knapp bemessen, da ich auch noch anderweitig viel zu tun hatte. Zudem hatte ich im Voraus leider keinerlei Information, was in diesem Test eigentlich geprüft werden soll, sodass ich mich dann nicht wirklich vorbereiten konnte.

Grundsätzlich gab es im Test immer eine übergeordnete Aufgabenstellung und dazu mehrere Teilaufgaben, die zu lösen waren. Jede Aufgabe wurde einzeln von der Prüfungsleitung vorgelesen und meist gab es auch ein Beispiel. Außerdem gab es immer eine vorgegebene Zeit, die tatsächlich mit Stoppuhr, „Jetzt anfangen" und „Stifte weg" von der Prüfungsleitung streng eingehalten wurde. Man musste die Lösung dann in den allermeisten Fällen einfach ankreuzen und durfte auch nach abgelaufener Zeit für eine Aufgabe nicht mehr zurückblättern. Man durfte keine Hilfsmittel, wie zum Beispiel Taschenrechner, verwenden, aber wir haben ein Schmierblatt bekommen, um darauf beispielsweise zu rechnen. Außerdem wurde uns zu Beginn erklärt, dass es fast unmöglich ist, alle Teilaufgaben einer Aufgabe in der vorgegebenen Zeit zu lösen. Mit jeder richtig angekreuzten Antwort „sammelt" man Punkte, wobei nicht gelöste Teilaufgaben dann eben null Punkte bringen. An sich war der Schwierigkeitsgrad meiner Meinung nach hoch. Nicht zuletzt auch dadurch, dass man sich die Zeit eben nicht selbst einteilen konnte.

Die Themen im Test waren zudem auch sehr breit gefächert. Diese gingen von deutscher Grammatik und Textverständnis über Mathematik, das heißt unter anderem Prozentrechnen und Zahlenreihen, bis hin zur Auswertung von Diagrammen und Tabellen. Zudem wurde in einer Aufgabe auch Englisch-Vokabular und -Grammatik geprüft. Dieser Teil war für mich mit Abstand der leichteste des Tests und hier hatte man auch genügend Zeit zur Bearbeitung. Am Ende des Tests gab es dann noch einen Teil mit Allgemeinwissen, der meiner Meinung nach auch sehr anspruchsvoll war. Dort kamen Fragen zu Informatik, zum Regierungssystem in Deutschland dran, aber auch geschichtliche Themen wurden abgefragt.

Positiv zu bemerken finde ich auf jeden Fall, dass man keinen Text selbst verfassen musste, sondern eben nur lesen und den Kerngedanken der Textabschnitte finden. Nach dem Test hatte ich ein sehr schlechtes Gefühl, da ich oft nur ein Viertel aller Teilaufgaben beantworten konnte und ich mir da auch selten wirklich sicher sein konnte, dass ich die richtige Lösung angekreuzt habe. Letztendlich hat es aber dann gereicht, um sich für das Assessment-Center zu qualifizieren. Daher mein Tipp: Man sollte sich nicht verrückt machen lassen, auch wenn der Test einem richtig schlecht vorkommt.

Die Einladung zum Assessment-Center kam Mitte/Ende Oktober und stattgefunden hat es dann Anfang November. Beim Assessment-Center waren wir zu viert und jeder musste die vier verschiedenen Aufgaben allein bewältigen und den Prüfern vorstellen. Die einzige Ausnahme war die erste Aufgabe, nämlich eine Gruppendiskussion. Dazu haben wir drei Themen zur Auswahl bekommen und sollten uns zunächst auf ein Thema einigen. Es waren aktuelle Themen, wir haben uns zum Beispiel dafür entschieden, über die Vor- und Nachteile von Homeschooling zu diskutieren und abzuwägen, ob es auch außerhalb von Pandemiesituationen verstärkt eingeführt werden sollte. Anschließend hatten wir Zeit, uns Argumente zu überlegen und die Diskussion vorzubereiten. Wir mussten vor den Prüfern über das ausgewählte Thema diskutieren, was meiner Meinung nach einfach und flüssig abgelaufen ist. Auch hier ein Tipp von mir: Auch wenn man sich vorher augenscheinlich zu wenig Argumente überlegt hat, ergeben sich immer während der Diskussion noch Anhaltspunkte, zu denen man dann noch seine Meinung sagen kann. Die nächsten Aufgaben wurden immer parallel einzeln bearbeitet, das heißt zwei hatten Vorbereitungszeit, zwei mussten ihre Ergebnisse vorstellen.

Die zweite Aufgabe war eine Selbstpräsentation mit einer kleinen Zusatzfrage. Man sollte ein Referat über sich selbst vorbereiten, wozu man auch ein Plakat gestalten durfte. Auf dem Blatt mit der Aufgabenstellung gab es dazu auch ein paar Leitfragen und Anhaltspunkte, also war das eigentlich nicht wirklich schwierig. Ich habe mich persönlich gegen ein Plakat entschieden, was aber im Nachhinein kein Nachteil war.

Die Zusatzfrage war in unserem Fall ein Ausschnitt aus einem Gesetzestext, den wir mit eigenen Worten zusammenfassen beziehungsweise die Kernaussagen nennen sollten. Von den Prüfern wurde dann noch eine Frage zum Text gestellt, um zu prüfen, ob man auch mit Gesetzestexten arbeiten und sie richtig lesen kann. Dazu muss ich sagen, dass das wirklich kein schwerer Ausschnitt war. Bei mir ging es um die Stellvertreter des Bürgermeisters und in welchen Fällen sie diesen vertreten, was finde ich selbsterklärend war.

Die dritte Aufgabe war ein Rollenspiel, das man vorher vorbereiten durfte. Allerdings ist mir da die Vorbereitung schwergefallen, da ich im Voraus nicht wusste, wie mein Gegenüber reagieren wird und wie sich das Gespräch entwickelt. Die Situation wurde auf dem Angabenblatt geschildert, erschien mir aber aussichtslos. Es ging darum, seine Konfliktfähigkeit zu beweisen, das heißt, meiner Meinung nach ist es eher zweitrangig, was genau in dem Rollenspiel passiert. Es ist eher wichtig zu zeigen, dass man in schwierigen Situationen die Nerven behalten kann.

Zuletzt gab es dann noch ein klassisches Vorstellungsgespräch, das heißt, uns wurden noch einmal Fragen zu unserer Motivation, sich hierfür zu bewerben, gestellt und beispielsweise auch zu unseren Stärken und Schwächen. Außerdem wurden wir gefragt, wie viele Einwohner Regensburg hat und wie das Wappen der Stadt aussieht. Daher empfehle ich, sich über die jeweilige Stadt vorher noch einmal genauer zu informieren.

Zum Schluss gab es dann noch eine Verabschiedung der Prüfer und uns wurde gesagt, dass wir uns in einer Woche telefonisch erkundigen können, ob die Tendenz dahin geht, dass wir eingestellt werden oder eben nicht. Die schriftliche Zusage für den Ausbildungsplatz habe ich Anfang Dezember erhalten.

# Bestehe deinen Einstellungstest mit der Plakos-Einstellungstest-App!

Alle Tests und Infos immer in der Hosentasche dabei!

Kostenlose Updates und neue Fragen immer griffbereit.

Kurse und Lektionen abgestimmt auf den jeweiligen Beruf

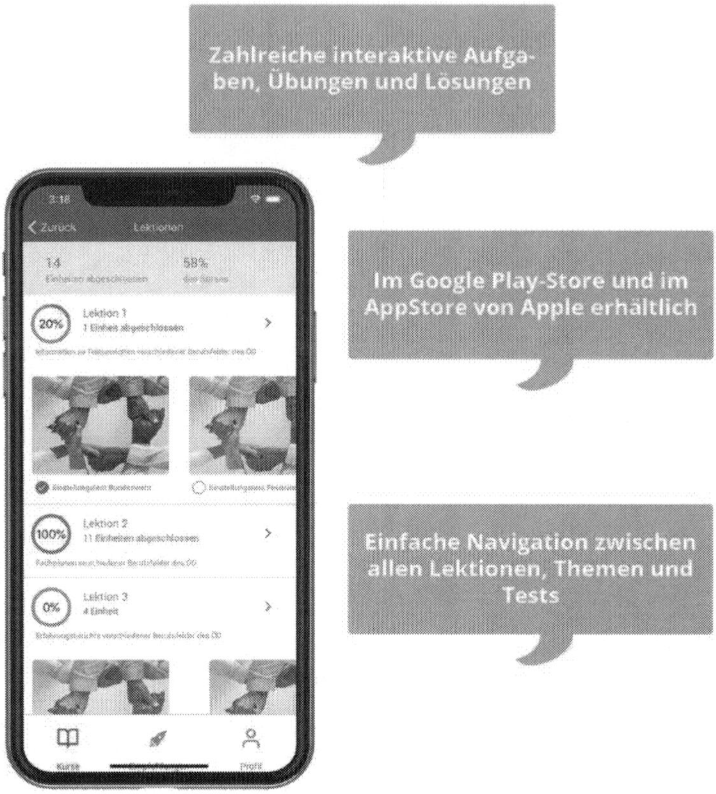


Bestehe deinen Einstellungstest mit der Plakos-Einstellungstest-App! Mit der Plakos-App hebst du deine Einstellungstest-Vorbereitung auf ein neues Level! Du profitierst von Lösungswegen und ausführlichen Erklärungen zu jeder Aufgabe. Am Ende bekommst du eine Auswertung deiner Ergebnisse. Sichere dir jetzt deinen Vorteil gegenüber anderen Mitbewerbern! Wähle die gewünschte Berufsgruppe aus und melde dich mit deinen Zugangsdaten aus dem Mitgliederbereich der Plakos Akademie an. Es werden dir dann die passenden Übungen für den Einstellungstest angezeigt.

## Plakos-Online-Testtrainer – die optimale Vorbereitung für dich!

Strukturierter Ablauf, Lösungswege und Kernfortschrittsanzeigen

Kurse und Lektionen abgestimmt auf den jeweiligen Beruf

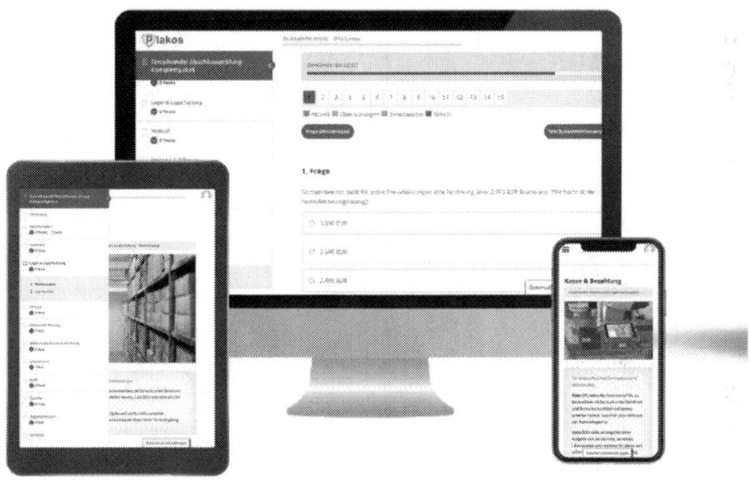

Lern- und Erklärvideos sowie Experten-Tipps

Tausende Bewerber üben jährlich ganz konkret mit den Plakos-Online-Testtrainings. Sie gehen anschließend mit mehr Selbstbewusstsein und Wissen in ihr Auswahlverfahren.
Die Online-Testtrainer gibt es in verschiedenen Preiskategorien für zahlreiche Berufe wie zum Beispiel im öffentlichen Dienst, im Bereich Gesundheit, Pflege und Soziales oder für technische und kaufmännische Berufe.

Da du bereits dieses Buch erworben hast, möchten wir dir an dieser Stelle einen **Gutschein für unsere Online-Programme in Höhe von 15 Euro** schenken. Die folgende Kurzanleitung beschreibt dir, wie du den Gutschein einlösen kannst:

1. Öffne den Browser auf deinem Smartphone, Tablet oder deinem Desktopcomputer.
2. Scanne den QR-Code oder gib die folgende URL in die Adresszeile ein oder: plakos-akademie.de/produkt/app-testtrainer-vollversion-15/

3. Mit dem Produkt „Testtrainer App" hast du Zugriff auf fünf unserer Kurse: Testtrainer, Allgemeinwissen, Konzentration, Logik und Sprache.
4. Gib am Ende des Bestellprozesses den folgenden Gutscheincode ein. Bitte beachte, dass mit dem Gutscheincode in der Testtrainer App nicht alle Plakos-Akademie-Kurse freischaltet sind.

**verwaltungsbuchrabatt15**

Bei Fragen kannst du gerne eine E-Mail an support@plakos.de senden. Antworten auf häufig gestellte Fragen findest du auf der Webseite plakos-akademie.de/kundenservice/. Eine Übersicht zu allen Lern-Apps von Plakos findest du unter plakos-akademie.de/kundenservice-apps/.

# Fachwissen

Ergänzend zum Allgemeinwissen stellen potenzielle Arbeitgeber häufig Wissensfragen zum jeweiligen Fachgebiet. So hoffen sie, Rückschlüsse ziehen zu können, ob ein ernsthaftes Interesse an der Ausbildung und am Arbeitgeber selbst besteht.

## Fachspezifische Aufgaben zum öffentlichen Dienst

1. Wer wählt in Deutschland den Präsidenten des Deutschen Bundestages?
a) Bundesrat
b) das deutsche Volk
c) Bundesversammlung
d) Bundestag
e) Bundespräsident

2. Eine Bundeskanzlerin hat gegenüber den Bundesministern
a) ein höheres Stimmrecht.
b) ein Entscheidungsrecht in Pattsituationen.
c) ein Weisungsrecht.
d) ein Bestimmungsrecht.

3. Wie viele Regierungsperioden darf eine Bundeskanzlerin regieren?
a) unbegrenzt
b) einmal
c) viermal
d) zweimal

4. Wem wird das Bundesverdienstkreuz bei Amtsantritt verliehen?
a) Bundeskanzlerin
b) Bundestagspräsident
c) Präsident des Bundesverfassungsgerichts
d) Bundespräsident

5. Wo sitzt der Europäische Rechnungshof?
a) Karlsruhe
b) Brüssel
c) Straßburg
d) Luxembourg
e) Den Haag

6. Wo ist der Hauptsitz des Europäischen Parlaments?
a) Karlsruhe
b) Brüssel
c) Straßburg
d) Luxemburg
e) Den Haag

7. Wer bildet den Europäischen Rat?
a) die Staats- und Regierungschefs der EU
b) Abgeordnete als Vertreter der EU-Länder

c) die Präsidenten der EU-Verfassungsorgane
d) die EU-Bürger

8. Was steht hinter dem Begriff „kommunal"?
a) staatlich
b) eine Gemeinde oder einen Landkreis betreffend
c) eigenständig
d) gesetzlich
e) monetär

9. Innerhalb der deutschen Bundesländer sind die nächstgrößeren Verwaltungseinheiten die ...
a) Landkreise.
b) Städte.
c) Bezirke / Regierungsbezirke.
d) Gemeinden.

10. Gewaltenteilung meint die
a) Trennung von Polizei und Bundeswehr.
b) Aufteilung des Staates in einzelne Bundesländer.
c) hierarchische Gliederung der Verwaltung.
d) Aufteilung der Bundesregierung in Bundestag und Bundesrat.
e) Trennung der Gesetzgebung von der Rechtsprechung und Verwaltung.

11. Mit der Weimarer Republik wurde erstmals in der deutschen Geschichte die ... eingeführt.
a) parlamentarische Demokratie
b) konstitutionelle Monarchie
c) absolute Monarchie
d) autoritäre Diktatur

12. Das Ziel der Nato ist es, die
a) Grenzen Europas vor dem islamischen Staat zu schützen.
b) Mitglieder mit nötigen Waffen und Soldaten auszustatten.
c) Sowjetunion und den Islam zu bekämpfen.
d) Freiheit und Sicherheit der Mitglieder zu gewähren.

13. Welches Land ist kein Mitglied der politischen Vereinigung „Europäische Union"?
a) Norwegen
b) Finnland
c) Rumänien
d) Litauen

14. Was bedeutet der Begriff „Mehrparteienprinzip"?
a) Kennzeichen für einen demokratischen Staat, in dem es mehrere Parteien gibt, die bei Wahlen von stimmberechtigten Staatsangehörigen gewählt werden

b) ein politisches System, bei dem eine Partei langfristig die alleinige Regierungsgewalt innehat und keine Oppositionsparteien zulässt
c) Kennzeichen für einen demokratischen Staat, in dem sich im Wesentlichen zwei Parteien als Regierungsparteien abwechseln
d) Kennzeichen für einen demokratischen Staat, in dem es mehrere Parteien gibt; die Abgeordneten der Parteien wählen das Staatsoberhaupt

15. Wie heißt die Vereinigung von Abgeordneten einer Partei im Parlament?
a) Fraktion
b) Koalition
c) Opposition
d) Mandat

16. Wie heißt das höchste deutsche Gericht?
a) Oberlandesgericht Karlsruhe
b) Bundesgerichtshof
c) Bundesanwaltsgericht
d) Bundesverfassungsgericht

17. Welcher Begriff kann Deutschland nicht zugeordnet werden?
a) Bundesstaat
b) Rechtsstaat
c) Sozialstaat
d) Einheitsstaat

18. Welche Interessen werden in der Landespolitik vertreten?
a) Bund
b) Landkreis und Gemeinde
c) Bundesländer
d) Europäische Gemeinschaft

19. Welches Beamtenverhältnis gibt es nicht?
a) Beamtenverhältnis auf Probe
b) Beamtenverhältnis auf Fertigstellung
c) Beamtenverhältnis auf Zeit
d) Beamtenverhältnis auf Lebenszeit
e) Beamtenverhältnis auf Widerruf

20. Welcher Aufgabe darf ein Beamter nicht nachgehen?
a) kollektive Arbeitsniederlegung
b) Pflicht zur Amtsverschwiegenheit
c) hoheitliche Aufgaben
d) Diensteid ablegen

21. Was passiert bei einer Inflation?
a) Die Preise steigen, während die Kaufkraft sinkt.
b) Die Preise sinken, während die Kaufkraft steigt.
c) Die Preise und die Kaufkraft sinken gleichermaßen.
d) Die Preise und die Kaufkraft steigen gleichermaßen.

22. In welchem Land wird mit dem Euro gezahlt?
a) Norwegen
b) Schweiz
c) Bulgarien
d) Slowakei
e) Polen

23. Wofür steht der Begriff Oligopol?
a) eine Marktform, bei der viele Nachfrager vielen Anbietern gegenüber stehen
b) eine Marktform, bei der viele Nachfrager wenigen Anbietern gegenüber stehen
c) eine Marktform, bei der ein Nachfrager einem Anbieter gegenübersteht
d) eine Marktform, bei der viele Nachfrager einem Anbieter gegenüber stehen

24. Welche Währung wurde seit der Reichsgründung 1871 nicht genutzt?
a) Rentenmark
b) Silbermark
c) Reichsmark
d) Deutsche Mark

25. Welche Wirtschaftsordnung hat die Bundesrepublik Deutschland?
a) Zentralverwaltungswirtschaft
b) Zentralplanwirtschaft
c) freie Marktwirtschaft
d) soziale Marktwirtschaft
e) Keine Antwort ist richtig.

26. Was ist das Bruttonationaleinkommen?
a) Summe aller erbrachten Leistungen, Güter und Dienstleistungen einer Volkswirtschaft, in einem Jahr zur Verwendung
b) Differenz aller erbrachten Leistungen, Güter und Dienstleistungen in einem Jahr, einer Volkswirtschaft zum Vorjahr
c) Differenz aller erbrachten Leistungen, Güter und Dienstleistungen in einem Jahr, einer Weltwirtschaft zum Vorjahr
d) Summe aller erbrachten Leistungen, Güter und Dienstleistungen in einem Jahr, der Weltwirtschaft zur letzten Verwendung

27. Ein föderalistischer Staat ...
a) versucht den Übergang von Planwirtschaft zu Marktwirtschaft.
b) verfolgt das Ziel, Exporte zu maximieren.
c) besteht aus einzelnen Teilstaaten, die relativ eigenständig sind.
d) wird von einer Partei oder einer Person regiert.

28. Was bedeutet Preisdiskriminierung?
a) Preispolitik von Anbietern, die heterogene Produkte zu unterschiedlichen Preisen fordern
b) Preispolitik von Anbietern, die homogene Produkte zu unterschiedlichen Preisen fordern
c) Preispolitik von Anbietern, die homogene Produkte zu gleichen Preisen fordern
d) Preispolitik von Anbietern, die heterogene Produkte zu gleichen Preisen fordern

29. In einem Markt mit vollständiger Konkurrenz ...
a) ist ein Anbieter in der Lage, den Preis eines Produkts maßgeblich zu beeinflussen.
b) ist mindestens ein Kartell vorhanden.
c) ist nur ein Nachfrager vertreten.
d) stehen viele Nachfrager vielen Anbieter gegenüber.

30. Was sagt der Realzins aus?
a) Zinssatz, der von der Zentralbank eines Währungsgebietes festgesetzt wird
b) Zinssatz, der jährlich für ein Kredit fällig wird
c) Zinssatz, der jährlich für ein Darlehen fällig wird
d) Zinssatz, der die Wertänderung eines Vermögens unter Berücksichtigung der Inflation angibt
e) Keine der Antworten ist richtig.

31. Wo liegt der Sitz der INTERPOL?
a) Bonn
b) Genf
c) Lyon
d) Den Haag

32. Wofür steht die Abkürzung SEK?
a) Spezialeinsatzkommando
b) Sondereinsatzkommando
c) Sicherung einer Kommune
d) Schnelles Einsatzkommando

33. Was zählt nicht zu den Aufgaben der Polizei?
a) Gefahrenabwehr
b) Strafverfolgung
c) Überwachung des Verkehrs
d) Ausstellen von Haftbefehlen

34. Welche Gefahrenart gibt es im Bereich der Gefahrenabwehr nicht?
a) erhebliche Gefahr
b) latente Gefahr
c) abstrakte Gefahr
d) maximale Gefahr

35. Was ist eine Schleierfahndung?
a) verdachtsunabhängige Personenkontrolle

b) Ermittlungsmethode zur Identitätsfeststellung bei Demonstrationen
c) inzwischen illegale Ermittlungsmethode aus der DDR
d) Fahndung nach verschleierten Personen

36. Wo wird die Versammlungsfreiheit garantiert?
a) im Bürgerlichen Gesetzbuch (BGB)
b) im Grundgesetz (GG)
c) im Polizeigesetz (PolG)
d) im Sozialgesetzbuch (SGB)

37. Unter welcher Kurzbezeichnung ist eine auf Englisch „European Police Office" genannte, für Polizeiaufgaben zuständige EU-Agentur bekannt?
a) Interpol
b) Europol
c) Europäische Justizbehörde
d) Europäische Strafverfolgungsbehörde

38. Seit wann ist die 112 die europäische Notrufnummer?
a) 2001
b) 1995
c) 2000
d) 1991

39. Wo darf der Zoll hinter Grenzen an Land uneingeschränkt kontrollieren?
a) nur direkt an der Grenze
b) bis zu 30 Kilometer nach der Grenze
c) uneingeschränkt im gesamten Bundesgebiet
d) Der Zoll darf nicht uneingeschränkt kontrollieren.

40. Ab welchem Warenwert müssen Waren, die über einen Flughafen eingeführt werden, angemeldet sein?
a) 10.000 €
b) 430 €
c) 1.000 €
d) 100 €

41. Welche der folgenden Tätigkeiten zählt nicht zu den Aufgaben des Zolles?
a) Terrorismusbekämpfung
b) Schwarzarbeitsbekämpfung
c) Verbraucherschutz
d) Instandhaltung der Verkehrswege

42. Was ist ein Totalembargo?
a) Alle Dienstleistungen an den Embargo-Adressaten sind untersagt.
b) Alle Informationsgeschäfte mit dem Embargo-Adressaten sind untersagt.
c) Es gibt kein Totalembargo.
d) Jeglicher Handel mit dem Embargo-Adressaten ist untersagt.

43. Welches Land ist mit einem Waffenembargo belegt?
a) Indien
b) Syrien
c) Nigeria
d) Iran

44. Was darf keinesfalls ohne zollrechtliche Anmeldung und Genehmigung nach Deutschland?
a) Perserkatzen
b) Süßwasserschildkröten
c) Maine Coon Katzen
d) Elefantenfüße

Lösungen: Fachwissen öffentlicher Dienst

| | | |
|---|---|---|
| 1. d) | 17. d) | 33. d) |
| 2. c) | 18. c) | 34. d) |
| 3. a) | 19. b) | 35. a) |
| 4. d) | 20. a) | 36. b) |
| 5. d) | 21. a) | 37. b) |
| 6. c) | 22. d) | 38. d) |
| 7. a) | 23. b) | 39. b) |
| 8. b) | 24. b) | 40. b) |
| 9. c) | 25. d) | 41. d) |
| 10. e) | 26. a) | 42. d) |
| 11. a) | 27. c) | 43. d) |
| 12. d) | 28. b) | 44. d) |
| 13. a) | 29. d) | |
| 14. a) | 30. d) | |
| 15. a) | 31. c) | |
| 16. d) | 32. a) | |

# Allgemeinwissen

In Einstellungstests bekommst du häufig Fragen zum Thema Allgemeinwissen gestellt. Da sich Aufgaben aus diesem Bereich nicht durch logisches Denken lösen lassen, ist entsprechendes Vorwissen sehr wichtig.

## Welche Fragen und Aufgaben kommen dran?

Wie auch in anderen Bereichen des Einstellungstests kann Allgemeinwissen nicht von einem auf den anderen Tag erlernt werden. Allgemeinwissen muss kontinuierlich aufgebaut, aktualisiert und erweitert werden.

**Beispiel**
Wie kannst du dich nun optimal auf diesen Teil vorbereiten, wenn dir wenig Zeit bleibt? Es gibt sehr viele Fragen, die immer wieder in Einstellungstests gestellt werden. Zum einen handelt es sich dabei um Fragen zu historischen Themen, zum Beispiel „Wann war die Wiedervereinigung?“, und zum anderen werden Fragen zum aktuellen Zeitgeschehen gestellt.

Beispiel: „Wer ist aktuell Finanzminister?“

Wir empfehlen dir für deine Vorbereitungen die folgenden Multiple-Choice-Fragen akribisch durchzuarbeiten und am besten täglich Zeitung zu lesen.

Das Segment „Allgemeinwissen" wird hier thematisch unterteilt. Die Aufgaben unterscheiden sich in zwei Aufgabentypen. Dir wird entweder ein Satz vorgegeben, welcher durch a), b), c) oder d) ergänzt werden muss, oder es muss eine Frage richtig beantwortet werden. Es gibt zu jeder Aufgabe nur eine richtige Lösung. Die Lösungen und Lösungshinweise zu den Aufgaben findest du jeweils am Ende des Unterkapitels.

## Recht

Es kann vorkommen, dass du im Einstellungstest für die öffentliche Verwaltung Rechtsfälle bearbeiten musst. Dabei sind entweder einfache Fälle des Zivilrechts (BGB) oder beispielsweise EU-Richtlinien Inhalt des Tests. Du musst keine Paragrafen auswendig lernen. Alle Normen, die von Belang sind, werden im Testbogen abgedruckt. Eine besondere juristische Ausbildung oder Vorkenntnisse sind nicht erforderlich. Es hilft aber enorm, sich mit den Grundprinzipien des BGB vertraut zu machen. Zum Beispiel wie ein Kaufvertrag zustande kommt: nämlich durch zwei übereinstimmende, wirksam abgegebene Willenserklärungen (das Angebot und dessen Annahme). Diese können schriftlich, mündlich oder elektronisch erfolgen. Die Grundlagen des BGB findest du auf der Webseite www.juracademy.de/bgb-allgemeiner-teil1/zustandekommen-vertrag.html.

1. Die sogenannte Judikative ist die ...
a) ausführende Gewalt.
b) richterliche Gewalt.
c) gesetzgebende Gewalt.
d) gesetzliche Gewalt.

2. Für wen hat der Gesetzgeber im Strafrecht eigens eine besondere Regelung eingeführt?
a) Kronzeuge
b) Kronprinz
c) Kronleuchter
d) Kronkorken

3. Welchen Zweck verfolgen die Grundrechte primär?
a) den Schutz von Bürgern untereinander
b) den Schutz des Bürgers vor juristischen Personen
c) den Schutz des Bürgers vor Eingriffen des Staates
d) den Schutz des Staates vor den Bürgern
e) Keine Antwort ist richtig.

4. Welche Bedeutung hat die Abkürzung „StPO“?
a) Strafpolizeiordnung
b) Steuerpolizeiordnung
c) Strafprozessordnung
d) Straßenverkehrsordnung
e) Staatspolizeiorganisation

5. Ab welchem Alter ist man grundsätzlich durch die Grundrechte geschützt?
a) Geburt
b) acht

c) 14
d) 21
e) 18

6. Welche Frage wirft der Begriff der Rechtsgeltung auf?
a) die Frage der Wiedergutmachung durch Gesetze
b) die Frage nach der Gültigkeit von Gesetzen
c) die Frage nach der Verurteilung aufgrund von Gesetzen

7. Welches Gericht wird grundsätzlich bei Streitigkeiten auf dem Gebiet des öffentlichen Rechts angerufen?
a) Zivilgericht
b) Verwaltungsgericht
c) Keine Antwort ist richtig.
d) Schiedsgericht
e) Strafgericht

8. Ein Kaufvertrag verpflichtet den Verkäufer zur ...
a) Rechnungstellung.
b) Begleichung des Kaufpreises.
c) Aushändigung eines Lieferscheins.
d) Übergabe der Kaufsache.

9. Welche der folgenden Tatbestände beschreibt eine Körperverletzung?
a) auf die Schulter klopfen
b) das Abschneiden der Haare im Schlaf
c) im Schulunterricht andere Schüler mit Papierkügelchen bewerfen
d) angewiderter Blick

10. Was bedeutet die Gewaltenteilung?
a) historischer Begriff für eine Militärdiktatur
b) Mittel zur Machtbegrenzung und Sicherung von Freiheit und Gleichheit
c) Gesetz, das jedem Bundesbürger untersagt, alleine Gewalt anzuwenden
d) Prinzip, nach dem Polizeibeamte bei gewalttätigen Eingriffen vorgehen müssen

11. Wo hat der Europäische Gerichtshof für Menschenrechte seinen Sitz?
a) Den Haag
b) Straßburg
c) Brüssel
d) Luxemburg

12. Was besagt der sogenannte „Taschengeldparagraph"?
a) Minderjährigen ist ein Taschengeld von den Eltern zu gewähren.
b) Keine Antwort ist richtig.
c) Minderjährige können Taschengeld vom Staat verlangen.
d) Grundsätzlich muss kein Taschengeld bezahlt werden.
e) Ein Minderjähriger kann

grundsätzlich mit seinem Taschengeld einen wirksamen Vertrag schließen.

13. Was ist ein positives Recht?
a) ein Gesetz, das negative Auswirkungen hat
b) ein vom Menschen gesetztes Recht
c) ein von der Natur gesetztes Recht
d) ein Gesetz, das positive Auswirkungen hat

14. Was ist soziologisch gesehen keine Funktion eines funktionierenden Rechtssystems?
a) Gerechtigkeit
b) Frieden
c) Freiheit
d) Kontrolle

15. Mit welchem Alter gilt man in Deutschland als unbeschränkt geschäftsfähig im Sinne des Bürgerlichen Gesetzbuches?
a) mit Vollendung der Geburt
b) mit 14 Jahren
c) mit sieben Jahren
d) mit 18 Jahren
e) mit 21 Jahren

16. Die Polizei ist Teil der ...
a) Judikative.
b) Exekutive.
c) Legislative.

17. Wer oder was wird auch als „Hüter der Verfassung" bezeichnet?
a) Bundeskriminalamt
b) Bundespräsident
c) Bundesrat
d) Bundeskanzler
e) Bundesverfassungsgericht

18. Wann wurde das Grundgesetz der Bundesrepublik Deutschland verkündet?
a) 23.05.1949
b) 17.08.1945
c) 01.01.1990
d) 01.01.1946

19. Wie bezeichnet man das Gegenteil von absolutem Recht?
a) finales Recht
b) ungefähres Recht
c) relatives Recht
d) fiktives Recht

20. Wie heißt die Personifikation der Gerechtigkeit?
a) Minerva
b) Justitia
c) Diana
d) Juno

21. Welche Bedeutung hat die Abkürzung „AGB"?
a) allgemeine Gewerkschaft Berlin
b) Arbeitsgemeinschaft der Behörden

c) Archiv für Geschichte des Buchwesens
d) allgemeine Geschäftsbedingungen

22. Wann erlischt das Urheberrecht?
a) 50 Jahre nach der Veröffentlichung
b) 30 Jahre nach der Veröffentlichung
c) 70 Jahre nach dem Tod des Urhebers
d) 50 Jahre nach dem Tod des Urhebers

23. Was versteht man unter einer Konventionalstrafe?
a) richterliche Strafe
b) Vertragsstrafe
c) Verzugszins
d) Freiheitsstrafe

24. Welche der folgenden Kategorien gehört nicht zum öffentlichen Recht?
a) Steuerrecht
b) Urheberrecht
c) Sozialrecht
d) Verwaltungsrecht

25. Ein Notar ist zuständig für ...
a) Strafverteidigungen.
b) arbeitsgerichtliche Verfahren.
c) Beurkundungen.
d) Klagen vor dem Oberverwaltungsgericht.

26. Wie nennt man den obersten Beamten der Staatsanwaltschaft beim Bundesgerichtshof?
a) Staatsoberanwalt
b) Generalbevollmächtigter
c) Staatssekretär
d) Generalbundesanwalt

27. Was steht in Artikel 1, Abs. 1 des Deutschen Grundgesetzes?
a) die Meinungsfreiheit
b) die Unantastbarkeit der Würde des Menschen
c) das Recht auf Bildung
d) die Versammlungsfreiheit

28. Bei welchem Recht handelt es sich um kein Grundrecht nach dem Deutschen Grundgesetz?
a) Versammlungsfreiheit
b) Asylrecht
c) das Recht, CDs und DVDs für private Zwecke zu kopieren
d) Unverletzlichkeit der Wohnung

Lösungen: Recht

| | | |
|---|---|---|
| 1. b) | 11. b) | 21. d) |
| 2. a) | 12. e) | 22. c) |
| 3. c) | 13. b) | 23. b) |
| 4. c) | 14. a) | 24. b) |
| 5. a) | 15. d) | 25. c) |
| 6. b) | 16. b) | 26. d) |
| 7. b) | 17. e) | 27. b) |
| 8. d) | 18. a) | 28. c) |
| 9. b) | 19. c) | |
| 10. b) | 20. b) | |

## Politik und Gesellschaft

1. Der Bundesrat ...
a) hat die Ablösung der Regierung als Ziel.
b) hat eine Gesetzgebungsfunktion.
c) besteht aus Bundestagsabgeordneten.
d) vertritt die Bundesländer im Bund.

2. Aus welchem Land kamen die ersten Gastarbeiter in die Bundesrepublik Deutschland?
a) Italien
b) Spanien
c) Portugal
d) Türkei

3. Volkssouveränität bedeutet,
a) wichtige Beschlüsse kommen durch einen Volksentscheid zustande.
b) die Würde des Volkes ist unantastbar.
c) die Staatsgrenzen dürfen von anderen Völkern nicht verletzt werden.
d) alle Gewalt geht vom Volk aus.

4. Wie heißt die Wirtschaftsordnung der Bundesrepublik Deutschland?
a) freie Zentralwirtschaft
b) soziale Planwirtschaft
c) soziale Marktwirtschaft
d) freie Marktwirtschaft

5. Wofür steht die Abkürzung NATO?
a) North Atlantic Treaty Organization
b) North American Tactical Operations
c) North Atlantic Trade Organization
d) North American Trade Organization

6. Wer war Begründer der modernen Evolutionstheorie?
a) Jean-Baptiste de Lamarck
b) Francis Crick
c) Gregor Mendel
d) Charles Robert Darwin

7. Welcher Partei gehörte der erste Bundespräsident der Bundesrepublik Deutschland an?
a) CSU
b) CDU
c) FDP
d) SPD

8. Was besagt das Schengener Abkommen?
a) Teil der Verfassung der Europäischen Union
b) Aufhebung der Zoll- und Grenzkontrollen zwischen Ländern

c) Abkommen, das alle Mitglieder der Europäischen Union unterschreiben müssen
d) Verordnung der Europäischen Kommission zur Vereinheitlichung der Grenzübergänge

9. Wer ist oberster Dienstherr der Polizei in einem Bundesland?
a) Justizminister
b) Innenminister
c) Kultusminister
d) Finanzminister

10. Wer wählt die Bundeskanzlerin?
a) Bundestag
b) Volk
c) Bundesrat
d) Bundespräsident

11. Ab welchem Alter dürfen deutsche Staatsbürger bei der Bundestagswahl wählen?
a) 18 Jahre
b) 14 Jahre
c) 21 Jahre
d) 16 Jahre

12. In Deutschland gibt es keinen Vizepräsidenten. Wer muss die Vertretung übernehmen, falls der Bundespräsident verhindert ist?
a) der Bundesratspräsident
b) ein vom Bundespräsidenten bestellter Vertreter
c) der Zweitgereihte der letzten Wahl
d) die Bundeskanzlerin

13. Die Anzahl der Stimmen eines Bundeslandes im Bundesrat hängt ab von ...
a) der Gesamtzahl der Stimmen.
b) der Fläche des Bundeslandes.
c) der Einwohnerzahl des Bundeslandes
d) der Wahlbeteiligung der Bürger im jeweiligen Bundesland.

14. Von wem stammt der Text der deutschen Nationalhymne?
a) Johann Wolfgang von Goethe
b) Ludwig van Beethoven
c) Friedrich Schiller
d) August Heinrich Hoffmann von Fallersleben

15. Was bedeutet Demokratie wörtlich?
a) Herrschaft der Regierung
b) Herrschaft des Volkes
c) Herrschaft der Mehrheit
d) Herrschaft der Menschen

16. Die Richter des Bundesverfassungsgerichts werden
a) Keine Antwort ist richtig.
b) vom Bundespräsidenten und vom Bundestag gewählt.

c) vom Bundestag und vom Bundesrat gewählt.
d) vom Volk gewählt.

17. Wie setzt sich die deutsche Bundesregierung zusammen?
a) Kanzlerin und Bundesminister
b) Kanzlerin und Bundespräsident
c) Bundestag und Bundesrat
d) Bundesrat und Bundespräsident

18. Wer hat keine Befugnis, einen Gesetzesentwurf einzubringen?
a) Bundestag
b) Bundespräsident
c) Bundesrat
d) Bundesregierung

19. Wie viele deutsche Bundesländer gibt es?
a) 15
b) 16
c) 22
d) 11

20. Wie heißt die Zusammenarbeit von Parteien zur Bildung einer Regierung?
a) Koalition
b) Ministerium
c) Fraktion
d) Koordination

21. Wie wird das deutsche Regierungssystem bezeichnet?
a) konstitutionelle Monarchie
b) parlamentarische Demokratie
c) Präsidialregime
d) Militärdiktatur

22. Wer war im Jahr 2018 Präsident der Europäischen Kommission?
a) Herman Van Rompuy
b) Martin Schulz
c) Jean-Claude Juncker
d) José Manuel Barroso

23. Welches Land hatte im Jahr 2016 keinen Status als Beitrittskandidat der Europäischen Union?
a) Türkei
b) Ukraine
c) Serbien
d) Albanien

24. Wie hieß der erste Bundespräsident der Bundesrepublik Deutschland?
a) Richard von Weizsäcker
b) Roman Herzog
c) Theodor Heuss
d) Gustav Heinemann

25. Mit welchem Politiker war die britische Premierministerin Margaret Thatcher eng befreundet?
a) Ronald Reagan

b) Helmut Kohl
c) Michail Gorbatschow
d) Winston Churchill

26. Welche Maximalsumme erhalten die Parteien insgesamt jährlich aus staatlichen Zuwendungen?
a) 31 Millionen Euro
b) 63 Millionen Euro
c) 133 Millionen Euro
d) 280 Millionen Euro

27. Was versteht man unter einem „passiven Wahlrecht"?
a) Ausschluss vom Wahlrecht
b) das eigene Wahlrecht durch eine Vertrauensperson ausüben zu lassen
c) per Briefwahl wählen zu können
d) das Recht, bei einer Wahl selbst gewählt zu werden

28. Welche regelmäßigen Massenproteste in der DDR gingen der deutschen Wiedervereinigung voraus?
a) Frühjahrsproteste
b) Montagsdemonstrationen
c) Freitagsbewegung
d) Ostermärsche

29. Welche Tageszeitung hat in Deutschland die höchste Auflage?
a) Süddeutsche Zeitung
b) Frankfurter Allgemeine Zeitung
c) Bild
d) Die Welt

30. Wer war kein deutscher Bundeskanzler?
a) Willy Brandt
b) Walter Scheel
c) Helmut Kohl
d) Gerhard Schröder

31. Wie viele Sterne hat die Europaflagge?
a) 9
b) 12
c) 17
d) 20

32. Wie heißt das Verfahren, das seit 2009 die Verteilung der Mandate nach der Bundestagswahl berechnet?
a) d'Hondt
b) Holl-Neuberger
c) Sainte-Laguë
d) Hare-Niemeyer

33. Seit wann hat Deutschland eine eigene Armee, die heutige Bundeswehr?
a) 1949
b) 1955
c) 1968
d) 1980

34. Welcher Philosoph hatte maßgeblichen Einfluss auf die Verfassung liberaler Staaten?
a) John Locke
b) Jean-Jacques Rousseau
c) Thomas Hobbes
d) Georg Wilhelm Friedrich Hegel

35. Wie viele Verkehrstote gab es etwa im Jahr 2019 in Deutschland?
a) 3.100
b) 4.300
c) 5.200
d) 6.000

36. Welche Konfessionsgruppe hat in Deutschland die meisten Mitglieder?
a) islamische Religionsgemeinschaften
b) buddhistische Religionsgemeinschaft
c) evangelische Kirchen
d) römisch-katholische Kirche

37. Wie viele Asylanträge wurden 2019 in Deutschland gestellt?
a) etwa 141.900
b) etwa 220.300
c) etwa 476.600
d) etwa 745.500

38. Wie hoch war die Arbeitslosenquote in Deutschland im Jahr 2019 im Jahresdurchschnitt?
a) 4,8 %
b) 5 %
c) 6,4 %
d) 7,1 %

39. Wann wurde die Arbeitslosenversicherung in Deutschland eingeführt?
a) 1921
b) 1923
c) 1925
d) 1927

40. Welche Aussage über Prognosen der deutschen Bevölkerung ist wahr?
a) Die deutsche Bevölkerung wird in den nächsten Jahren leicht abnehmen.
b) Die deutsche Bevölkerung wird in den nächsten Jahren leicht wachsen.
c) Die deutsche Bevölkerung wird sich in 50 Jahren etwa verdoppeln.
d) Die deutsche Bevölkerung wird in den nächsten Jahren stark wachsen.

41. Wer trat 2012 von seinem Amt als Bundespräsident zurück?
a) Johannes Rau
b) Horst Köhler
c) Joachim Gauck
d) Christian Wulff

42. Wann begann der Bürgerkrieg in Syrien?
a) 2008
b) 2009
c) 2010
d) 2011

Lösungen: Politik und Gesellschaft

| | | |
|---|---|---|
| 1. d) | 15. b) | 29. c) |
| 2. a) | 16. c) | 30. b) |
| 3. d) | 17. a) | 31. b) |
| 4. c) | 18. b) | 32. c) |
| 5. a) | 19. b) | 33. b) |
| 6. d) | 20. a) | 34. a) |
| 7. c) | 21. b) | 35. a) |
| 8. b) | 22. c) | 36. d) |
| 9. b) | 23. b) | 37. a) |
| 10. a) | 24. c) | 38. b) |
| 11. a) | 25. a) | 39. d) |
| 12. a) | 26. c) | 40. a) |
| 13. c) | 27. d) | 41. d) |
| 14. d) | 28. b) | 42. d) |

# Wirtschaft

1. Wie wird ein Rabatt auf den Rechnungspreis genannt, welcher bei Zahlung innerhalb einer bestimmten Zahlungsfrist gewährt wird?
a) Agio
b) Storno
c) Skonto
d) Just in Time Rabatt

2. Das ökonomische Prinzip besagt, dass ...
a) alle Mittel vernünftig eingesetzt werden müssen, aufgrund von Güterknappheit.
b) wir mit gegebenen Mitteln das größtmögliche Ergebnis erzielen müssen.
c) wir mit minimalen Mitteln das vorgegeben Ziel erfüllen müssen.
d) wir das maximale Ergebnis mit minimalen Mitteln erzielen sollen.

3. Eine Hypothek ist nichts anderes als ...
a) ein sehr hoher Scheck.
b) ein Zahlungsversprechen.
c) eine Tilgungsrate.
d) eine Sicherheit bei Darlehen für Immobilien.

4. Eine Handlungsvollmacht mit Rechten und Pflichten bezeichnet man als ...
a) Validität.
b) Satura.
c) Magister.
d) Prokura.

5. Subventionen sind eine Form von ...
a) indirekten Steuern.
b) Schutzzöllen.
c) Investitionsabgaben für Unternehmen.
d) staatlichen Zuschüssen.

6. Als Sozialprodukt bezeichnen wir ...
a) eine gesamtwirtschaftliche Größe der produzierten Sachgüter und Dienstleistungen in einem Jahr.
b) alle Sozialleistungen sowie Ausgaben des Staates und der Haushalte in einer Periode.
c) alle Wertschöpfungsprozesse in einem Unternehmen.
d) Güter und Dienstleistungen, die von Unternehmen den Haushalten zur Verfügung gestellt werden.

7. Das gegensätzliche Wirtschaftssystem zur Planwirtschaft ist die ...
a) Zentralverwaltungswirtschaft.
b) soziale Marktwirtschaft.
c) sozialistische Marktwirtschaft.
d) freie Marktwirtschaft.

8. Welcher CDU-Politiker, der von 1949 bis 1963 das Bundeswirtschaftsministerium leitete, wurde als „Vater des Wirtschaftswunders“ berühmt?
a) Ludwig Erhard
b) Konrad Adenauer
c) Kurt Georg Kiesinger
d) Willy Brandt

9. Was löste der New Yorker Börsencrash Ende Oktober 1929 aus?
a) eine Weltwirtschaftskrise
b) einen Zusammenbruch des Tulpenmarktes
c) Das Aufstreben der Nazis in Deutschland
d) Neuwahlen in den USA

10. Was ist unter der Liquidität eines Unternehmens zu verstehen?
a) das Barvermögen
b) Einnahmen des Unternehmens
c) die Kreditwürdigkeit
d) die Zahlungsfähigkeit des Unternehmens

11. In welchem europäischen Staat war 2018 die Wirtschaftskraft pro Kopf am höchsten?
a) Schweden
b) Norwegen
c) Luxemburg
d) Deutschland

12. Welches sind die wichtigsten Einnahmequellen öffentlicher Haushalte?
a) Sozialabgaben und Steuern
b) Spenden
c) Bußgelder
d) Gebühren

13. Welche Länder waren die zwei wichtigsten Handelspartner der Europäischen Union im Jahr 2017?
a) China, USA
b) Indien, Brasilien
c) Schweiz, Norwegen
d) Russland, Saudi-Arabien

14. Wofür lassen sich in der Regel hohe Renditen erwirtschaften?
a) hohe Anlagebeträge
b) lange Investitionszeiten
c) hohe Risiken
d) hohe Gebühren

15. Insolvenz bedeutet, dass ein Unternehmen ...
a) zahlungsunfähig ist.
b) verkauft worden ist.
c) kreditwürdig ist.
d) gegen Regulierungen verstoßen hat.

16. Welche ist die häufigste Unternehmensform in Deutschland?
a) Einzelunternehmen
b) GmbH
c) AG
d) KG

17. Wo befindet sich der Sitz der Europäischen Zentralbank?
a) Frankfurt am Main
b) Brüssel
c) Den Haag
d) Straßburg

18. Welche Aufgabe hat der Leitzinssatz?
a) Er ist das zentrale Element zur Steuerung der Geldpolitik.
b) Damit kann der Konsument Kreditangebote von Banken vergleichen.
c) Er dient der Finanzierung des Europäischen Stabilitätsmechanismus.
d) Er regelt die Ausschüttung von Renditen.

19. Was versteht man unter Derivaten?
a) festverzinsliche Wertpapiere
b) Finanzinstrumente
c) inländische Geldscheine
d) Anleiheformen

20. Wer gilt als Schöpfer des World Wide Web „www“?
a) Mark Zuckerberg
b) Steve Jobs
c) Tim Berners-Lee
d) Bill Gates

21. Welche Staaten gehören dem Freihandelsabkommen NAFTA an?
a) USA, Mexiko und Kanada
b) China, Russland und USA
c) USA, Kanada und EU
d) Russland, USA und Deutschland

22. Wie nennt man fallende Kurse an der Börse?
a) Hausse
b) Ground
c) Down
d) Baisse

23. Wie heißt der Index, der die Aktien mittelgroßer deutscher Unternehmen zusammenfasst?
a) DAX
b) MDAX
c) XETRA
d) NEMAX

24. Welche Institution regelt Handelskonflikte der EU mit den USA?
a) NATO
b) OPEC
c) WTO
d) UN

25. Welches Tarifmodell gilt bei der Einkommenssteuer?
a) Stufenmodell
b) regressives Modell
c) progressives Modell
d) proportionales Modell

26. In welcher Stadt befindet sich das Bundeskartellamt?
a) Bonn
b) Frankfurt am Main
c) München
d) Berlin

27. Wird der Markt von nur einem Anbieter oder Nachfrager beherrscht, nennt man dies ...
a) Kartell.
b) Monopol.
c) Oligopol.
d) Oligarchie.

28. Welches deutsche Unternehmen hat den größten Umsatz? (Stand: 2019)
a) BMW AG
b) Deutsche Telekom AG
c) Allianz
d) Volkswagen

Lösungen: Wirtschaft

| | | |
|---|---|---|
| 1. c) | 11. c) | 21. a) |
| 2. a) | 12. a) | 22. d) |
| 3. d) | 13. a) | 23. b) |
| 4. d) | 14. c) | 24. c) |
| 5. d) | 15. a) | 25. c) |
| 6. a) | 16. a) | 26. a) |
| 7. d) | 17. a) | 27. b) |
| 8. a) | 18. a) | 28. d) |
| 9. a) | 19. b) | |
| 10. d) | 20. c) | |

## Geografie

1. Welches Land ist flächenmäßig das zweitgrößte Land der Welt?
a) China
b) Australien
c) Kanada
d) USA

2. Die Hauptstadt von Island heißt ...
a) Helsinki.
b) Dublin.
c) Färöer.
d) Reykjavík.

3. Wo befindet sich der Suezkanal?
a) Panama
b) Israel
c) Papua-Neuguinea
d) Ägypten

4. In welchem lateinamerikanischen Land ist Spanisch NICHT die Amtssprache?
a) Argentinien
b) Brasilien
c) Chile
d) Ecuador

5. Wie heißt die Hauptstadt von Ghana?
a) Kairo
b) Accra
c) Antananarivo
d) Mombasa

6. Welches ist das kleinste Land in Europa?
a) Liechtenstein
b) Vatikanstadt
c) Monaco
d) San Marino

7. In welchem US-Bundesstaat befindet sich das Silicon Valley?
a) Kalifornien
b) Florida
c) New York
d) Washington

8. Welcher Kontinent der Welt ist der bevölkerungsreichste und zugleich auch flächenmäßig der Größte?
a) Asien
b) Australien
c) Amerika
d) Afrika

9. Welcher ist der höchste Berg Europas?
a) Mont Blanc
b) Zugspitze
c) Dufourspitze
d) Großglockner

10. Welcher ist der längste Fluss, der komplett auf französischem Boden verläuft?
a) Seine
b) Loire

c) Garonne
d) Marne

11. Welches Land ist flächenmäßig das größte der Welt?
a) China
b) Australien
c) Russland
d) USA

12. Welche sind sämtliche Nachbarländer, mit denen die Bundesrepublik Deutschland eine Landgrenze teilt?
a) Dänemark, Polen, Tschechische Republik, Österreich, Schweiz, Frankreich, Luxemburg, Belgien, Niederlande
b) Dänemark, Polen, Tschechische Republik, Slowakei, Schweiz, Fürstentum Liechtenstein, Frankreich, Luxemburg, Niederlande
c) Dänemark, Schweden, Polen, Tschechische Republik, Österreich, Schweiz, Frankreich, Luxemburg, Belgien
d) Dänemark, Polen, Russland, Tschechische Republik, Österreich, Schweiz, Frankreich, Belgien, Niederlande

13. Welches der folgenden Länder hat die meisten Einwohner?
a) Indonesien
b) Indien
c) USA
d) Brasilien

14. Welche Fläche hat Deutschland?
a) etwa 420.000 $km^2$
b) etwa 210.000 $km^2$
c) etwa 500.000 $km^2$
d) etwa 360.000 $km^2$

15. Wie heißt die Hauptstadt von Argentinien?
a) Bogotá
b) São Paulo
c) Buenos Aires
d) Salvador da Bahia

16. Wie heißt die Hauptstadt von Indien?
a) Neu-Delhi
b) Kolkata (Kalkutta)
c) Mumbai (Bombay)
d) Bangalore

17. Welche Metropolregion hat die meisten Einwohner?
a) New York
b) Tokio
c) Jakarta
d) Shanghai
e) Mexiko-Stadt

18. Welcher Ozean ist flächenmäßig der größte?
a) Pazifischer Ozean
b) Atlantischer Ozean
c) Indischer Ozean

d) Arktischer Ozean
e) Antarktischer Ozean

19. Welche Stadt ist die Hauptstadt von Serbien?
a) Skopje
b) Belgrad
c) Sarajevo
d) Pristina
e) Ljubljana

20. Die Atmosphäre ist in mehrere Schichten aufgeteilt. Bis zu welcher Höhe spricht man von der Troposphäre?
a) 50 bis 100 Kilometer
b) 0 bis 15 Kilometer
c) 15 bis 50 Kilometer
d) 100 bis 500 Kilometer

21. Welcher See ist der größte der Erde?
a) Kaspisches Meer
b) Victoriasee
c) Baikalsee
d) Michigansee

22. Welches Land gehört nicht zum südostasiatischen wirtschaftlichen und politischen supranationalen Verbund ASEAN (Association of Southeast Asian Nations), der manchmal als südostasiatisches Gegenstück zur Europäischen Union bezeichnet wird?
a) Volksrepublik China
b) Indonesien
c) Thailand
d) Philippinen

23. An welchem Fluss liegt die Stadt Budapest?
a) Oder
b) Moldau
c) Weichsel
d) Donau

24. Wo liegt die Insel Madagaskar?
a) im Pazifik
b) im Indischen Ozean
c) im Atlantik
d) im Japanischen Meer

25. Welchem Staat ist die richtige Hauptstadt zugeordnet?
a) Spanien / Barcelona
b) Kolumbien / Medellín
c) Kanada / Ottawa
d) Brasilien / Rio de Janeiro

26. Zu welchem Staat gehören die Azoren?
a) Niederlande
b) Portugal
c) Frankreich
d) Spanien

27. Österreich ist wie Deutschland eine Bundesrepublik und ein föderaler Staat, der aus Bundesländern besteht. Wie viele Bundesländer gibt es in Österreich?
a) 16
b) 5
c) 9
d)11

28. Welche Stadt in den USA hat die meisten Einwohner?
a) New York City
b) Chicago
c) Los Angeles
d) Philadelphia

29. Welcher Fluss ist der längste der Erde?
a) Nil
b) Amazonas
c) Jangtsekiang
d) Mississippi

30. Wie heißt die Insel, auf der Tokio liegt?
a) Honshu
b) Hokkaido
c) Shikoku
d) Fukuoka

31. Wie heißt der berühmte Berg bei Kapstadt?
a) Zuckerhut
b) Moco
c) Tafelberg
d) Mont Blanc

32. In welches Gewässer mündet der Mississippi?
a) Atlantik
b) Golf von Mexiko
c) Golf von Maine
d) Michigansee

33. Die Länge des Äquators beträgt wie viele Kilometer?
a) rund 50.000 Kilometer
b) rund 30.000 Kilometer
c) rund 25.000 Kilometer
d) rund 40.000 Kilometer

34. Derna ist eine Hafenstadt in ...?
a) Tunesien
b) Ägypten
c) Libyen
d) Saudi-Arabien

## Lösungen: Geografie

| | | |
|---|---|---|
| 1. c) | 13. b) | 25. c) |
| 2. d) | 14. d) | 26. b) |
| 3. d) | 15. c) | 27. c) |
| 4. b) | 16. a) | 28. a) |
| 5. b) | 17. b) | 29. a) |
| 6. b) | 18. a) | 30. a) |
| 7. a) | 19. b) | 31. c) |
| 8. a) | 20. b) | 32. b) |
| 9. a) | 21. a) | 33. d) |
| 10. b) | 22. a) | 34. c) |
| 11. c) | 23. d) | |
| 12. a) | 24. b) | |

## Interkulturelles Wissen

1. Die häufigste Infektionskrankheit der Welt ist ...
a) Aids.
b) Malaria.
c) die Grippe.
d) Tuberkulose.

2. Der sogenannte Schalttag fällt immer auf das Datum ...
a) 31. Januar.
b) 31. April.
c) 29. Februar.
d) 31. Juni.

3. Wobei handelt es sich um ein Notsignal im internationalen Funkverkehr?
a) Mayday
b) Down Town
c) Jetset
d) Flower-Power

4. Was haben viele Menschen – völlig unabhängig von ihren finanziellen Verhältnissen?
a) Fax-Sparbuch
b) SMS-Zinsen
c) Twitter-Darlehen
d) E-Mail-Konto

5. In welchem Land leben die meisten Vegetarier?
a) Deutschland
b) Japan
c) Angola
d) Indien

6. Was bezeichnet der Begriff Polytheismus?
a) das genaue Befolgen religiöser Ernährungs- und Kleidungsvorschriften
b) das Darbringen von Tieropfern in religiösen Kontexten
c) die Verehrung einer Vielzahl von Göttern
d) den Glauben an die ewige Wiederkehr des Gleichen

7. Welche Sprache hat die meisten Muttersprachler?
a) Spanisch
b) Englisch
c) Mandarin (Hochchinesisch)
d) Hindi
e) Arabisch

8. Der sogenannte Arabische Frühling begann in ...
a) Tunesien.
b) Maghreb.
c) Libyen.
d) Syrien.

9. Wofür steht der Ramadan?
a) für einen altägyptischen König
b) für den indischen Nationalfeiertag
c) für den Fastenmonat der Muslime
d) für ein asiatisches Volksfest

10. In welchem Land befindet sich der größte Tempelkomplex der Welt, Angkor Wat?
a) Kambodscha
b) Thailand
c) Vietnam
d) Bangladesch

11. Welcher Religion ordnet man den Begriff des Nirvanas zu?
a) Islam
b) Hinduismus
c) Buddhismus
d) Shintō

12. Welches jüdische Fest erinnert an den Auszug der Juden aus Ägypten?
a) Pessach
b) Jom Kippur
c) Chanukka
d) Hoschana Rabba

13. In welchem Land befindet sich die muslimische Pilgerstadt Mekka?
a) Saudi-Arabien
b) Iran
c) Türkei
d) Vereinigte Arabische Emirate

14. Wie groß wird die Weltbevölkerung laut Schätzungen im Jahr 2030 sein?
a) etwa achteinhalb Milliarden
b) etwa acht Milliarden
c) etwa neun Milliarden
d) etwa neuneinhalb Milliarden

15. Wie heißt der brasilianische Kampftanz, den ursprünglich afrikanische Sklaven im Lande praktizierten und der noch heute, weiterentwickelt, als akrobatische Kampfkunst ausgeübt wird?
a) Maculelê
b) Capoeira
c) Baile de la Conquista
d) Moringue

16. Wie heißt die keltische Sprache, die in manchen Gebieten Schottlands, vor allem auf den Hebriden-Inseln und im Westen der Highlands, noch heute als Alltagssprache gebräuchlich ist?
a) Galatisch
b) Walisisch
c) Bretonisch
d) Gälisch

17. Aus welchem Land stammte die Chemikerin und Physikerin Marie Curie ursprünglich?
a) Norwegen
b) Polen
c) Deutschland
d) Frankreich

18. Wie heißt in der antiken römischen Mythologie der Gott des Handels?
a) Apollo
b) Mars
c) Merkur
d) Neptun

19. Für welches alljährliche Ritual ist die baskische Stadt Pamplona bekannt?
a) Karnevalsumzug
b) Tomatenschlacht
c) Musikfestival
d) Stierlauf

20. Wodurch zeichnet sich ein Stoiker aus?
a) Egoismus
b) Gelassenheit
c) Niedergeschlagenheit
d) Humor

21. In welchem Jahr verfasste Martin Luther seine 95 Thesen, die die Reformation auslösten?
a) 1517
b) 1418
c) 1483
d) 1617

22. Wie heißt ein japanisches Bühnenspiel?
a) Kimono
b) Sake
c) Kabuki
d) Sushi

23. Wie viele Frauen wurden bislang mit dem Nobelpreis für Physik ausgezeichnet? (Stand: 2020)
a) eine
b) zwei
c) drei
d) vier

24. Wen beschützt die Schweizergarde?
a) den Papst im Vatikan
b) die Staatsgrenzen der Schweiz
c) den Bundespräsidenten der Schweiz
d) den Petersdom in Rom

25. Aus welcher Pflanzenblüte gewinnt man Safran, eines der teuersten Gewürze der Welt?
a) aus Krokuspflanzen
b) aus Mohn
c) aus Orchideenblüten
d) aus Kakteenblüten

26. Wie heißt in der griechischen Mythologie die Ehefrau von Göttervater Zeus?
a) Athene
b) Aphrodite
c) Artemis
d) Hera

27. Was erforscht ein Paläontologe?
a) Fossilien
b) menschliche Frühgeschichte

c) antike Architektur
d) Meerestiere

28. Was bezeichnet man als Talmud?
a) einen religiösen Feiertag
b) ein jüdisches Schriftwerk
c) ein arabisches Gericht
d) ein orientalisches Gewand

29. Was versteht man unter einer Pinakothek?
a) eine Gemäldesammlung
b) eine Sammlung alter Bücher
c) eine Sammlung alter Weine
d) eine Briefmarkensammlung

30. In welcher Stadt befindet sich kein wichtiges Pilgerziel für Muslime?
a) Mekka
b) Kairo
c) Medina
d) Marrakesch

31. Welche antike Stadt entdeckte Heinrich Schliemann?
a) Samaria
b) Ephesos
c) Knossos
d) Troja

Lösungen

| | | |
|---|---|---|
| 1. c) | 12. a) | 23. d) |
| 2. c) | 13. a) | 24. a) |
| 3. a) | 14. a) | 25. a) |
| 4. d) | 15. b) | 26. d) |
| 5. d) | 16. d) | 27. a) |
| 6. c) | 17. b) | 28. b) |
| 7. c) | 18. c) | 29. a) |
| 8. a) | 19. d) | 30. d) |
| 9. c) | 20. b) | 31. d) |
| 10. a) | 21. a) | |
| 11. c) | 22. c) | |

## Kunst, Literatur und Musik

1. „Die Botschaft hör ich wohl, allein mir fehlt der ...“?
a) Beweis.
b) Vaterschaftstest.
c) Absender.
d) Glaube.

2. Das Mondrian-Kleid wurde vom Designer ... entworfen.
a) Wolfgang Joop
b) Yves Saint Laurent
c) Christian Dior
d) Tom Ford

3. „Der Turm der blauen Pferde“ ist ein berühmtes Gemälde von ...
a) Pablo Picasso.
b) Franz Marc.
c) Claude Monet.
d) Gustav Klimt.

4. Welcher Kunstrichtung gehörte der Maler Claude Monet an?
a) Barock
b) Gotik
c) Surrealismus
d) Impressionismus

5. Welcher Maler schuf mit dem Gemälde „Guernica“ die erste Anklage gegen den Luftkrieg?
a) Marc Chagall
b) Joan Miró
c) Pablo Picasso
d) Salvador Dalí

6. In welcher Stadt finden die Festspiele zu Ehren des Komponisten Richard Wagner statt?
a) Bayreuth
b) Bamberg
c) München
d) Nürnberg

7. Welcher Komponist erschuf die Oper „Rigoletto“?
a) Wolfgang Amadeus Mozart
b) Richard Strauss
c) Giuseppe Verdi
d) Richard Wagner

8. Wer wurde als der „King of Pop“ bezeichnet?
a) Elvis Presley
b) Mick Jagger
c) Michael Jackson
d) Bob Dylan

9. Welcher amerikanische Autor schrieb „Der alte Mann und das Meer“?
a) Gary Larson
b) Ernest Hemingway
c) Charles Bukowski
d) Jerry Cotton

10. Welche dieser Personen der deutschen Literatur erhielt einen Nobelpreis?
a) Heinrich Böll
b) Hape Kerkeling
c) Alice Schwarzer
d) Martin Walser

11. Wer ist in den Erzählungen von Sir Arthur Conan Doyle der Partner des Meisterdetektivs Sherlock Holmes?
a) Dr. Schiwago
b) Dr. Jekyll
c) Dr. Mabuse
d) Dr. Watson

12. Welches der folgenden Werke stammt von Thomas Mann?
a) Der Tod in Venedig
b) In unserer Zeit
c) Zärtlich ist die Nacht
d) Der Zauberlehrling

13. In welcher Stadt starb Wolfgang Amadeus Mozart 1791?
a) Wien
b) Salzburg
c) München
d) Graz

14. Was ist ein Merkmal des gregorianischen Chorals?
a) Einstimmigkeit
b) Monotonie
c) von Instrumenten begleitet
d) Polyphonie

15. Wer schrieb den Roman „Die unendliche Geschichte"?
a) Cornelia Funke
b) Michael Ende
c) Otfried Preußler
d) Paul Maar

16. Welcher berühmte Komponist litt unter vollständiger Taubheit?
a) Gustav Mahler
b) Richard Wagner
c) Johann Sebastian Bach
d) Ludwig van Beethoven

17. Welches ist kein Saiteninstrument?
a) Bratsche
b) Cello
c) Oboe
d) Kontrabass

18. Mit welchem Musikstück wurde Maurice Ravel einem breiten Publikum bekannt?
a) Boléro
b) Badinerie
c) Die Zauberflöte
d) Valse d'été

19. In welchem Land spielt die Oper „Aida"?
a) China
b) Ägypten
c) Italien
d) Frankreich

20. Welches ist kein Werk von Georg Büchner?
a) Leonce und Lena
b) Woyzeck
c) Maria Stuart
d) Danton

21. Wer malte das berühmte Ölgemälde „Das Mädchen mit dem Perlenohrgehänge"?
a) Jan Vermeer
b) Auguste Renoir
c) Michelangelo
d) Peter Paul Rubens

22. Wie lautet der Fachbegriff, wenn ein Kunstwerk in einem älteren Zustand wiederhergestellt wird?
a) Renovierung
b) Restaurierung
c) Restauration
d) Retaliation

23. Juergen Teller ist ein deutscher ...
a) Architekt.
b) Schriftsteller.
c) Maler.
d) Fotograf.

24. Die Künstler Andy Warhol und Roy Liechtenstein sind Vertreter welcher Kunstrichtung?
a) Expressionismus
b) Konstruktivismus
c) Pop Art
d) Surrealismus

25. In welchem Stil ist die Kathedrale Notre Dame in Paris gebaut?
a) Barock
b) Gotik
c) Romanik
d) Renaissance

26. Wer war Edith Piaf?
a) innovative französische Modeschöpferin
b) schweizerische Begründerin der Sozialpädagogik um 1924
c) populäre französische Chansonsängerin
d) französische Philosophin, verheiratet mit Jean-Paul Sartre

27. Wer schrieb die Novelle „Der Schimmelreiter"?
a) Theodor Fontane
b) Heinrich Böll
c) Hermann Hesse
d) Theodor Storm

28. In welcher Stadt wird jedes Jahr der Deutsche Buchpreis verliehen?
a) Berlin
b) Frankfurt am Main
c) München
d) Leipzig

29. Welche Popgruppe feierte mit „Waterloo" den internationalen Durchbruch?
a) ABBA
b) Bee Gees

c) The Who
d) Beatles

30. Wer schrieb den Jugendroman „Die Wolke"?
a) Wolfgang Herrndorf
b) Christine Nöstlinger
c) Ottfried Preußler
d) Gudrun Pausewang

31. Welcher Maler wurde hauptsächlich durch seine Bildmotive aus der Südsee bekannt?
a) Claude Monet
b) Emil Nolde
c) Paul Gauguin
d) Vincent van Gogh

32. Wer war Käthe Kollwitz?
a) deutsche Grafikerin, Malerin und Bildhauerin
b) Frauenrechtlerin aus der Schweiz
c) deutsche Widerstandskämpferin während der NS-Diktatur
d) österreichische Schriftstellerin im Expressionismus

Lösungen

| | | |
|---|---|---|
| 1. d) | 12. a) | 23. d) |
| 2. b) | 13. a) | 24. c) |
| 3. b) | 14. a) | 25. b) |
| 4. d) | 15. b) | 26. c) |
| 5. c) | 16. d) | 27. d) |
| 6. a) | 17. c) | 28. b) |
| 7. c) | 18. a) | 29. a) |
| 8. c) | 19. b) | 30. d) |
| 9. b) | 20. c) | 31. c) |
| 10. a) | 21. a) | 32. a) |
| 11. d) | 22. b) | |

## Deutschlandkarte

1. Die Hauptstadt von Hessen heißt ...
a) Wiesbaden.
b) Frankfurt am Main.
c) Mainz.
d) Offenbach.

2. Wie viele Städte gibt es in Deutschland?
a) etwa 2.000
b) etwa 3.000
c) etwa 5.000
d) etwa 4.000

3. Welche Abkürzung hat das Bundesland Sachsen-Anhalt?
a) SA
b) SH
c) S
d) ST

4. Welche Sprachen sind in Deutschland auf gesamtstaatlicher Ebene Amtssprachen?
a) Deutsch
b) Deutsch, Englisch
c) Deutsch, Französisch
d) Deutsch, Dänisch

5. Welche Abkürzung hat das Bundesland Brandenburg?
a) BG
b) B
c) BB
d) BR

6. Welches der folgenden Bundesländer grenzt nicht an ein Nachbarland Deutschlands?
a) Sachsen
b) Thüringen
c) Saarland
d) Nordrhein-Westfalen

7. Wo befindet sich Deutschlands größter Hafen?
a) Duisburg
b) Hamburg
c) Bremen
d) Köln

8. Welcher Fluss legt die meisten Kilometer innerhalb Deutschlands zurück?
a) Donau
b) Elbe
c) Weser
d) Rhein

9. Wie lang sind Deutschlands Grenzen?
a) etwa 3.600 Kilometer
b) etwa 2.000 Kilometer
c) etwa 1.700 Kilometer
d) etwa 4.100 Kilometer

10. Wie lang sind Deutschlands Küsten?
a) etwa 700 Kilometer
b) etwa 2.400 Kilometer
c) etwa 1.100 Kilometer
d) etwa 1.800 Kilometer

11. Welche Insel im Mittelmeer wird manchmal scherzhaft als das „17. Bundesland“ der Bundesrepublik Deutschland bezeichnet, weil dort so viele Bundesbürger wohnen?
a) Sardinien
b) Sylt
c) Kreta
d) Mallorca

12. In welchem deutschen Bundesland liegt das Mittelgebirge Hunsrück größtenteils?
a) Rheinland-Pfalz
b) Bayern
c) Thüringen
d) Hessen

13. An welchem Fluss liegt die Stadt Bremen?
a) Ems
b) Oder
c) Rhein
d) Weser

14. Wie heißt die Landeshauptstadt von Thüringen?
a) Dresden
b) Erfurt
c) Weimar
d) Magdeburg

15. Welches ist das flächenmäßig größte deutsche Bundesland?
a) Baden-Württemberg
b) Mecklenburg-Vorpommern
c) Bayern
d) Nordrhein-Westfalen

16. In welcher Klimazone befindet sich Deutschland?
a) kalte Zone
b) gemäßigte Zone
c) subpolare Zone
d) Subtropen

17. Welches Land grenzt nicht an Deutschland?
a) Liechtenstein
b) Luxemburg
c) Belgien
d) Dänemark

18. Welches Bundesland hat die wenigsten Einwohner?
a) Saarland
b) Mecklenburg-Vorpommern
c) Bremen
d) Hamburg

19. Welche Landeshauptstadt hat die wenigsten Einwohner?
a) Schwerin
b) Erfurt
c) Potsdam
d) Saarbrücken

20. Wie viele Einwohner hatte Berlin im Jahr 2018?
a) etwa 2,5 Millionen
b) etwa 3,3 Millionen
c) etwa 3,6 Millionen
d) etwa 4,3 Millionen

21. Welches ist das höchste Bauwerk Deutschlands?
a) Commerzbank Tower, Frankfurt am Main
b) Olympiaturm, München
c) Europaturm, Frankfurt am Main
d) Fernsehturm, Berlin

Lösungen: Deutschlandkarte

| | | |
|---|---|---|
| 1. a) | 8. d) | 15. c) |
| 2. a) | 9. a) | 16. b) |
| 3. d) | 10. b) | 17. a) |
| 4. a) | 11. d) | 18. c) |
| 5. c) | 12. a) | 19. a) |
| 6. b) | 13. d) | 20. c) |
| 7. b) | 14. b) | 21. d) |

## Geschichte

1. Zu den Siegermächten des Zweiten Weltkriegs gehörten Russland, USA, Großbritannien und ...
a) China.
b) Frankreich.
c) Niederlande.
d) Italien.
e) Spanien.

2. Wann fiel die Berliner Mauer?
a) 9./10. November 1989
b) 3. Oktober 1989
c) 3. Oktober 1990
d) 5. Oktober 1989

3. Die nördlichste Grenze zwischen BRD und DDR verlief in unmittelbarer Nähe von ...
a) Rügen.
b) Rostock.
c) Travemünde.
d) Kiel.

4. Welches Land gehörte NIEMALS zum Staatsgebiet der ehemaligen „Jugoslawischen Sozialistischen Föderativen Republik“?
a) Bulgarien
b) Montenegro
c) Kroatien
d) Serbien

5. Der Name „Europa“ leitet sich aus dem Altgriechischen ab und bedeutet so viel wie ...
a) die Frau mit der weiten Sicht.
b) der Wolf mit dem starken Willen.
c) der dunkelblaue Horizont.
d) der führende Stier.

6. Rom ist auch als die ...
a) „Ewige Stadt“ bekannt.
b) „Weite Stadt“ bekannt.
c) „Goldene Stadt“ bekannt.
d) „Stadt der Wölfe“ bekannt.

7. Die Insel, auf welche Napoleon bis zu seinem Lebensende verbannt wurde, heißt
a) St. Helena.
b) St. Marie.
c) St. Martin.
d) St. Peter Ording.

8. Die Französische Revolution (1789–1799) stand unter dem Motto...
a) Freiheit, Einheit, Brüderlichkeit.
b) Freiheit, Gleichheit, Brüderlichkeit.
c) Einheit, Gleichheit, Freiheit.
d) Einheit, Gleichheit, Brüderlichkeit.

9. Das heutige Judentum gibt es seit etwa dem ...
a) 5. Jahrhundert v. Chr.
b) 8. Jahrhundert v. Chr.
c) 20. Jahrhundert v. Chr.
d) 2. Jahrhundert n. Chr.

10. Der Islam ist eine Religion, welche seine Wurzeln hat im ...
a) 3. Jahrhundert n. Chr.
b) 7. Jahrhundert n. Chr..
c) 6. Jahrhundert v. Chr.
d) 10. Jahrhundert v. Chr.

11. Die Anfänge des römischen Reichs gehen geschichtlich zurück bis ins ...
a) 1. Jahrhundert v. Chr.
b) 7. Jahrhundert n. Chr.
c) 6. Jahrhundert n. Chr.
d) 8. Jahrhundert v. Chr.

12. Apollo 13 alarmierte die Bodenstation mit dem legendären Funkspruch: Houston, wir haben ...?
a) Husten.
b) Whitney entführt.
c) ein Problem.
d) Klingonen an Bord.

13. Wie hieß die Reform, die Gorbatschow in der ehemaligen Sowjetunion einleitete?
a) Dafainoika
b) Kolchose
c) Afganoika
d) Perestroika

14. In welchem Jahr wurde die heutige Hauptstadt Berlin durch eine Mauer getrennt?
a) 1948
b) 1961
c) 1952
d) 1972

15. Wer war der erste Mensch im Weltraum?
a) Alan Shepard
b) Juri Gagarin
c) Neil Armstrong
d) Alexei Leonow

16. Die Antibabypille hieß in der DDR ...
a) Kinderlospille.
b) Babywegpille.
c) Kinderwegpille.
d) Wunschkindpille.

17. Der Euro ist in der Bundesrepublik Deutschland am
a) 1. Januar 2011 als Bargeld eingeführt worden.
b) 1. Januar 1999 als Bargeld eingeführt worden.
c) 1. Februar 2001 bei Banken als Währungseinheit eingeführt worden.
d) 1. Januar 2002 als Bargeld eingeführt worden.

18. Die Bundesrepublik Deutschland wurde im Jahr ...
a) 1948 gegründet.
b) 1961 gegründet.

c) 1990 gegründet.
d) 1949 gegründet.

19. Mit Hellenismus ist gemeint?
a) Epoche im antiken Griechenland
b) kultureller Einfluss des Islams
c) Sittlichkeit der katholischen Mönche
d) griechische Alphabetisierung

20. Wer waren die Hugenotten?
a) eine Sektenbewegung aus dem Mittelalter
b) Orden der Anhänger des Hugo von Cluny
c) ein Volksstamm im Süden Afrikas
d) Anhänger des Calvinismus in Frankreich

21. Wo fanden die Punischen Kriege statt?
a) in Asien
b) in Amerika
c) in Afrika
d) im Mittelmeerraum

22. Welcher amerikanische Präsident appellierte 1987 für die Öffnung des Brandenburger Tores?
a) Ronald Reagan
b) John F. Kennedy
c) Bill Clinton
d) George Bush

23. Womit beschäftigte sich die Gauck-Behörde?
a) mit ethischen Fragen
b) mit Stasi-Unterlagen
c) mit Unterlagen aus der Nazi-Zeit
d) mit der Wiedervereinigung

24. Der deutsche Reichskanzler Otto von Bismarck war unter anderem bekannt für …
a) seine Kriege gegen Napoleon.
b) die Einführung des Sozialversicherungssystems.
c) den schnellen Einmarsch in Polen.
d) die Gründung der Weimarer Republik.

25. Wie hieß der erste römische Kaiser?
a) Nero
b) Caligula
c) Augustus
d) Caesar

26. Aus welchem Adelsgeschlecht stammte Friedrich I., genannt Barbarossa?
a) Hohenzollern
b) Habsburger
c) Staufer
d) Wittelsbach

27. Welcher antike Feldherr überschritt mit einem Heer und Kriegselefanten die Alpen in Richtung Rom?
a) Julius Cäsar
b) Attila
c) Alexander der Große
d) Hannibal

28. Wie hieß der Mongolenherrscher, der im 13. Jahrhundert ein Weltreich eroberte?
a) Dschingis Kahn
b) Güyük Khan
c) Timur Khan
d) Batu Khan

29. Welchen US-Präsidenten stürzte die Watergate-Affäre?
a) John F. Kennedy
b) Ronald Reagan
c) Richard Nixon
d) Bill Clinton

30. In welcher Stadt fand das Attentat auf den österreichisch-ungarischen Thronfolger statt, das den Ersten Weltkrieg auslöste?
a) Zagreb
b) Sarajevo
c) Belgrad
d) Budapest

31. In welchem Zeitraum bestand die Weimarer Republik?
a) 1871 bis 1918
b) 1871 bis 1933
c) 1918 bis 1933
d) 1933 bis 1945

32. Welches Land hatte im Zweiten Weltkrieg die meisten Toten zu beklagen?
a) Sowjetunion
b) Deutschland
c) Frankreich
d) Großbritannien

33. Seit wann gibt es in Deutschland keinen Kaiser?
a) 1871
b) 1914
c) 1918
d) 1933

34. Mit welchem Vertrag wurde die Besatzung Westdeutschlands beendet?
a) Deutschlandvertrag
b) Staatsvertrag
c) Vertrag der Bundesrepublik Deutschland
d) Freiheitsvertrag

35. Wann wurde die Teilsouveränität des Saarlands aufgehoben?
a) 1947
b) 1955
c) 1956
d) 1959

Lösungen: Geschichte

| | | |
|---|---|---|
| 1. b) | 13. d) | 25. c) |
| 2. a) | 14. b) | 26. c) |
| 3. c) | 15. b) | 27. d) |
| 4. a) | 16. d) | 28. a) |
| 5. a) | 17. d) | 29. c) |
| 6. a) | 18. d) | 30. b) |
| 7. a) | 19. a) | 31. c) |
| 8. b) | 20. d) | 32. a) |
| 9. a) | 21. d) | 33. c) |
| 10. b) | 22. a) | 34. a) |
| 11. d) | 23. b) | 35. c) |
| 12. c) | 24. b) | |

## Grundbegriffe der EDV

1. Welches der im Folgenden genannten Geräte ist kein Eingabegerät?
a) Tastatur
b) Maus
c) Lautsprecher
d) Mikrofon.

2. Die Abkürzung CPU steht für
a) Computer Unit.
b) Central Program Unit.
c) Certain Personal Unit.
d) Central Processing Unit.

3. Was ist der RAM-Speicher?
a) der Speicherplatz einer externen Festplatte
b) der gesamte Speicherplatz eines Computers
c) der Speicher des Papierkorbs
d) der Arbeitsspeicher des Computers

4. Welche Abkürzung wird vereinfachend für das Wort „Application“ verwendet?
a) Apl
b) App
c) Apc
d) Alc

5. Welche ist keine Aufgabe eines Betriebssystems?
a) Dateiverwaltung
b) Schnittstelle zum Benutzer bilden
c) Benutzer- und Rechteverwaltung
d) Update des Virenschutzprogramms

6. Für welches Wort wird die Abkürzung SSD gerne verwendet?
a) Arbeitsspeicher
b) Festplatte
c) Bildschirm
d) Grafikkarte

7. Als „operating system“ oder „OS“ wird was bezeichnet?
a) Betriebssystem
b) Datenschutzprogramm
c) Virenschutzprogramm
d) Festplatte

8. Wofür steht die Bezeichnung „LAN“?
a) Long Area Network
b) Local Area Network
c) Light Area Network
d) Lang-Antennen-Netzwerk

9. Welche sind die beiden zentralen Bestandteile eines Rechners?
a) Tastatur und Maus
b) Prozessor und Arbeitsspeicher
c) Tower und Bildschirm
d) Grafikkarte und Betriebssystem

10. Aus welchen Bestandteilen besteht die Zentraleinheit (CPU)?
a) Grafikkarte und Arbeitsspeicher
b) Rechenwerk, Steuerwerk, Register
c) Lüfter und Festplatte
d) Speicher- und Dialoggeräte

11. Wofür steht der Begriff „Software"?
a) Speicherplatz
b) Benutzeroberfläche
c) Programme
d) Schnittstellen

12. Welche der folgenden Eigenschaften trifft NICHT auf den Arbeitsspeicher zu?
a) Speicherung von Programmen während ihrer Ausführung
b) Speicherung zugehöriger Programmdaten ab Beginn der Programmausführung
c) Nach Beendigung der Programmausführung wird sein Inhalt gelöscht.
d) Seine Hauptaufgabe liegt in der Verarbeitung von Befehlen.

13. Was versteht man unter „Freeware"?
a) eine als Download heruntergeladene Software
b) alle Dokumente, die auf dem Arbeitsspeicher abgelegt sind
c) das Betriebssystem
d) Software, die kostenlos weitergegeben wird

14. Welche Aussage zu einem Byte trifft zu? Ein Byte ist eine Gruppe von ...
a) 8 Bits
b) 12 Bits
c) 16 Bits
d) 24 Bits

15. Welche Aussage zu Betriebssystemen trifft nicht zu?
a) Sie bringen den Computer "zum Laufen".
b) Sie organisieren die Kopplung von Hardware und Anwenderprogrammen.
c) Sie verwalten die Prozesse und Speicher.
d) Ausführen von Rechnungen

Lösungen: Grundbegriffe der EDV

| | | |
|---|---|---|
| 1. c) | 6. b) | 11. c) |
| 2. d) | 7. a) | 12. d) |
| 3. d) | 8. b) | 13. d) |
| 4. b) | 9. b) | 14. a) |
| 5. d) | 10. b) | 15. d) |

Zu 2.: d) Die Central Processing Unit (CPU), auch Zentraleinheit oder Zentralprozessor genannt, führt die Anweisungen eines Betriebssystems aus und ist das zentrale Element eines Computers.

Zu 3.: d) Der Arbeitsspeicher, oder Hauptspeicher eines Computers (RAM-Speicher) enthält die Daten für die gerade auszuführenden Programme. Der RAM-Speicher ist eine Komponente der Zentraleinheit.

Zu 6.: b) Die Abkürzung SSD kommt aus dem Englischen und steht für „Solid State Drive" oder auch „Solid State Disc" und bezeichnet einen nichtflüchtigen Datenspeicher der Computertechnologie. Vereinfachend bezeichnet man die SSD auch als Festplatte.

Zu 8.: b) Ein LAN-Netzwerk ist ein lokales Netzwerk, das mehrere Computer in z. B. einem Gebäude umfasst und miteinander verbindet.

Zu 14.: a) Das Byte ist eine Maßeinheit in der Informatik, die für eine binäre Folge von acht Bits steht.

## Physik

1. Was bedeutet der Energieerhaltungssatz?
a) Die Gesamtenergie eines abgeschlossenen Systems ändert sich nicht.
b) Energie bleibt nur eine gewisse Zeit erhalten.
c) Energie kann nur durch Arbeit erzeugt werden.
d) Die Gesamtenergie eines Systems verändert sich permanent.
e) Keine der genannten Antworten ist richtig.

2. Woraus bestehen die meisten Atome?
a) Neutronen und Megatronen
b) Protonen und Photonen
c) Elektronen, Neutronen und Protonen
d) Elektronen, Photonen und Neutronen

3. Mit welcher Formel wird die Höhenenergie beschrieben?
a) $E = m \times v$
b) $E = m \times c$
c) $E = m \times g \times h$
d) Keine der Antworten ist richtig.

4. Wofür steht die Formel $F = m \times a$?
a) m steht für Masse, a steht für die Beschleunigung. Das Gesetz stellt die Kraft in Abhängigkeit zu Masse und Beschleunigung dar, wenn die Masse gleich und die Beschleunigung konstant bleibt.
b) m steht für Masse, a steht für Ampere. Das Gesetz stellt die Kraft in Abhängigkeit zu Masse und Strom dar, wenn die Masse gleich und der Strom konstant bleibt.
c) Das Gesetz gibt die potenzielle Energie an und setzt die Höhe einer Masse in Abhängigkeit zur Energie.
d) Keine der Antworten ist richtig.

5. Was bedeutet Leistung aus physikalischer Sicht?
a) Die Leistung wird über die Geschwindigkeit und die Zeit berechnet.
b) Die Leistung ist eine physikalische Größe, die den Strom in einer bestimmten Zeit auf den Widerstand in einer Schaltung bezieht.
c) Die Leistung ist eine physikalische Größe, welche den Aufwand von Arbeit beschreibt.

d) Die Leistung ist eine physikalische Größe, welche in einer bestimmten Zeitspanne die eingesetzte Energie auf diese Zeitspanne bezieht.

6. Die Beschleunigung eines Autos beträgt 5 $m/s^2$. Das Auto beschleunigt aus dem Stand über eine Dauer von 10 Sekunden. Wie schnell fährt das Auto nach den 10 Sekunden?
a) 5 m/s
b) 25 m/s
c) 50 m/s
d) 100 m/s

7. Wie heißt die Einheit von Arbeit?
a) Joule
b) Newton
c) Leistung
d) Photon

8. Bitte nenne drei verschiedene Arten von Energie.
a) Bewegungsenergie, Leergutenergie, Lageenergie
b) Bewegungsenergie, chemische Energie, Höhenenergie
c) Betreuungsenergie, potenzielle Energie, Höhenenergie
d) Lageenergie, potenzielle Energie, elektrische Energie

9. Das dritte newtonsche Gesetz beschreibt das Wechselwirkungsprinzip. Wie wird dieses Prinzip häufig umschrieben?
a) actio gleich reactio
b) actio nicht reactio
c) actio non reactio
d) solo gleich actio

10. Wie hoch ist die Fallbeschleunigung auf der Erde?
a) zirka 57 $m/s^2$
b) zirka. 2 $m/s^2$
c) zirka 9,81 $m/s^2$
d) Keine der Antworten ist richtig.

11. Womit beschäftigt sich das Archimedische Prinzip?
a) mit Reibung
b) mit Rotation
c) mit Auftrieb
d) mit Hebeln

12. Wie schnell breitet sich Schall im Vakuum aus?
a) überhaupt nicht
b) zirka 300 m/s
c) zirka 1.200 m/s
d) zirka 12 km/s

13. Was versteht man unter Kondensation?
a) Eindicken einer dünnflüssigen Flüssigkeit
b) Gefrieren von Ölen
c) Übergang eines Stoffes vom gasförmigen in den flüssigen Aggregatzustand

d) Senkung oder Erhöhung von elektrischer Spannung

14. Welches Material leitet Wärme am besten?
a) Kunststoff
b) Glas
c) Metall
d) Holz

15. Für welche moderne Erfindung ist der Bernoulli-Effekt von Nutzen?
a) Mikrowelle
b) Flugzeug
c) Atomuhr
d) Computer

16. Was versteht man unter einem Ion?
a) elektrisch geladenes Atom oder Molekül
b) physikalische Maßeinheit für Elektrizität
c) Messgröße für Volumina
d) chemisches Element

17. Was entdeckte Galileo Galilei?
a) das geozentrische Weltbild
b) die Hebelgesetze
c) das heliozentrische Weltbild
d) das Fernrohr

18. Welches Bauteil ist nicht durchlässig für Gleichstrom?
a) Transistor
b) Kondensator
c) Spule
d) Widerstand

19. Welches Metall ist nicht ferromagnetisch?
a) Kupfer
b) Nickel
c) Eisen
d) Kobalt

20. Wie heiß wird der Draht in der Glühlampe?
a) 100 Grad Celsius
b) 500 Grad Celsius
c) 1.000 Grad Celsius
d) über 2.000 Grad Celsius

21. Was versteht man unter der Brinellhärte?
a) Maß der Härte eines Werkstoffes
b) Maß für die Dichte von Schmucksteinen
c) Maß für die Lichtbrechung
d) Maß für den Abrieb von Reifen

22. Wie heißt die Maßeinheit für die Angabe von Radioaktivität?
a) Ohm
b) Sievert
c) Becquerel
d) Ampere

23. Was enthält ein Transistor?
a) ein Mikroprozessor
b) eine Antenne
c) ein Eisenkern
d) ein Halbleiter

24. Welches Tier steht in einem Gedankenexperiment des Physikers Erwin Schrödinger im Mittelpunkt?
a) ein Affe
b) ein Hund
c) eine Katze
d) eine Maus

25. Was versteht man unter einem Episkop?
a) Messgerät für Erdbeben
b) medizinisches Abhörgerät
c) optisches Gerät zur Projektion von Bildern
d) Gerät zur Untersuchung von Schallwellen

26. Von welchen Einheiten werden alle anderen physikalischen Einheiten abgeleitet?
a) Basiseinheiten
b) Standardeinheiten
c) Normeinheiten
d) Systemeinheiten

Lösungen: Physik

| | | |
|---|---|---|
| 1. a) | 10. c) | 19. a) |
| 2. c) | 11. c) | 20. d) |
| 3. c) | 12. a) | 21. a) |
| 4. a) | 13. c) | 22. c) |
| 5. d) | 14. c) | 23. d) |
| 6. c) | 15. b) | 24. c) |
| 7. a) | 16. a) | 25. c) |
| 8. b) | 17. c) | 26. a) |
| 9. a) | 18. b) | |

Zu 1.: Der Energieerhaltungssatz lautet: „In einem abgeschlossenen System ist die Summe aller Energien konstant. Die Gesamtenergie bleibt erhalten.“. Daher ist Antwort a) richtig.

Zu 2.: c) Unterteilt wird ein Atom in den Atomkern, welcher aus neutral geladenen Neutronen und positiv geladenen Protonen besteht, und in die Atomhülle, in der sich negativ geladene Elektronen auf Kreisbahnen um den Kern bewegen.

Zu 3.: c) ist korrekt. Antwort a) weist auf die kinetische Energie hin, die mit $E = \frac{1}{2} \times m \times v^2$ berechnet wird. Antwort b) gehört zu Albert Einsteins berühmtem Zusammenhang zwischen Masse und Energie: $E = m \times c^2$. Daher kann für die potenzielle Energie nur Antwort c) korrekt sein.

Zu 4.: a) Gefragt ist nach dem 2. newtonschen Gesetz, dem sogenannten Aktionsprinzip: „Wirkt auf einen Körper eine Kraft, so wird er in die Richtung der Kraft beschleunigt. Die Beschleunigung ist der Kraft direkt, der Masse des Körpers umgekehrt proportional."

Zu 5.: d) Die Leistung P wird definiert durch den Quotienten aus aufgewendeter Energie $\Delta E$ oder verrichteter Arbeit $\Delta W$ und der dazu benötigten Zeit $\Delta t$: $P = \Delta E\ \Delta t = \Delta W\ \Delta t$. Gemessen wird die Leistung in Watt.

Zu 6.: c) Die Beschleunigung ergibt sich auf dem Quotienten einer Geschwindigkeit über die benötigte Zeit: $a = v\ t$. Eingesetzt und nach der Zeit aufgelöst ergibt sich eine Geschwindigkeit von: $v = a \times t = 5\ m/s^2 \times 10\ s = 50\ m/s$.

Zu 8.: b) Die drei richtigen Antworten sind definiert durch:

- Bewegungsenergie: $E = \frac{1}{2}\ m \times v^2$
- Chemische Energie beschreibt die freiwerdende Energie bei Bildung chemischer Bindungen.
- Höhenenergie: $E = m \times g \times h$

Zu 9.: a) Das 3. newtonsche Gesetz besagt: „Besteht zwischen zwei Körpern A und B eine Kraftwirkung, so ist die Kraft welche von A auf B ausgeübt wird, der Kraft, die B auf A ausübt, entgegengesetzt gleich." Umschrieben wird dieses Prinzip deshalb mit actio gleich reactio.

Zu 10.: c) Die Erdbeschleunigung ist definiert durch die Variable g und beträgt zirka $9{,}81\ m/s^2$.

## Chemie und Biologie

1. Wie nennt man einen chemischen Vorgang, bei dem man Stoffe zerlegt?
a) Oxidation
b) Reduktion
c) Synthese
d) Analyse

2. Aus wie vielen Knochen besteht das menschliche Skelett?
a) zirka 102
b) zirka 212
c) zirka 252
d) zirka 300

3. Die organische Chemie beschäftigt sich mit ...?
a) Wasser.
b) Kohlenstoffverbindungen.
c) Mineralien.
d) Metallen.

4. Was versteht man unter einem Ökosystem?
a) ein Lebensraum zwischen Menschen, Tieren und Pflanzen
b) die gesamte Tierwelt eines bestimmten Lebensraums
c) Lebensraum einer bestimmten Lebensgemeinschaft von Pflanzen
d) eine Lebensgemeinschaft der Flora und Fauna (belebter Natur) und ihrer unbelebten Umwelt

5. Ein Schlaganfall ist ...?
a) eine Gehirnblutung.
b) eine Arterienverkalkung der Gefäßwand.
c) eine Störung der Hirnblutversorgung.
d) ein Aussetzen der Herzfunktion.

6. Wo wird das körpereigene Hormon Insulin produziert?
a) in der Bauchspeicheldrüse
b) in der Leber
c) in den Nieren
d) im Gehirn

7. Welches ist das größte menschliche Organ?
a) Darm
b) Haut
c) Gehirn
d) Leber

8. Was passiert bei einer Photosynthese?
a) Nahrungsaufnahme
b) Atmung
c) Stoffumwandlung
d) Zellenspaltung

9. Warum reagieren Stoffe miteinander?
a) um einen stabilen Zustand zu erhalten
b) um die Reaktionszeit zu verlängern
c) um energiereich zu werden
d) um sich gegenseitig abzustoßen

10. Was ist das Endprodukt einer Neutralisation in der Chemie?
a) Pulverisierung
b) Ionenbindung unter Wasser
c) Natriumchlorid und andere Elemente
d) Molekülverbindung und Ionenbindung

11. Wie viel Chromosomen hat die menschliche Zelle?
a) 24
b) 46
c) 64
d) 106

12. Welche Tiere haben Facettenaugen?
a) Insekten
b) Würmer
c) Maulwürfe
d) Schnecken

Lösungen: Chemie und Biologie

| | | |
|---|---|---|
| 1. d) | 5. c) | 9. a) |
| 2. b) | 6. a) | 10. b) |
| 3. b) | 7. b) | 11. b) |
| 4. d) | 8. c) | 12. a) |

# Logik

Bewerber reden sich häufig ein, sie seien nicht gut im logischen Denken oder hätten große Defizite im Bereich Mathematik. Die Wahrheit ist aber, dass mit einer guten Vorbereitung niemand Angst vor Tests aus dem Bereich „Logisches Denken" haben muss.

Im Einstellungstest solltest du nicht versuchen, krampfhaft alle Aufgaben nacheinander abzuarbeiten und richtig zu beantworten. Oft gibt es mehr Fragen in den Tests als überhaupt zeitlich zu bewältigen sind. Dadurch soll geprüft werden, wie Bewerber unter Stresssituationen arbeiten. Lass dich nicht aus der Ruhe bringen und bearbeite zunächst die Aufgaben, die du schnell und sicher lösen kannst und überspringe Fragen, bei denen du nicht weiterkommst.

Du wirst sehen, dass du bereits nach wenigen Übungen aus diesem Buch routinierter wirst und Aufgaben schneller und besser lösen kannst. Ziel dieses Kapitels soll es sein, dass du anschließend mit erhöhtem Selbstbewusstsein und mehr Routine in den logischen Teil des Einstellungstests gehen kannst.

Unter der Rubrik „Logik" sind Übungen zusammengefasst, die das abstrakte beziehungsweise schlüssige Denken abfragen. Es geht bei diesen Aufgaben meist darum, eine bestimmte Reihenfolge logisch fortzusetzen oder die richtigen Schlüsse zu ziehen.

## Zahlenreihen

Setze die Zahlenreihen logisch fort. Überlege dabei genau, welche Regel sich hinter den Zahlen verbergen könnte.

**Beispiel**
Das folgende Beispiel soll dir dabei helfen, den Aufgabentyp „Zahlenreihen" besser zu verstehen und die Aufgaben effizient lösen zu können:

Gegeben: 0, 4, 2, 6, 4, 8, ?
Bei dieser Zahlenreihe wurde als Erstes die Zahl 4 addiert:
0 + 4 = 4
Im nächsten Schritt wurde von 4 die Zahl 2 subtrahiert:
4 – 2 = 2
Anschließend wurde wieder die Zahl 4 addiert
2 + 4 = 6

Wahrscheinlich erkennst du jetzt schon ein Muster. Es wird immer abwechselnd erst 4 addiert und anschließend die Zahl 2 abgezogen. Wenn du diese Regel für die gesamte Zahlenreihe fortführst, kommst du am Ende auf die Zahl 6 als gesuchte Zahl.

Beachte, dass bei Zahlenreihen neben der Addition und Subtraktion auch weitere Rechenoperationen wie Multiplikation oder Division möglich sind. Bei etwas komplexeren Aufgaben können beispielsweise auch Primzahlen eine Rolle spielen. Primzahlen sind Zahlen, die nur durch sich selbst und 1 teilbar sind und größer als 1 sind.

Primzahlen: 2, 3, 5, 7, 11, 13 usw.

Eine etwas komplexere Zahlenreihe könnte beispielsweise folgendermaßen aussehen:

1, 3, 5, 8, 10, 15, 17, 24, 26, ?

Die Zahlenreihe startet mit 1. Um herauszufinden, was die fehlende Zahl ist, schauen wir uns zunächst die Differenz zwischen den gegebenen Zahlen an und versuchen, Muster zu erkennen:

Differenz zwischen 1 und 3 → 2*
Differenz zwischen 3 und 5 → 2
Differenz zwischen 5 und 8 → 3*
Differenz zwischen 8 und 10 → 2
Differenz zwischen 10 und 15 → 5*
Differenz zwischen 15 und 17 → 2
Differenz zwischen 17 und 24 → 7*
Differenz zwischen 24 und 26 → 2

Die Lösung für die gesuchte Zahl ist in diesem Fall 37. Es wird abwechselnd eine Primzahl (siehe mit Stern markierte Differenz) und dann wieder die Zahl 2 addiert.

Dieses Beispiel mag dir im ersten Moment sehr schwierig erscheinen, du wirst aber bereits nach wenigen Zahlenreihen in deiner Lösungsfindung immer schneller werden.

1. Aufgabe
0, 5, 3, 8, 6, ?
a) 9
b) 7
c) 11
d) 8

2. Aufgabe
96, 87, 79, 72, ?
a) 66
b) 67
c) 65
d) 61

3. Aufgabe
13, –21, 34, –55, 89, ?
a) 144
b) –144
c) 123
d) –123

4. Aufgabe
0, 9, 1, 8, 2, 7, 3, ?
a) 5
b) 6
c) 4
d) 10

5. Aufgabe
500, 50, 40, 400, 40, 30, ?
a) 20
b) 200
c) 300
d) 450

6. Aufgabe
35, 42, 49, 56, ?
a) 61
b) 63
c) 70
d) 77

7. Aufgabe
1, 4, 7, 10, 13, ?
a) 15
b) 16
c) 17
d) 18

8. Aufgabe
2, 1, 3, 0, 4, –1, ?
a) 4
b) 5
c) 6
d) 3

9. Aufgabe
11, 22, 15, 30, 23, 46, ?
a) 69
b) 54
c) 57
d) 39

10. Aufgabe
5, 8, 11, 14, ?
a) 16
b) 17
c) 18
d) 19

11. Aufgabe
16, 32, 64, 128, ?
a) 192
b) 196
c) 256
d) 512

12. Aufgabe
2, 1, 3, 9, 8, 10, 30, ?
a) 32
b) 29
c) 15
d) 90

13. Aufgabe
625, 125, 25, ?
a) 5
b) 15
c) 50
d) 75

14. Aufgabe
–3, 4, -5, 2, –7, 0, ?
a) 8
b) -8
c) 9
d) -9

15. Aufgabe
1, 2, 6, 30, 210, ?
a) 1.890
b) 2.310
c) 1.230
d) 3.210

16. Aufgabe
3, 2, 4, 1, 4, –1, ?
a) –2
b) –6
c) 2
d) 6

17. Aufgabe

| | | | | | | |
|---|---|---|---|---|---|---|
| 1 | 7 | 15 | 90 | 630 | 622 | 3.732 |

a) 26.487 26.143
b) 26.068 26.060
c) 26.124 26.132
d) 27.456 27.423
e) Keine Antwort ist richtig.

18. Aufgabe

| | | | | | | |
|---|---|---|---|---|---|---|
| 2 | 7 | 27 | 34 | 61 | 285 | 346 |

a) 631 2.931
b) 688 1.356
c) 799 2.867
d) 799 3.476
e) Keine Antwort ist richtig.

19. Aufgabe

| | | | | | | |
|---|---|---|---|---|---|---|
| 28 | 34 | 49 | 70 | 106 | 163 | 256 |

a) 365 456
b) 398 465
c) 401 649
d) 406 649
e) Keine Antwort ist richtig.

20. Aufgabe

| | | | | | | |
|---|---|---|---|---|---|---|
| 135 | 108 | 207 | 45 | 36 | 69 | 15 |

a) 13 18
b) 13 19
c) 12 20
d) 12 23
e) Keine Antwort ist richtig.

21. Aufgabe

| | | | | | | |
|---|---|---|---|---|---|---|
| 24 | 56 | 284 | 36 | 84 | 426 | 54 |

a) 126 639
b) 144 686

c) 198 696
d) 213 696
e) Keine Antwort ist richtig.

22. Aufgabe

| | | | | | | |
|---|---|---|---|---|---|---|
| 8 | 109 | 117 | 234 | 468 | 936 | 187 |

a) 476 736
b) 56 7
c) 497 809
d) 77 13
e) Keine Antwort ist richtig.

23. Aufgabe

| | | | | | | |
|---|---|---|---|---|---|---|
| 33 | 46 | 62 | 81 | 103 | 128 | 156 |

a) 187 221
b) 183 249
c) 189 256
d) 206 387
e) Keine Antwort ist richtig.

24. Aufgabe

| | | | | | | |
|---|---|---|---|---|---|---|
| 6 | 30 | 15 | 42 | 210 | 105 | 132 |

a) 554 594
b) 660 330
c) 678 694
d) 734 783
e) Keine Antwort ist richtig.

25. Aufgabe

| | | | | | | |
|---|---|---|---|---|---|---|
| 11 | 12 | 40 | 63 | 115 | 218 | 396 |

a) 464 598
b) 461 578
c) 502 623
d) 515 648
e) Keine Antwort ist richtig.

Lösungen

| | | |
|---|---|---|
| 1. c) | 10. b) | 19. d) |
| 2. a) | 11. c) | 20. d) |
| 3. b) | 12. b) | 21. a) |
| 4. b) | 13. a) | 22. e) |
| 5. c) | 14. d) | 23. a) |
| 6. b) | 15. b) | 24. b) |
| 7. b) | 16. b) | 25. e) |
| 8. b) | 17. e) | |
| 9. d) | 18. a) | |

Zu 1.: c) Die Zahlenreihe folgt dem Muster: + 5, – 2.

Zu 2.: a) Um auf den Wert 66 zu kommen wird von 96 zuerst 9, von diesem Ergebnis 8, anschließend 7 und schlussendlich 6 subtrahiert.

Zu 3.: b) Die Differenz aus den ersten beiden Zahlen wird berechnet, hier 34. So wird von der Zahl 13 die Zahl 34 subtrahiert, um den Folgewert –21 zu erlangen. Wird die Reihe weiter betrachtet, so steht die 34 als folgende Zahl. Damit ist die Lösung jeweils die Differenz zweier aufeinanderfolgender Werte; zu beachten ist, dass die Differenz nach einer positiven Zahl subtrahiert und nach einer negativen Zahl addiert wird.

Zu 4.: b) Das Muster ist: + 9 , – 8, + 7, – 6, + 5, – 4, + 3

Zu 5.: c) Hier lässt sich ein periodisches Muster feststellen: ÷ 10, – 10, × 10

Zu 6.: b) Die Lösung 63 ergibt sich durch wiederholtes Addieren der Zahl 7.

Zu 7.: b) ähnlich wie Aufgabe 6, jedoch durch Addition der Zahl 3

Zu 8.: b) Das Muster ist: – 1, + 2, – 3, + 4, – 5, + 6

Zu 9.: d) Die Zahlenreihe folgt dem Muster: × 2, – 7

Zu 10.: b) siehe Lösung Aufgabe 7

Zu 11.: c) Das Ergebnis 256 erlangt man durch Verdoppelung der Werte.

Zu 12.: b) Das periodische Vorgehen ist definiert durch: – 1, + 2, × 3

Zu 13.: a) Bei jedem Schritt wird durch 5 geteilt.

Zu 14.: d) Die Zahlenreihe folgt dem Muster: + 7, – 9

Zu 15.: b) Die Lösung ist, die ersten fünf Primzahlen jeweils mit dem Ergebnis zuvor zu multiplizieren. So ist 30 × 7 = 210 und 210 × 11 = 2.310.

Zu 16.: b) Hier wird eine Abfolge von Subtraktion und Multiplikation durchgeführt, wobei von der Zahl 1 hochgezählt wird: – 1, × 2, – 3, × 4, – 5, × 6

Zu 17.: e) × 7, + 8, × 6, × 7, – 8, × 6

Zu 18.: a) (Zahl 1 + Zahl 2) × 3 = Zahl 3, Zahl 2 + Zahl 3 = Zahl 4, (Zahl 4 + Zahl 5) × 3 = Zahl 6 usw., jede dritte Zahl × 3

Zu 19.: d) Rechenschritt 1 + Rechenschritt 2 = Rechenschritt 3, R 2 + R 3= R 4

Zu 20.: d) Zahl 1 ÷ 3= Zahl 4, Zahl 2 ÷ 3= Zahl 5 usw.

Zu 21.: a) Zahl 1 x 1,5 = Zahl 4, Zahl 2 x 1,5 = Zahl 5 usw.

Zu 22.: e) addieren aller vorherigen Zahlen

Zu 23.: a) Steigerung in der Additionszeile um 13 + 3 x (Stelle der Zahl – 1)

Zu 24.: b) × 5, ÷ 2, + 27

Zu 25.: e) Zahl 1 + Zahl 2 + Zahl 3 = Zahl 4, Zahl 2 + Zahl 3 + Zahl 4 = Zahl 5 usw.

## Figuren und Matrizen

Figurenreihen und Matrizen sind ein beliebtes Mittel, um die logische Denkfähigkeit zu testen. Dabei müssen Figurenreihen entweder ergänzt oder Fehler in der Reihe aufgedeckt werden. Dabei ist zu beachten, wie die Form der Figuren aufgebaut ist, welche Positionen diese haben und welche Farben verwendet wurden.

1. Welche Figur passt nicht in die Reihe?

**1**

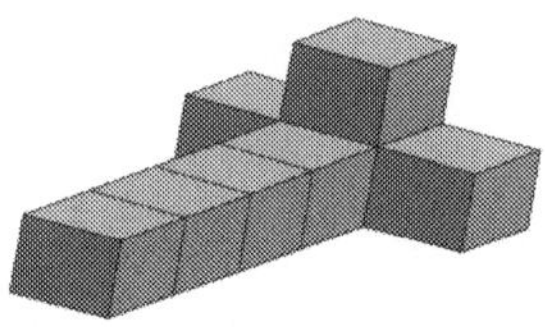

**2**

**3**

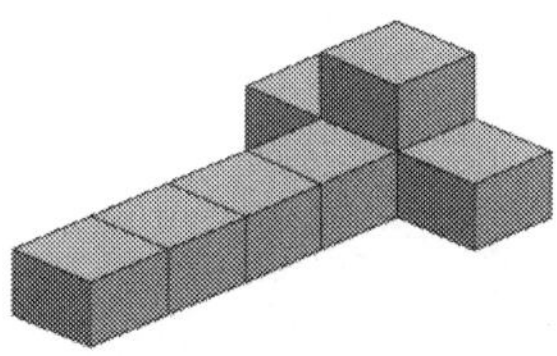

**4**

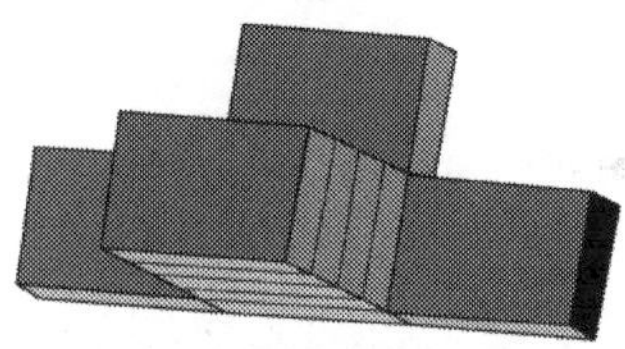

2. Welche Figur passt nicht in die Reihe?

1

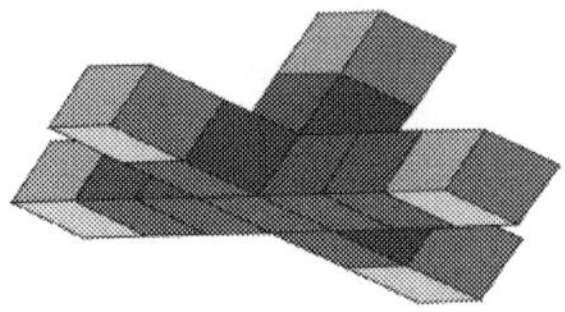

2

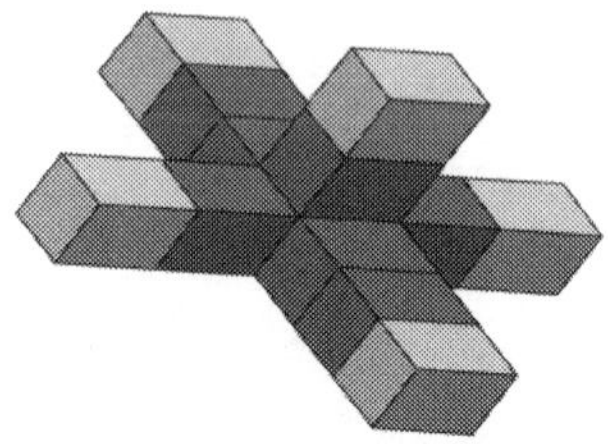

3

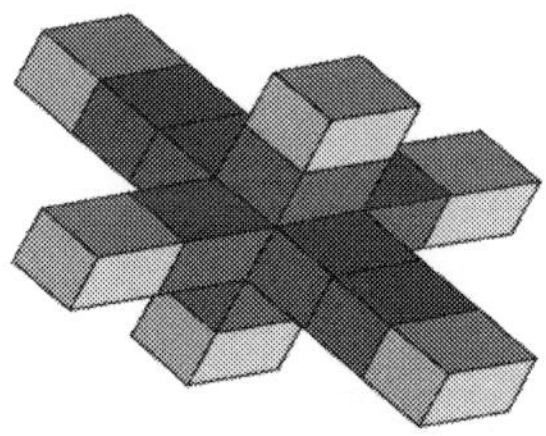

4

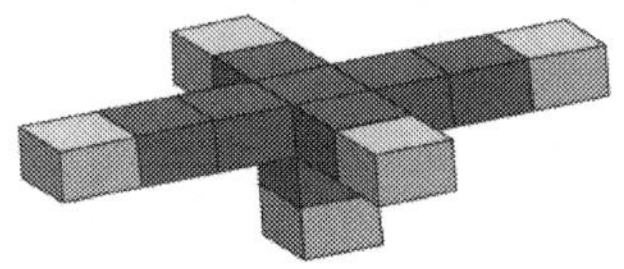

3. Welche Figur passt nicht in die Reihe?

1

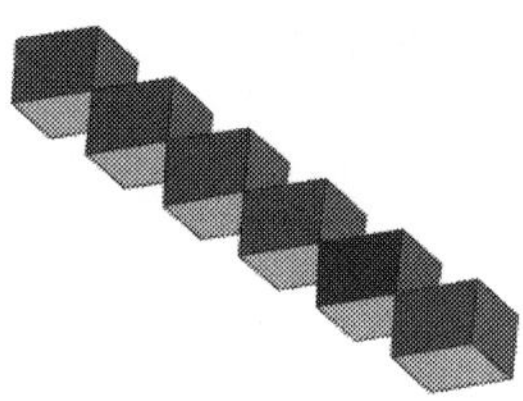

2

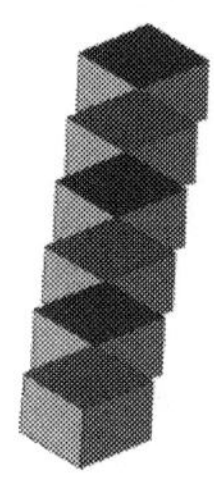

3

4

4. Welche Figur passt nicht in die Reihe?

1
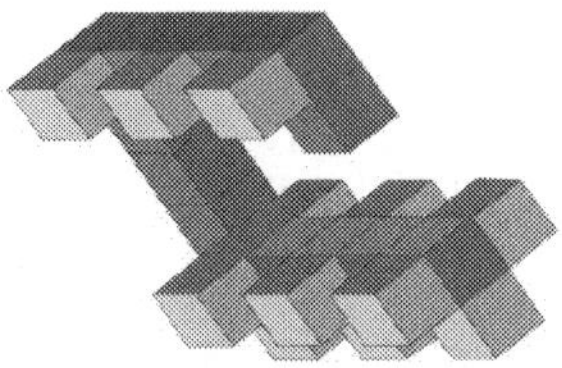

2
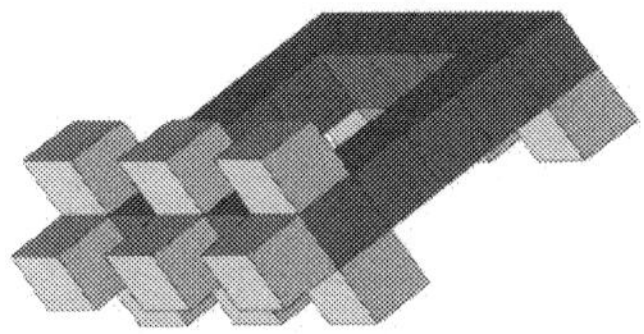

3

4
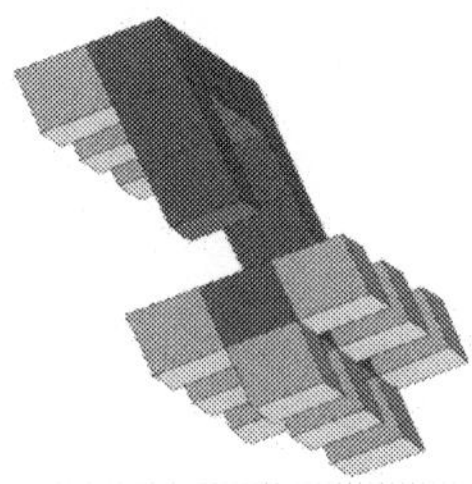

5. Welche Figur passt nicht in die Reihe?

1
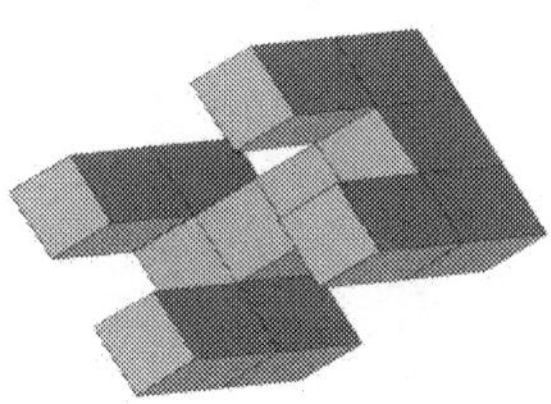

2

3
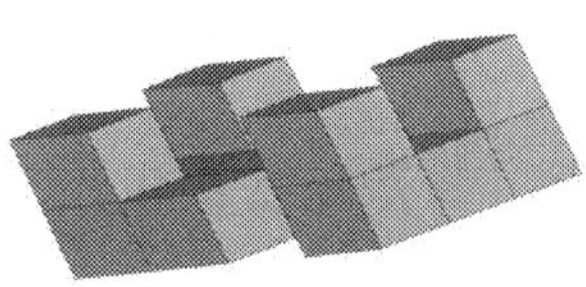

4
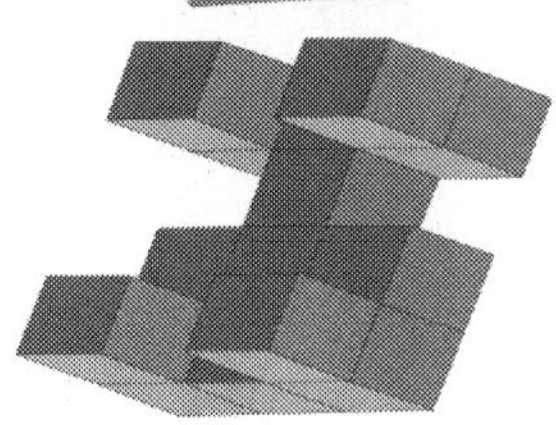

6. Welcher Ausschnitt passt in das leere Feld?

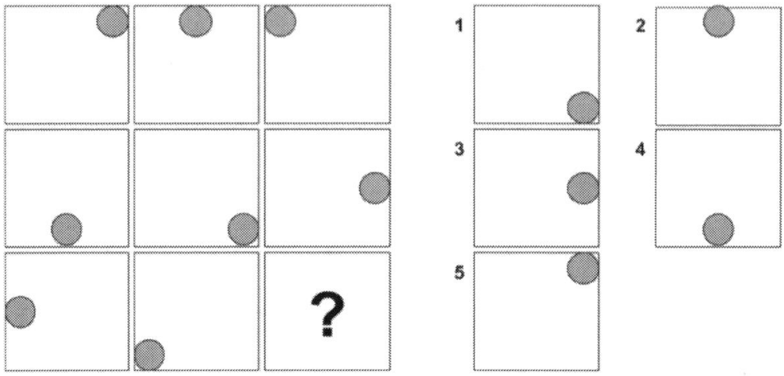


7. Welcher Ausschnitt passt in das leere Feld?

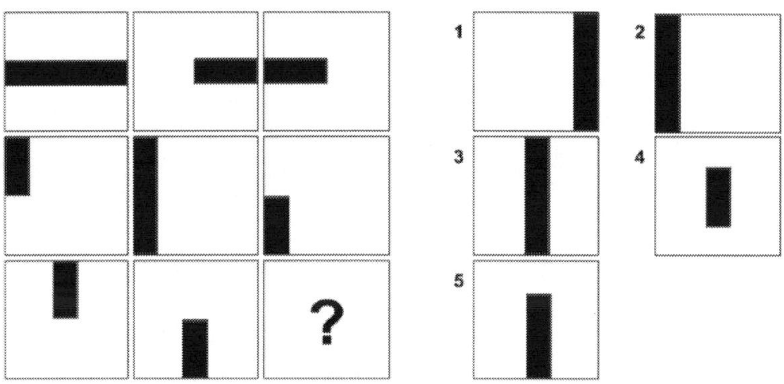

8. Welcher Ausschnitt passt in das leere Feld?

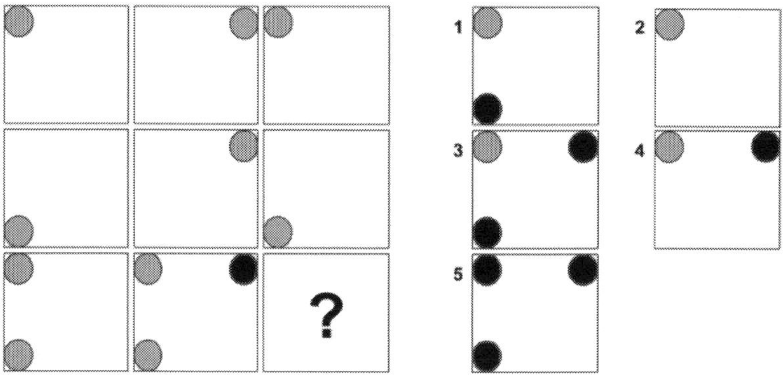


9. Welcher Ausschnitt passt in das leere Feld?

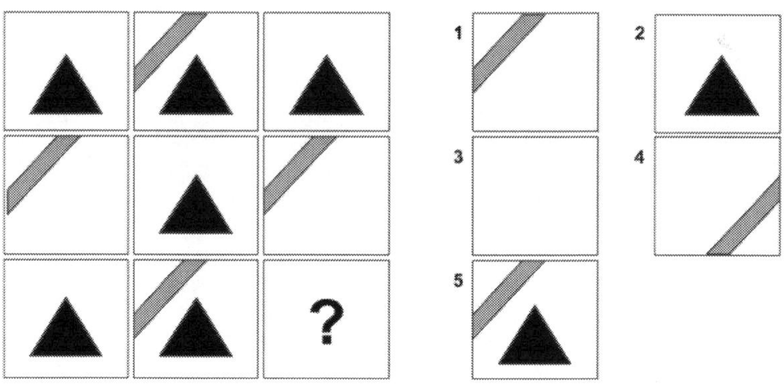

10. Welcher Ausschnitt passt in das leere Feld?

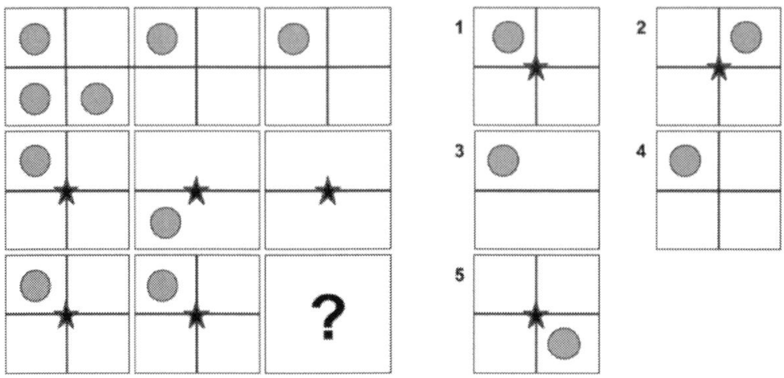


11. Welcher Ausschnitt passt in das leere Feld?

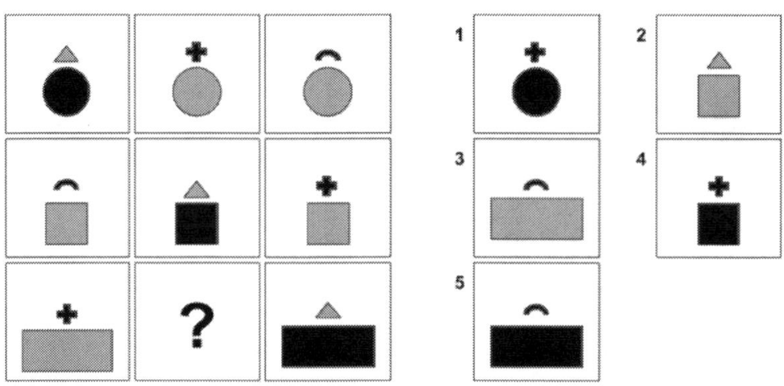

12. Welcher Ausschnitt passt in das leere Feld?

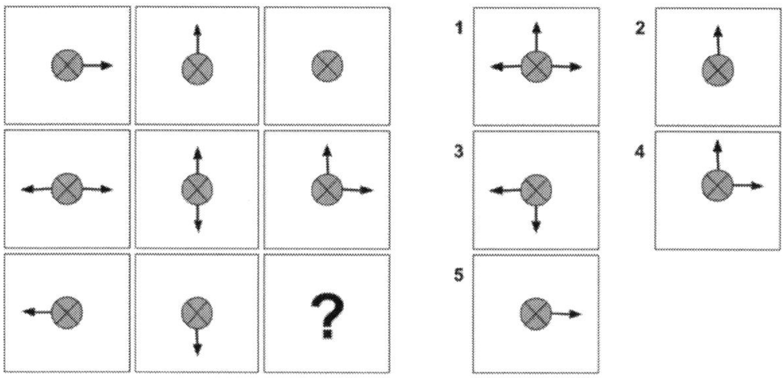


13. Welcher Ausschnitt passt in das leere Feld?

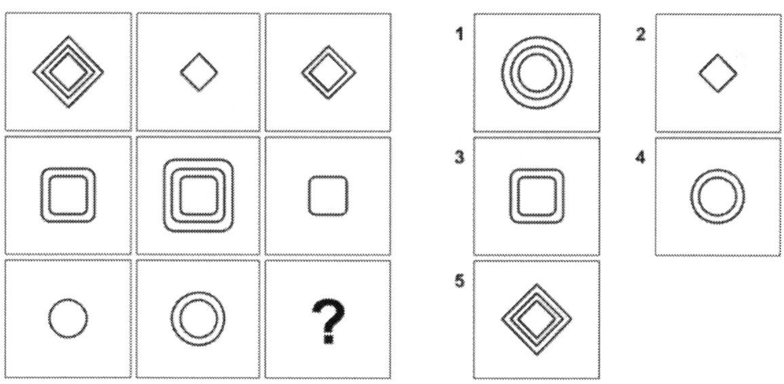

14. Welcher Ausschnitt passt in das leere Feld?

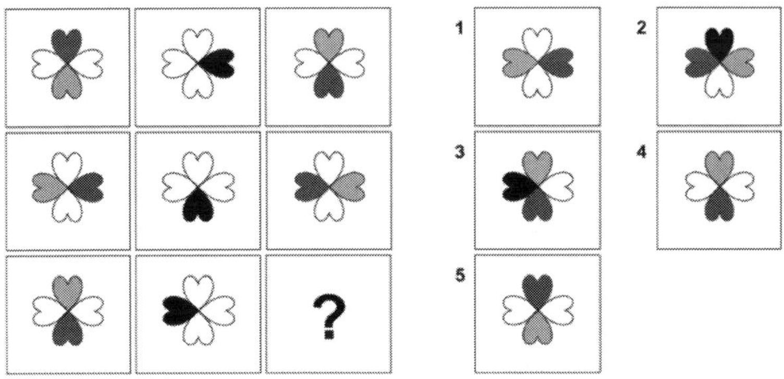


15. Welcher Ausschnitt passt in das leere Feld?

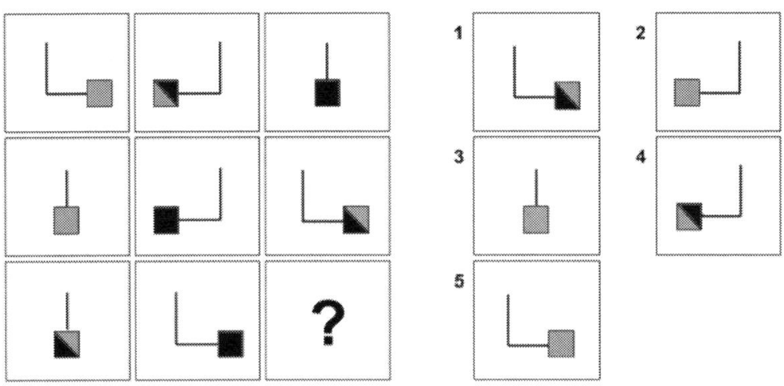

16. Welcher Ausschnitt passt in das leere Feld?

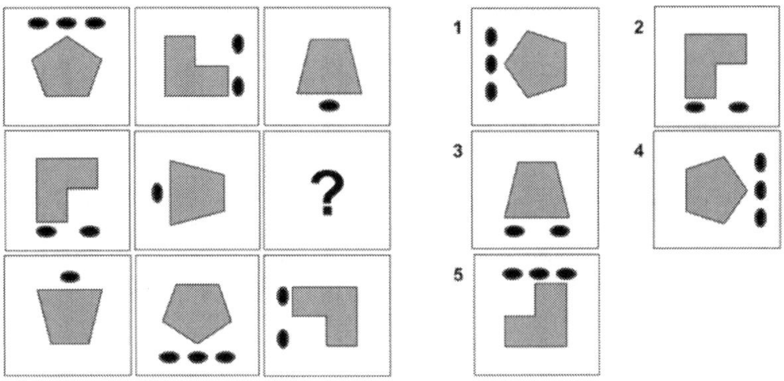


17. Welcher Ausschnitt passt in das leere Feld?

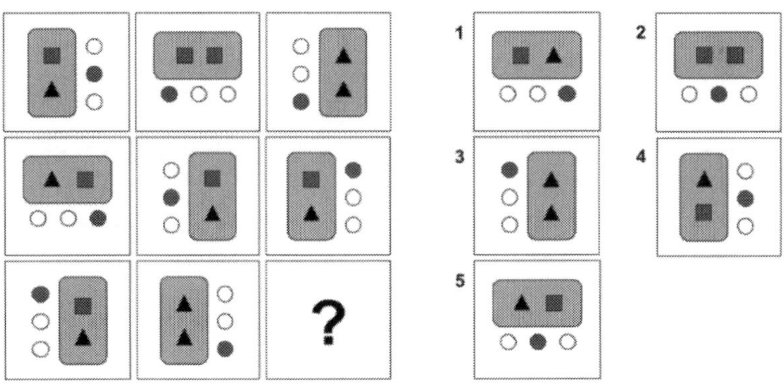

18. Welcher Ausschnitt passt in das leere Feld?

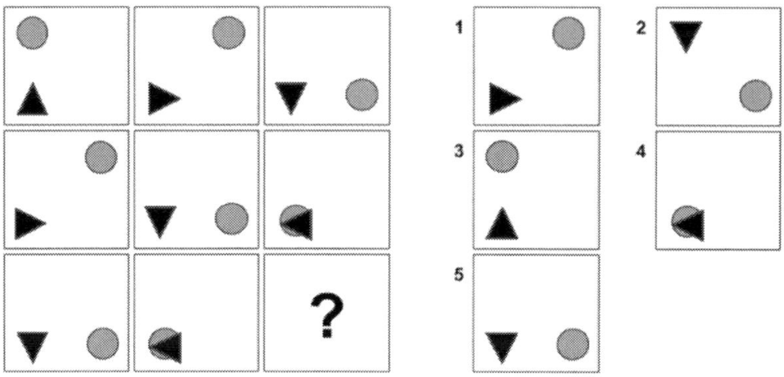


19. Welcher Ausschnitt passt in das leere Feld?

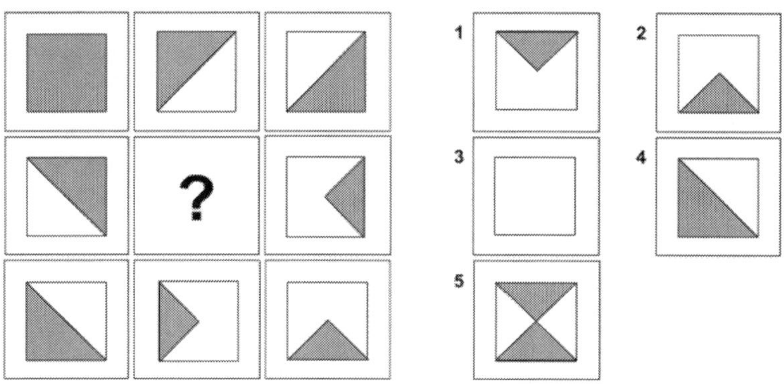

20. Welcher Ausschnitt passt in das leere Feld?

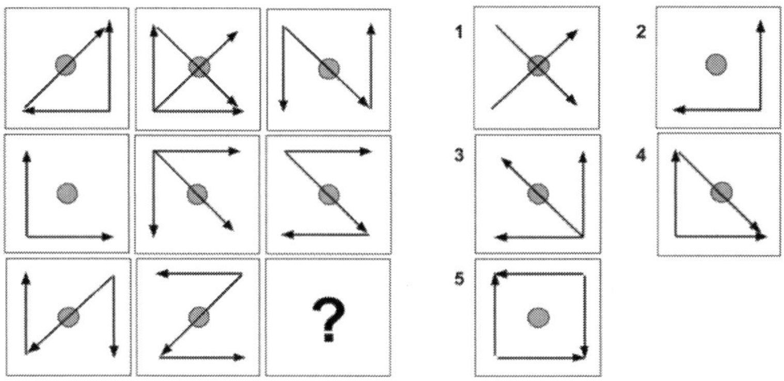

21. Welcher Ausschnitt passt in das leere Feld?

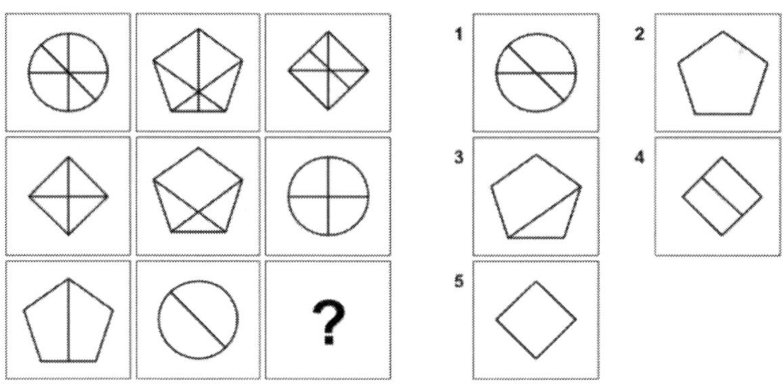

22. Welcher Ausschnitt passt in das leere Feld?

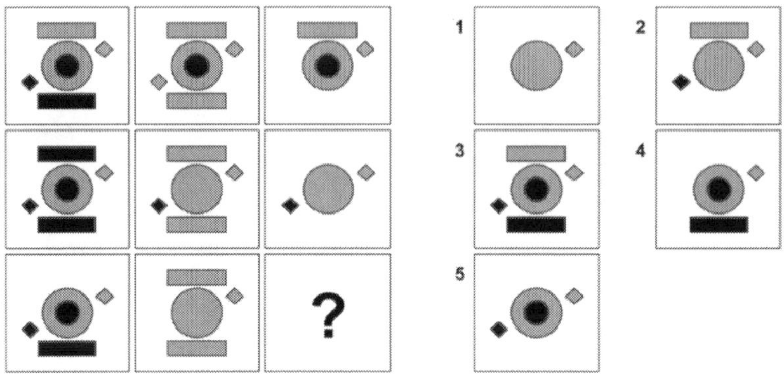

23. Welcher Ausschnitt passt in das leere Feld?

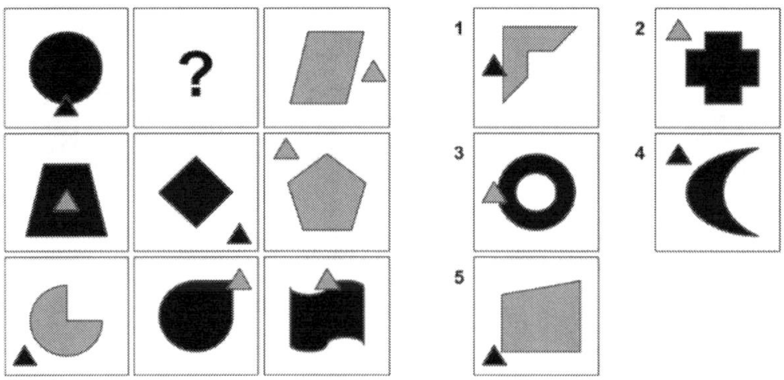

24. Welcher Ausschnitt passt in das leere Feld?

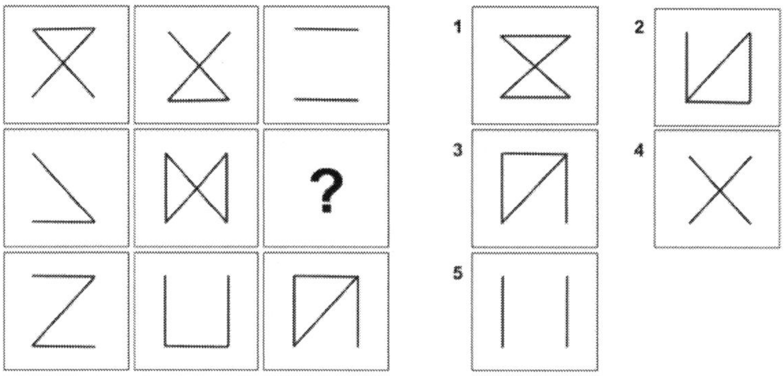


25. Welcher Ausschnitt passt in das leere Feld?

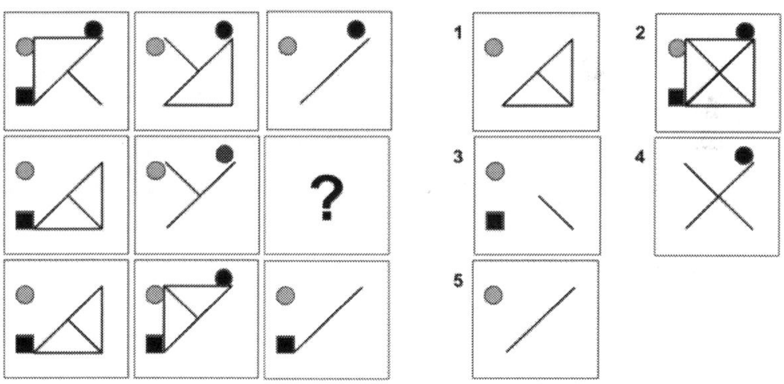

Lösungen

| | | |
|---|---|---|
| 1. 4 passt nicht | 10. 1 passt | 19. 1 passt |
| 2. 3 passt nicht | 11. 3 passt | 20. 5 passt |
| 3. 1 passt nicht | 12. 4 passt | 21. 4 passt |
| 4. 1 passt nicht | 13. 1 passt | 22. 1 passt |
| 5. 1 passt nicht | 14. 5 passt | 23. 3 passt |
| 6. 4 passt | 15. 2 passt | 24. 2 passt |
| 7. 3 passt | 16. 4 passt | 25. 5 passt |
| 8. 5 passt | 17. 2 passt | |
| 9. 2 passt | 18. 3 passt | |

Zu 6.: 4. Es ist jede Zeile waagrecht zu betrachten. Die Kreise bewegen sich dabei gegen den Uhrzeigersinn eine Position weiter.

Zu 7.: 3. In den waagrechten Reihen ergeben die jeweils zwei kürzeren Striche zusammengesetzt die dritte Figur.

Zu 8.: 5. Das unterste Kästchen der ersten Spalte ergibt sich aus der Kombination der zwei darüber. Das unterste Kästchen der zweiten Spalte setzt sich ebenfalls aus den zwei darüber liegenden zusammen. Dabei überlappen sich zwei graue Kreise und ändern dadurch die Farbe zu schwarz. Zudem wird das unterste Kästchen der ersten Spalte hinzugefügt. Somit ergibt sich das gesuchte Kästchen aus den zwei darüberliegenden und den zwei links davon liegenden Kästchen. Auch hier färben sich überlappende Kreise schwarz.

Zu 9.: 2. Das mittlere Kästchen ist jeweils umgeben von identischen Figuren.

Zu 10.: 1. Die dritte Figur in der letzten Spalte setzt sich aus den Elementen der ersten beiden zusammen. Nur gemeinsame Elemente werden übernommen.

Zu 11.: 3. Horizontal ist in jeder Reihe die untere Figur gleich, davon zwei grau und eine schwarz. Das obere kleine Symbol muss in jeder horizontalen Reihe je einmal vorkommen.

Zu 12.: 4. Das Symbol der mittleren Reihe ergibt sich jeweils aus der Kombination des Kästchens darüber und darunter.

Zu 13.: 1. In jeder horizontalen Reihe muss die Figur jeweils ein-, zwei- und dreischichtig abgebildet sein.

Zu 14.: 5. Das Symbol wird in der vertikalen Reihe schrittweise jeweils um 90° im Uhrzeigersinn gedreht.

Zu 15.: 2. In jeder horizontalen Reihe muss eine Figur links, rechts und mittig angeordnet sein. Dabei soll eine schwarze, graue und schwarzgraue Figur vorkommen.

Zu 16.: 4. Jede Figur wird schrittweise pro Reihe um 90° im Uhrzeigersinn gedreht und muss je einmal vorkommen.

Zu 17.: 2. In jeder Reihe – egal ob horizontal oder vertikal – muss immer je einmal der kleine Kreis rechts, links und mittig dunkelgrau sein. Außerdem müssen entweder alle drei Figuren einer Reihe ein schwarzes Dreieck und ein dunkelgraues Viereck haben oder eines aus zwei schwarzen Dreiecken, eines aus zwei dunkelgrauen Vierecken und ein gemischtes vorhanden sein. Das ganze Gebilde muss zudem je Reihe nach rechts, links und unten ausgerichtet sein.

Zu 18: 3. Der hellgraue Kreis rotiert pro Figur jeweils von Ecke zu Ecke im Uhrzeigersinn. Das schwarze Dreieck bleibt dabei fest in einer Ecke und dreht sich jeweils um sich selbst um 90° im Uhrzeigersinn.

Zu 19.: 1. Zwei Figuren einer Reihe ergeben zusammengesetzt die dritte.

Zu 20.: 5. Die Figuren in der dritten Spalte ergeben sich durch das Zusammensetzen der zwei Figuren davor. Dabei werden sich überlappende Linien bzw. Pfeile gestrichen und nur die sich nicht überschneidenden Linien bleiben erhalten.

Zu 21.: 4. In jeder waagrechten Reihe befinden sich je ein Kreis, ein Quadrat und ein Fünfeck. Mit jeder Reihe nach unten nimmt die Anzahl der Striche ab – drei, zwei und zuletzt ein Strich.

Zu 22.: 1. Die dritte Figur in jeder Zeile setzt sich aus den Elementen der ersten beiden zusammen. Übernommen werden jedoch nur gemeinsame Elemente.

Zu 23.: 3. Die kleinen Dreiecke gehen alle Positionen im Kasten einmal durch – die einzige Position, die fehlt, ist mittig links. Dabei befinden sich in jeder waagrechten Seite zwei graue und ein schwarzes kleines Dreieck. Von den großen Figuren sind jeweils zwei schwarz und eine grau.

Zu 24.: 2. Die dritte Figur in jeder Zeile setzt sich aus den Elementen der ersten beiden zusammen. Gemeinsame Elemente werden jedoch nicht übernommen.

Zu 25: 5. Die dritte Figur in der letzten Spalte setzt sich aus den Elementen der ersten beiden zusammen. Nur gemeinsame Elemente werden übernommen.

## Grundrechenaufgaben

Löse alle Aufgaben ohne Taschenrechner. Du darfst Nebenrechnungen auf ein Notizblatt machen. Schreibe die Ergebnisse ohne Trennung von Punkten. Beispiel: falsch = 12.500, richtig = 12500

Wie lautet das Ergebnis für die folgenden Aufgaben?

Zeit: **20 Minuten**

1. Aufgabe
5.473 + 8.569

2. Aufgabe
17.916,72 + 12.480,47

3. Aufgabe
4.982 + 1.675 + 3.102

4. Aufgabe
6.725 – 544 – 2.397

5. Aufgabe
548.912 – 375.869

6. Aufgabe
163.755 + 45.843 – 89.270

7. Aufgabe
75.178 – 69.430 – 390,75

8. Aufgabe
25.482,32 – 24.921,75

9. Aufgabe
9.489 × 8.112

10. Aufgabe
2.552 ÷ 44

11. Aufgabe
580,79 × 725,40

12. Aufgabe
12,15 × 0,08

13. Aufgabe
25,47 × 8,13

14. Aufgabe
989 ÷ 23

15. Aufgabe
26.415 ÷ 45

16. Aufgabe
380.138 ÷ 11

Lösungen: Grundrechenaufgaben

| | | |
|---|---|---|
| 1. 14042 | 7. 5357,25 | 13. 207,0711 |
| 2. 30397,19 | 8. 560,57 | 14. 43 |
| 3. 9759 | 9. 76974768 | 15. 587 |
| 4. 3784 | 10. 58 | 16. 34558 |
| 5. 173043 | 11. 421305,066 | |
| 6. 120328 | 12. 0,972 | |

## Rechenoperationen einsetzen

Bei dieser Aufgabe musst du die fehlenden Rechenzeichen ( +, – , ×, ÷) in die Lücken einfügen, um auf das jeweilige Endergebnis zu kommen. Beim Lösen der Gleichungen gilt die Punkt- vor Strichrechnung.

Beispiel: 20 ___ 3 ___ 6 = 2

Die einzige Möglichkeit, um auf das korrekte Ergebnis zu kommen, ist: 20 – 3 × 6 = 20 – 18 = 2

Zeit: **10 Minuten**

1. 16 ___ 13 ___ 3 = 6
2. 11 ___ 16 ___ 2 = 3
3. 12 ___ 2 ___ 4 = 14
4. 10 ___ 14 ___ 2 = 17
5. 4 ___ 8 ___ 19 = 51
6. 3 ___ 5 ___ 9 = 48
7. 8 ___ 13 ___ 13 = 7
8. 6 ___ 7 ___ 3 = 45
9. 16 ___ 3 ___ 4 = 4
10. 23 ___ 24 ___ 2 = 71
11. 1 ___ 12 ___ 4 = 3
12. 13 ___ 4 ___ 7 = 41
13. 3 ___ 10 ___ 5 = 1
14. 15 ___ 10 ___ 4 = 154
15. 10 ___ 6 ___ 15 = 19
16. 9 ___ 2 ___ 5 = 13

17. 28 ___ 22 ___ 11 = 26

18. 26 ___ 26 ___ 22 = 74

Lösungen: Rechenoperationen einsetzen

Zu 1.: 16 – 13 + 3 = 6

Zu 2.: 11 – 16 ÷ 2 = 11 – 8 = 3

Zu 3.: 12 – 2 + 4 = 14

Zu 4.: 10 + 14 ÷ 2 = 10 + 7 = 17

Zu 5.: 4 × 8 + 19 = 32 + 19 = 51

Zu 6.: 3 + 5 × 9 = 3 + 45 = 48

Zu 7.: 8 – 13 ÷ 13 = 8 – 1 = 7

Zu 8.: 6 × 7 + 3 = 42 + 3 = 45

Zu 9.: 16 – 3 × 4 = 16 – 12 = 4

Zu 10.: 23 + 24 × 2 = 23 + 48 = 71

Zu 11.: 1 × 12 ÷ 4 = 12 ÷ 4 = 3

Zu 12.: 13 + 4 × 7 = 13 + 28 = 41

Zu 13.: 3 – 10 ÷ 5 = 3 – 2 = 1

Zu 14.: 15 × 10 + 4 = 150 + 4 = 154

Zu 15.: 10 – 6 + 15 = 19

Zu 16.: 9 × 2 – 5 = 18 – 5 = 13

Zu 17.: 28 – 22 ÷ 11 = 28 – 2 = 26

Zu 18.: 26 + 26 + 22 = 74

## Kopfrechnen

Deine mathematischen Fähigkeiten werden unter anderem durch verschiedene Kopfrechenaufgaben geprüft. Dabei sind alle Grundrechenarten, Wurzelziehen, Potenzen sowie Bruchrechnung von Belang.

Dir steht, wie auch beim richtigen Test, sehr wenig Zeit zur Verfügung. Wenn du nicht alle Aufgaben in der Zeit schaffst, ist das in Ordnung! Lasse dich nicht aus der Ruhe bringen. Rechne alle Aufgaben konzentriert und zügig durch.

Zeit: **4 Minuten**

1. Aufgabe
$\sqrt{121} =$

2. Aufgabe
$21^2 =$

3. Aufgabe
$44 + 17 + 88 =$

4. Aufgabe
$2.347 - 479 - 23 =$

5. Aufgabe
$24 \times 24 =$

6. Aufgabe
$57 \times 7 =$

7. Aufgabe
$13 \times 21 =$

8. Aufgabe
$4.619 + 193 - 348 =$

9. Aufgabe
$7 \times 31 - 30 =$

10. Aufgabe
$721 - 47 + 98 =$

11. Aufgabe
$12 \times 13 =$

12. Aufgabe
$35 \div 5 =$

13. Aufgabe
$23 \times 51 =$

14. Aufgabe
$15 \times 11 - 63 + 52 =$

15. Aufgabe
$57 + 14 + 36 =$

16. Aufgabe
$(5 + 3)^2 - 10 =$

17. Aufgabe
$14 \times 12 - 15 =$

18. Aufgabe
$79 - 35 + 88 =$

19. Aufgabe
56 – 28 =

20. Aufgabe
42 ÷ 6 =

Lösungen: Kopfrechnen

| | | |
|---|---|---|
| 1. 11 | 8. 4.464 | 15. 107 |
| 2. 441 | 9. 187 | 16. 54 |
| 3. 149 | 10. 772 | 17. 153 |
| 4. 1.845 | 11. 156 | 18. 132 |
| 5. 576 | 12. 7 | 19. 28 |
| 6. 399 | 13. 1.173 | 20. 7 |
| 7. 273 | 14. 154 | |

## Ergebnisse schätzen

Rechne das Ergebnis nicht genau aus, sondern schätze es. Das heißt, überschlage es grob oder stelle kurze rechnerische Überlegungen an.

Zeit: **10 Minuten**

1. Aufgabe: 548 × 315 =
a) 155.200
b) 175.644
c) 182.141
d) 172.620

2. Aufgabe: 17.495 – 8.795 – 712 =
a) 7.988
b) 8.088
c) 8.112
d) 7.898

3. Aufgabe: 25.187 + 12.327 + 37.589 =
a) 74.895
b) 75.235
c) 74.903
d) 75.103

4. Aufgabe: 389.455 – 294.981 =
a) 93.974
b) 94.474
c) 89.740
d) 104.447

5. Aufgabe: 3.840 × 1.420 =
a) 580.688
b) 3.880.120
c) 7.564.110
d) 5.452.800

6. Aufgabe: 47 × 98 + 1.223 =
a) 15.023
b) 5.829
c) 6.145
d) 5.459

7. Aufgabe: 49 × 49 =
a) 2.501
b) 2.401
c) 2.081
d) 2.481

8. Aufgabe: 69,2 % von 1.845 =
a) 1.195,45
b) 1.412,37
c) 1.276,74
d) 1.588,89

9. Aufgabe: 3,2 × 6,7 =
a) 21,44
b) 21
c) 22,14
d) 19,4

10. Aufgabe: 3,2 cm von 11,8 cm =
a) ≈ 27,11 %
b) ≈ 29,88 %
c) ≈ 24,56 %
d) ≈ 35,12 %

11. Aufgabe: 367,85 – 184,6 + 1.302,66 =
a) 1.405,81
b) 1.630,91
c) 1.485,91
d) 1.508,11

12. Aufgabe: 36.340 ÷ 92 =
a) 395
b) 508
c) 421
d) 348

13. Aufgabe: 23,23 – 14,5 + 6,06 =
a) 2,67
b) 13,79
c) 15,97
d) 14,79

14. Aufgabe: 8.589.723 – 6.993.930 =
a) 1.605.793
b) 1.495.883
c) 995.643
d) 1.595.793

15. Aufgabe: $85^2$ =
a) 8.100
b) 7.225
c) 7.921
d) 6.825

16. Aufgabe: 6 € von 4,00 €=
a) 145%
b) 150%
c) 135%
d) 160%

Lösungen: Ergebnisse schätzen

| | | |
|---|---|---|
| 1. d) | 7. b) | 13. d) |
| 2. a) | 8. c) | 14. d) |
| 3. d) | 9. a) | 15. b) |
| 4. b) | 10. a) | 16. b) |
| 5. d) | 11. c) | |
| 6. b) | 12. a) | |

Zu 1. d) Berechne die letzte Ziffer 5 × 8=40. Die letzte Ziffer muss also 0 sein. Rechne vereinfacht 5,5 × 3 = 16,5. Das Ergebnis liegt also über 160.000 somit kommt nur 172.620 in Frage.

Zu 2. a) Berechne die letzten Ziffern 95 – 95 – 12 = 88. Die letzte Ziffer muss also 88 sein. Überschlage den Rest, das Ergebnis muss unter 8.000 liegen. Somit kommt nur 7.988 in Frage.

Zu 3. d) Berechne die letzte Ziffer 7 + 7 + 9 = 23. Die letzte Ziffer muss also 3 sein. Per Überschlag mit gerundeten Werten stellt man außerdem fest, dass die Lösung über 75.000 ist.

Zu 4. b) Berechne die letzte Ziffer 5 – 1 = 4. Die letzte Ziffer muss also 4 sein. Nach Abzug mit gerundeten Werten muss das Ergebnis bei rund 95.000 liegen.

Zu 5. d) Berechne die letzte Ziffer 0 x 0 = 0. Die letzte Ziffer muss also 0 sein. Rechne vereinfacht 4 × 1,5 = 6 und 4 × 1 = 4. Das Ergebnis muss also kleiner als 6 und größer als 4 sein.

Zu 6. b) Berechne die letzte Ziffer 7 × 8 + 3 = 59. Die letzte Ziffer muss also 9 sein. Vereinfacht kann man dann 4,7 × 10 rechnen. 4.700 + 1.200 = 5.900, das Ergebnis muss also bei diesem Wert liegen. Hier kommt nur 5.829 in Frage.

Zu 7. b) Berechne die letzte Ziffer 9 × 9 = 81. Die letzte Ziffer muss also 1 sein. Wenn du per Überschlag mit 50 × 50 (5 × 5 = 25) rechnest, erhältst du 2.500. Der Wert muss aber mindesten um 98 (49 + 49) darunter liegen.

Zu 8. c) Für die Schätzung empfiehlt es sich, zuerst den Anteil von 10 % zu bestimmen: 1.845 ÷ 10 = 184,5. Da der Anteil bei gut 70 % liegt, kannst du jetzt vereinfacht rechnen: 18 × 7 = 126 (1.260). Das Ergebnis muss also bei einem Wert von 1.260 liegen.

Zu 9. a) Berechne die letzte Ziffer 2 × 7 = 14. Die letzte Ziffer muss also 4 sein. Rechne nun mit gerundeten Werten von 3 × 7 = 21. Die Lösung muss also in diesem Bereich liegen. Hier trifft nur 21,44 zu.

Zu 10. a) Hier empfiehlt es sich, die beiden Zahlen erst auf- bzw. abzurunden. Rechne nun mit den Zahlen 3 und 12. 3 cm sind 25 % von 12 cm (12 ÷ 3 = 4, 100 ÷ 4 = 25). Der Prozentwert liegt also bei 25 %. Da wir aber mit gerundeten Zahlen grob gerechnet haben, muss die Lösung etwas mehr als 25 % betragen.

Zu 11. c) Berechne die Nachkommastellen: 85 – 60 + 66 = 91. Die letzte Ziffer muss also 91 sein. Per Überschlag der restlichen Zahlen stellst du fest, dass das Ergebnis bei rund 1.500 liegen muss.

Zu 12. a) Um hier annähernd zum Ergebnis zu kommen, müssen erst einmal beide Zahlen gerundet werden. Wir runden wie folgt: 36.000 ÷ 90 = 400. Auch vereinfacht: 36 ÷ 9 = 4. Das Ergebnis liegt also bei etwa 400.

Zu 13. d) Berechne die letzte Ziffer 23 – 50 + 0,6 = 79. Per Überschlag erhältst du einen restlichen Wert von 15. Die Lösung muss also knapp darunter liegen.

Zu 14. d) Die Berechnung durch die letzte Ziffer kannst du dir hier sparen, da sie bei allen Lösungen 3 ist. Rechne mit aufgerundeten Millionenwerten: 8,6 – 7 = 1,6 (1.600.000). Da mit aufgerundeten Werten gerechnet wurde, muss das Ergebnis knapp darunter liegen.

Zu 15. b) Hier empfiehlt es sich, die Quadratzahlen bis 100 auswendig zu können. Die letzte Ziffer lässt sich berechnen: 5 × 5 = 25. Die letzte Ziffer ist also 5. Eine mögliche Rechnung sieht wie folgt aus: 8,5 × 8,5 = 72,25. Besser lässt es sich rechnen, wenn du eine 0,5 zu der anderen Zahl addierst: 8 × 9 = 72 (72 × 100 = 7.200) Nun bist du der Lösung schon sehr nah gekommen.

Zu 16. b) Hier bietet sich eine einfache Rechnung an. Wenn die 4 € 100 % sind, dann sind 8 € 200%. Da der Wert aber nur um 2 € steigt, steigt der Prozentwert auch nur um 50 %.

## Maße und Einheiten

Hier musst du Maße und Einheiten umrechnen. Zeit: **5 Minuten**

1. Wie viele Kubikzentimeter sind 775 Liter?
a) 77.500
b) 750
c) 7.500
d) 775.000

2. Wie viele Kilogramm sind 0,23 Tonnen?
a) 230
b) 23
c) 23.000
d) 2.300

3. Wie viele Meter sind 5.300 Zentimeter?
a) 5,3
b) 53
c) 530
d) 50,3

4. Wie viele Quadratmeter sind 420 Quadratzentimeter?
a) 42
b) 0,042
c) 4,2
d) 0,0042

5. Wie viele Gramm sind 2,5 Zentner?
a) 250.000
b) 1.250.000
c) 125.000
d) 12.500

6. Wie viele Hektar sind 6.400 Quadratmeter?
a) 0,64
b) 6,4
c) 64
d) 0,064

7. Wie viele Dezimeter sind 0,8 Kilometer?
a) 8.000
b) 800
c) 80.000
d) 800.000

8. Wie viele Liter sind 0,93 Milliliter?
a) 0,0093
b) 0,093
c) 0,00093
d) 0,000093

9. Wie viele Tage sind 432.000 Sekunden?
a) 7
b) 5
c) 2
d) 9

10. Wie viele Zentner sind 2.325 Kilogramm?
a) 93
b) 23,25
c) 46,5
d) 465

Lösungen: Maße und Einheiten

| | | |
|---|---|---|
| 1. d) | 5. c) | 9. b) |
| 2. a) | 6. a) | 10. c) |
| 3. b) | 7. a) | |
| 4. b) | 8. c) | |

Zu 1. d) Ein Liter sind 1.000 Kubikzentimeter, also entsprechen 775 Liter 775.000 Kubikzentimeter: 775 x 1.000 $cm^3$ = 775.000 $cm^3$

Zu 2. a) Eine Tonne sind 1.000 Kilogramm, also entsprechen 0,23 Tonnen 230 Kilogramm: 0,23 x 1.000 kg = 230 kg

Zu 3. b) Ein Meter sind 100 Zentimeter, also entsprechen 5.300 Zentimeter 53 Meter: 5.300 ÷ 100 cm = 53 m

Zu 4. b) Ein Quadratmeter sind 10.000 Quadratzentimeter, also entsprechen 420 Quadratzentimeter 0,042 Quadratmeter: 420 ÷ 10.000 $m^2$ = 0,042 $m^2$

Zu 5. c) Ein Zentner sind 50 Kilogramm und ein Kilogramm entsprechen 1.000 Gramm bzw. 50 Kilogramm sind 50.000 Gramm, also entsprechen 2,5 Zentner 125.000 Gramm: 2,5 x 50.000 g = 125.000 g

Zu 6. a) Ein Hektar sind 10.000 Quadratmeter, also entsprechen 6.400 Quadratmeter 0,64 Hektar: 6.400 ÷ 10.000 $m^2$ = 0,64 ha

Zu 7. a) Ein Kilometer sind 1.000 Meter bzw. 10.000 Dezimeter, also entsprechen 0,8 Kilometer 8.000 Dezimeter: 0,8 x 10.000 dm = 8.000 dm

Zu 8. c) Ein Liter sind 1.000 Milliliter, also entsprechen 0,93 Milliliter 0,00093 Liter: 0,93 ÷ 1.000 ml = 0,00093 l

Zu 9. b) Ein Tag sind 24 Stunden bzw. 1.440 Minuten bzw. 86.400 Sekunden, also entsprechen 432.000 Sekunden 5 Tage: 432.000 ÷ 60 ÷ 60 ÷ 24 = 5

Zu 10. c) Ein Zentner sind 50 Kilogramm, also entsprechen 2.325 Kilogramm 46,5 Zentner: 2.325 ÷ 50 kg = 46,5 Ztr

## Geometrie

Bei dieser Aufgabe musst du die fehlenden Ergebnisse für die jeweiligen Flächen und Körper berechnen. Bitte runde die Ergebnisse auf beziehungsweise rechne bis zur dritten Nachkommastelle. Trage die Lösungen in die freien Felder ein. Zeit: **15 Minuten**

1. Ergänze das Rechteck.

| | |
|---|---|
| Seite a: | 6 |
| Seite b: | ____ |
| Flächeninhalt: | ____ |
| Umfang: | 32 |

2. Ergänze das Rechteck.

| | |
|---|---|
| Seite a: | 6 |
| Seite b: | 4 |
| Flächeninhalt: | ____ |
| Umfang: | ____ |

3. Ergänze das Rechteck.

| | |
|---|---|
| Seite a: | ____ |
| Seite b: | 8 |
| Flächeninhalt: | 192 |
| Umfang: | ____ |

4. Ergänze das Rechteck.

| | |
|---|---|
| Seite a: | 14 |
| Seite b: | ____ |
| Flächeninhalt: | ____ |
| Umfang: | 52 |

5. Ergänze den Würfel.

| | |
|---|---|
| Seite a: | 10 |
| Grundfläche: | ____ |
| Oberfläche: | ____ |
| Volumen: | ____ |

6. Ergänze den Würfel.

| | |
|---|---|
| Seite a: | ____ |
| Grundfläche: | ____ |
| Oberfläche: | ____ |
| Volumen: | 2.744 |

7. Ergänze den Würfel.

| | |
|---|---|
| Seite a: | ____ |
| Grundfläche: | ____ |
| Oberfläche: | 4.056 |
| Volumen: | ____ |

8. Ergänze den Würfel.

| | |
|---|---|
| Seite a: | ____ |
| Grundfläche: | 36 |
| Oberfläche: | ____ |
| Volumen: | ____ |

9. Ergänze den Kreis.

| | |
|---|---|
| Radius: | ____ |
| Durchmesser: | ____ |
| Umfang: | ____ |
| Flächeninhalt: | 50,265 |

10. Ergänze den Kreis.

| | |
|---|---|
| Radius: | ____ |
| Durchmesser: | ____ |
| Umfang: | 119,381 |
| Flächeninhalt: | ____ |

Lösungen: Geometrie

Zu 1.:

| | |
|---|---|
| Seite a: | 6 |
| Seite b: | 10 |
| Flächeninhalt: | 60 |
| Umfang: | 32 |

Zu 2.:

| | |
|---|---|
| Seite a: | 6 |
| Seite b: | 4 |
| Flächeninhalt: | 24 |
| Umfang: | 20 |

Zu 3.:

| | |
|---|---|
| Seite a: | 24 |
| Seite b: | 8 |
| Flächeninhalt: | 192 |
| Umfang: | 64 |

Zu 4.:

| | |
|---|---|
| Seite a: | 14 |
| Seite b: | 12 |
| Flächeninhalt: | 168 |
| Umfang: | 52 |

Zu 5.:

| | |
|---|---|
| Seite a: | 10 |
| Grundfläche: | 100 |
| Oberfläche: | 600 |
| Volumen: | 1.000 |

Zu 6.:

| | |
|---|---|
| Seite a: | 14 |
| Grundfläche: | 196 |
| Oberfläche: | 1.176 |
| Volumen: | 2.744 |

Zu 7.:

| | |
|---|---|
| Seite a: | 26 |
| Grundfläche: | 676 |
| Oberfläche: | 4.056 |
| Volumen: | 17.576 |

Zu 8.:

| | |
|---|---|
| Seite a: | 6 |
| Grundfläche: | 36 |
| Oberfläche: | 216 |
| Volumen: | 216 |

Zu 9.:

| | |
|---|---|
| Radius: | 4 |
| Durchmesser: | 8 |
| Umfang: | 25,133 |
| Flächeninhalt: | 50,265 |

Zu 10.:

| | |
|---|---|
| Radius: | 19 |
| Durchmesser: | 38 |
| Umfang: | 119,381 |
| Flächeninhalt: | 1.134,115 |

**Rechteckberechnung**

Flächeninhalt A = a × b

Umfang U = 2 × a + 2 × b

**Würfelberechnung**

Grundfläche A = a × b

Oberfläche O = 6 × A

Volumen V = $A^3$ (a × a × a)

**Kreisberechnung**

Radius r = d ÷ 2

Durchmesser d = 2 × r

Umfang U= d × π

Flächeninhalt A = π × $r^2$

## Symbolrechnen

In dieser Aufgabe musst du die Symbole durch Zahlen ersetzen, dabei stehen gleiche Symbole für gleiche Zahlen. Ein Symbol kann mit einer Zahl von 0 bis 9 ersetzt werden. Zeit: **10 Minuten**

1. Welche Zahl steht für Δ?
Δ × ΔΔ = ΩΩ
a) 4
b) 9
c) 3
d) 1

2. Welche Zahl steht für O?
Π + O – O – O = Π
a) 2
b) 0
c) 3
d) 6

3. Welche Zahl steht für Λ?
Λ × Λ = Λ + Λ
a) 2
b) 3
c) 6
d) 1

4. Welche Zahl steht für Π?
ΔΠ × Ψ = ΨΠ
a) 1
b) 7
c) 2
d) 0

5. Welche Zahl steht für Π?
TXШ – Σ = ΠΠ
a) 9
b) 5
c) 7
d) 1

6. Welche Zahl steht für Ω?
ΛΛ + ΛΩ = ΩX
a) 3
b) 0
c) 5
d) 4

7. Welche Zahl steht für Π?
(Π + Π) × (Π + Π) = ΠΨ
a) 3
b) 6
c) 2
d) 4

8. Welche Zahl steht für Δ?
ΔШ ÷ Ш = Ш
a) 7
b) 4
c) 5
d) 2

9. Welche Zahl steht für Ω?
∏∏$^2$ = ∏Ω∏
a) 1
b) 4
c) 2
d) 8

10. Löse alle Symbole.
ΛΠ – OΔ = ΨX
÷ Λ × Λ = OX –
= OΔ + Π = ΔΣ

Lösungen: Symbolrechnen

Λ =

Π =

O =

Δ =

Ψ =

X =

Σ =

Lösungen: Symbolrechnen

| | | |
|---|---|---|
| 1. c) | 5. a) | 9. c) |
| 2. b) | 6.) d) | 10. siehe unten |
| 3. a) | 7. a) | |
| 4. d) | 8. d) | |

Zu 1.: c) 3
Δ × ΔΔ = ΩΩ
3 × 33 = 99

Zu 2.: b) 0
Π + O – O – O = Π
O steht für die Zahl 0. Für das Symbol Π kann jede Zahl von 1 bis 9 eingesetzt werden.
2 + 0 – 0 – 0 = 2

Zu 3.: a) 2
Λ × Λ = Λ + Λ
2 × 2 = 2 + 2

Zu 4.: d) 0
ΔΠ × Ψ = ΨΠ
Π steht für die Zahl 0. Für das Symbol Ψ kann jede Zahl von 1 bis 9 eingesetzt werden.
10 × 4 = 40

Zu 5.: a) 9
ΤΧШ – Σ = ΠΠ
Π steht für die Zahl 9.
Für die erste Symbolreihe kommen mehrere Zahlen in Frage.
102 – 3 = 99 I 103 – 4 = 99 I 104 – 5 = 99 usw.

Zu 6.: d) 4
ΛΛ + ΛΩ = ΩX
22 + 24 = 46

Zu 7.: a) 3
(Π + Π) × (Π + Π) = ΠΨ
(3 + 3) × (3 + 3) = 36

Zu 8.: d) 2
ΔШ ÷ Ш = Ш
25 ÷ 5 = 5

Zu 9.: c) 2
ΠΠ² = ΠΩΠ
$11^2 = 121$

Zu 10.:
ΛΠ – OΔ = ΨX
÷ Λ × Λ = OX –
= OΔ + Π = ΔΣ

Λ = 4
Π = 8
O = 1
Δ = 2
Ψ = 3
X = 6
Σ = 0

48 – 12 = 36
÷ 4 × 4 = 16
12 + 8 = 20

## Klammerrechnung

Rechne alle Aufgaben im Kopf aus und notiere gegebenenfalls Nebenrechnungen auf einem Notizblatt. Zeit: **20 Minuten**

1. Aufgabe:
50 + (47 – 16) + 89 – (59 – 9) =

2. Aufgabe:
(82 – 45) + 32 – (11 – 5) – 16 =

3. Aufgabe:
68 – (49 – 38) + 58 – (40 – 7) =

4. Aufgabe:
70 – (38 – 13) + (41 – 11) – 19 =

5. Aufgabe:
76 + 24 – (30 – 23) + 19 + 62 =

6. Aufgabe:
56 + (52 – [26 + 11 – 40]) + 25 =

7. Aufgabe:
104 – 20 – (12 – [25 – 10]) + 12
=

8. Aufgabe:
64 + 26 – (37 – [20 + 18]) – 16 =

9. Aufgabe:
97 – (39 – 14) – (57 – [20 + 18])
=

10. Aufgabe:
5 × (3 – 1) × (8 + 8) =

11. Aufgabe:
8 × 5 – (7 + [5]) =

12. Aufgabe:
7 × 1 × (2) + (5 – 8) =

13. Aufgabe:
5 – (2 × 2 + [9 × 5]) =

14. Aufgabe:
6 – (6 × [7] – 9) =

15. Aufgabe:
7 + 7 × 6 – (8 – [3]) =

16. Aufgabe:
8 × 8 + (4 × [6]) =

17. Aufgabe:
6 × 8 × (9 – [8]) =

18. Aufgabe:
8 + (6 – 5 + [7] × 7) =

19. Aufgabe:
7 × (2) – 3 – (8 – 6) =

20. Aufgabe:
2 + 1 – 7 × (8) × (4) =

21. Aufgabe:
(-8) × 3 – (–12) × 3 =

22. Aufgabe:
–24 + 15 – (-3 × 33 – [7 × 5]) =

23. Aufgabe:
217 – 85 – (14 × [– 3] + 518) –
42 =

24. Aufgabe:
$12 \times 5 - 3 \times (-3 \times 8 + [-76]) =$

25. Aufgabe:
$(-212) \times 3 + 110 + (9 \times 6) =$

26. Aufgabe:
$2.750 - (5 \times 325) - (69 \div 3) =$

27. Aufgabe:
$32 - (840 - 584) \div (64 \div 4) \times 3 =$

28. Aufgabe:
$3 \times \{99 - [4 + 2\,(21 \div 3) \times 2] + 8\} - 6 =$

29. Aufgabe:
$(-3)^3 + (-2)^4 =$

30. Aufgabe:
$(-5)^4 + (-3)^5 =$

Lösungen: Klammerrechnung

| | | |
|---|---|---|
| 1. 120 | 11. 28 | 21. 12 |
| 2. 47 | 12. 11 | 22. 125 |
| 3. 82 | 13. –44 | 23. –386 |
| 4. 56 | 14. –27 | 24. 360 |
| 5. 174 | 15. 44 | 25. –472 |
| 6. 136 | 16. 88 | 26. 1.102 |
| 7. 99 | 17. 48 | 27. –16 |
| 8. 75 | 18. 58 | 28. 219 |
| 9. 53 | 19. 9 | 29. –11 |
| 10. 160 | 20. –221 | 30. 382 |

**Was ist bei der Klammerrechnung zu beachten?**
Klammern drücken eine vorrangige Rechenoperation, vor anderen in der Rechenreihenfolge, aus.

- Regel 1: Punktrechnung geht vor Strichrechnung
- Regel 2: den Wert innerhalb der Klammern immer zuerst ermitteln

Regel 3: Klammern innerhalb von Klammern sind zuerst aufzulösen. Klammern werden immer von innen nach außen aufgelöst.

## Bruchrechnung

Löse alle Aufgaben im Kopf und notiere gegebenenfalls Nebenrechnungen auf einem Notizblatt.

Zeit: **15 Minuten**

1. Aufgabe: $\frac{4}{2} + \frac{6}{3} =$

2. Aufgabe: $\frac{6}{4} + \frac{1}{5} =$

3. Aufgabe: $\frac{4}{5} - \frac{3}{6} =$

4. Aufgabe: $\frac{5}{3} - \frac{5}{6} =$

5. Aufgabe: $\frac{1}{3} \times \frac{5}{3} =$

6. Aufgabe: $\frac{2}{2} \div \frac{5}{4} =$

7. Aufgabe: $3\frac{12}{6} =$

8. Aufgabe: $5\frac{8}{7} =$

9. Aufgabe: $6 \times \frac{5}{24} =$

10. Aufgabe: $14 \times \frac{5}{56} =$

11. Aufgabe: $4\frac{2}{3} \times 6\frac{2}{1} =$

12. Aufgabe: $4\frac{3}{2} \div 2\frac{3}{2} =$

Lösungen: Bruchrechnung

Zu 1.:

$\frac{4}{2}+\frac{6}{3}=\frac{12}{6}+\frac{12}{6}=\frac{24}{6}$

$= 4$

Zu 2.:

$\frac{6}{4}+\frac{1}{5}=\frac{30}{20}+\frac{4}{20}=\frac{34}{20}=$

$1\frac{7}{10}$

Zu 3.:

$\frac{4}{5}-\frac{3}{6}=\frac{24}{30}-\frac{15}{30}=\frac{9}{30}=$

$\frac{3}{10}$

Zu 4.:

$\frac{5}{3}-\frac{5}{6}=\frac{10}{6}-\frac{5}{6}=\frac{5}{6}$

Zu 5.:

$\frac{1}{3}x\frac{5}{3}=\frac{1x5}{3x3}=\frac{5}{9}$

Zu 6.:

$\frac{2}{2}\div\frac{5}{4}=\frac{2}{2}x\frac{4}{5}=\frac{2x4}{2x5}=$

$\frac{8}{10}=\frac{4}{5}$

Zu 7.:

Zähler: 6 x 3 + 12 = 30

$3\frac{12}{6}=\frac{30}{6}=5$

Zu 8.:

Zähler: 7 x 5 + 8 = 43

$5\frac{8}{7}=\frac{43}{7}=6\frac{1}{7}$

Zu 9.:

Zähler: 6 x 5 = 30

$6 \text{ x } \frac{5}{24}=\frac{30}{24}=\frac{5}{4}=1\frac{1}{4}$

Zu 10.:

Zähler: 14 x 5 = 70

$14 \text{ x } \frac{5}{56}=\frac{70}{56}=\frac{5}{4}=1\frac{1}{4}$

Zu 11.:

$4\frac{2}{3} \text{ x } 6\frac{2}{1}=\frac{14}{3}x\frac{8}{1}=\frac{112}{3}$

$= 37\frac{1}{3}$

Zu 12.:

$4\frac{3}{2}\div 2\frac{3}{2}=\frac{11}{2}\div\frac{7}{2}=\frac{11}{2}$

$x\frac{2}{7}=\frac{22}{14}=\frac{11}{7}=1\frac{4}{7}$

## Gleichungen lösen

Löse alle Aufgaben im Kopf und notiere dir gegebenenfalls deine Zwischenschritte auf ein Notizblatt. Löse die Gleichungen nach x auf.

Zeit: **10 Minuten**

1. Aufgabe
$13x - 4 = 52 + 5x$
|
|
|
x =

2. Aufgabe
$2x - 9 = -49 + 7x$
|
|
|
x =

3. Aufgabe
$3x + 12 = 92 - 7x$
|
|
|
x =

4. Aufgabe
$8x + 8 = 2 + 14x$
|
|
|
x =

5. Aufgabe
$13x + 5 = 33 + 9x$
|
|
|
x =

6. Aufgabe
$7x - 8 = -17 + 8x$
|
|
|
x =

7. Aufgabe
$21x + 10 = 74 + 13x$
|
|
|
x =

8. Aufgabe
$-4x - 6 = -18 + 2x$
|
|
|
x =

Lösungen: Gleichungen lösen

1. Aufgabe
13x – 4 = 52 + 5x
13x – 5x – 4 = 52 | – 5x
8x – 4 = 52 | + 4
8x = 56 | ÷ 8
**x = 7**

2. Aufgabe
2x – 9 = –49 + 7x
2x – 9 = –49 + 7x | – 7x
– 5x – 9 = –49 | + 9
– 5x = –40 | ÷ (–5)
**x = 8**

3. Aufgabe
3x + 12 = 92 – 7x
3x + 7x+ 12 = 92 | + 7x
10x + 12 = 92 | – 12
10x = 80 | ÷ 10
**x = 8**

4. Aufgabe
8x + 8 = 2 + 14x
8x – 14x + 8 = 2 | – 14x
–6x = 2 – 8 | – 8
–6x = –6 | ÷ (–6)
**x = 1**

5. Aufgabe
13x + 5 = 33 + 9x
13x – 9x + 5 = 33 | – 9x
4x + 5 = 33 | – 5
4x = 28 | ÷ 4
**x = 7**

6. Aufgabe
7x – 8 = –17 + 8x | – 8x
–1x – 8 = –17 | + 8
–1x = –9 | ÷ (–1)
**x = 9**

7. Aufgabe
21x + 10 = 74 + 13x
21x – 13x + 10 = 74 | – 13x
8x + 10 = 74 | – 10
8x = 64 | ÷ 8
**x = 8**

8. Aufgabe
–4x – 6 = –18 + 2x
–4x – 2x – 6 = –18 | – 2x
–6x – 6 = –18 | + 6
–6x = –12 | ÷ (–6)
**x = 2**

## Prozentrechnung

Aufgaben zur Prozentrechnung sind in Einstellungstests sehr beliebt. Um die richtige Lösung zu finden, sollten die drei Werte Grundwert (G), Prozentwert (W) und Prozentsatz (p) ein Begriff sein, denn einer dieser Werte ist meistens gefragt und muss anhand der allgemeinen Formel (p % = W ÷ G) ermittelt werden. Bitte beachte an dieser Stelle, dass die Formel gegebenenfalls umgeformt werden muss.

p % = p ÷ 100

**Beispiel**
In der folgenden Beispielaufgabe wollen wir die Formel nun anwenden und aufzeigen, wie eine Aufgabe aus dem Bereich Prozentrechnung gelöst werden kann.

Beispielaufgabe: Wie viel sind 5 % von 200?
p = 5 %
G = 200
W = ?

Die oben gegebene Formel lässt sich nach den verschiedenen Variablen G, W und p umstellen.

p % = W ÷ G
W = p % × G
G = W ÷ p %

In diesem Fall ist W gesucht. Daher berechnen wir W = 5 % × 200 beziehungsweise W = (5 ÷ 100) × 200 = 10.

Zeit: **15 Minuten**

1. Von den 32 Schülern haben drei Schüler eine 1 geschrieben und weitere fünf haben die Note 2. Die anderen waren bei einer 3 oder schlechter. Wie viel Prozent der Schüler waren besser als eine 3?
a) 20 %
b) 40 %
c) 25 %
d) 30 %

2. Vor zehn Jahren gab es 35 % Singlehaushalte in der EU. Und es gab 260 Mio. Haushalte mit mehr als einer Person. Wie viele Singlehaushalte gab es in der EU?
a) 130 Mio.
b) 140 Mio.
c) 35 Mio.
d) 120 Mio.

3. Der Joghurt, den Meike kaufen möchte, ist 250 g schwer. Auf der Verpackung steht, dass dieser 16 g Fett enthält. Wie viel Prozent Fett enthält der Joghurt?
a) 6,4 %
b) 7,8 %
c) 16 %
d) 2,5 %

4. Herr Glück hat 900 Euro inklusive Zinsen von seinem Bankkonto abgehoben. Das Geld wurde ein Jahr lang zu einem stolzen Zinssatz von 20 % fest verzinst. Wie viel Kapital musste Herr Glück vor einem Jahr anlegen, um diese Summe zu erhalten?
a) 180 Euro
b) 750 Euro
c) 700 Euro
d) 450 Euro

5. Herr Schmidt kauft ein neues Auto für 50.000 Euro. Leider hat das Auto bereits nach kurzer Zeit einen Getriebeschaden, was hohe Reparaturkosten verursacht. Herr Schmidt erhält aus diesem Grund von seinem Händler 20 % des Kaufpreises erstattet. Wie viel Euro erhält Herr Schmidt vom Händler?
a) 10.000 Euro
b) 20.000 Euro
c) 25.000 Euro
d) 30.000 Euro

6. Frau Feldbusch kauft sich für 500 Euro Aktien. Aufgrund einer guten wirtschaftlichen Entwicklung steigen die Aktienkurse auf 200 % des eingesetzten Kapitals. Wie viel Euro sind diese Aktien nun wert?
a) 500 Euro
b) 1.000 Euro
c) 2.000 Euro
d) 5.000 Euro

7. Wie drückt man das Verhältnis 16 von 32 in Prozent aus (Prozentsatz)?
a) 16 %
b) 32 %
c) 60 %
d) 50 %

8. 8 % sind 80 Einheiten, wie viel sind 100 % (Grundwert)?
a) 100 Einheiten
b) 1.000 Einheiten
c) 400 Einheiten
d) 4.000 Einheiten

9. Der Preis für eine Kilowattstunde wird von 0,25 Euro auf 0,30 Euro erhört. Wie hoch ist die Steigerung in %?
a) 20 %
b) 25 %
c) 30 %
d) 5 %

10. Bei meiner Stamm-Apotheke erhalte ich drei Prozent Rabatt auf alle Rechnungen. Meine letzte Rechnung betrug vor Abzug 40,00 Euro. Wie hoch war die Ersparnis?
a) vier Euro
b) zwölf Euro
c) 1,20 Euro
d) 0,40 Euro

11. Im Polizeibezirk Bochum arbeiten 1.500 Männer und 500 Frauen. Wie hoch ist der prozentuale Frauenanteil in diesem Bezirk?
a) 15 %
b) 20 %
c) 25 %
d) 30 %

12. Der Bauer hat insgesamt 90 Apfelbäume und will 18 weitere anpflanzen. Wie viel Prozent sind das?
a) 18 %
b) 20 %
c) 24 %
d) 19 %

13. Der Pizza-Lieferservice wirbt mit 20 % Rabatt bei der nächsten Bestellung. Luisa möchte sich eine 15,00 Euro Pizza bestellen. Wie hoch wäre die Ersparnis?
a) 2,50 Euro
b) 3,00 Euro
c) 2,00 Euro
d) 1,50 Euro

14. Wie hoch ist die Wahrscheinlichkeit in Prozent, als Kandidat bei der Show „Wer wird Millionär“ eine Million Euro zu gewinnen, wenn es nur sechs Kandidaten von 300 schaffen?
a) 0,6 %
b) 1,5 %
c) 3 %
d) 2 %

15. Bei einer mobilen Blitzkontrolle beträgt die Wahrscheinlichkeit, dass jemand zu schnell fährt, etwa zehn Prozent. Die Blitzkontrolle wurde an einer vielbefahrenen Straße aufgebaut. Hier fahren von 7.00 Uhr bis 16.00 Uhr etwa 2.100 Autos entlang. Pro Ticket fallen Kosten von durchschnittlich zehn Euro an. Wie hoch ist der Betrag, der hier im genannten Zeitraum an Strafen eingenommen wird?
a) 2.100 Euro
b) 2.200 Euro
c) 2.300 Euro
d) 2.400 Euro

16. Wie viele Birnen können gekauft werden, wenn zehn Prozent von 80 Birnen vom Markt genommen wurden?
a) 76 Birnen
b) 88 Birnen
c) 70 Birnen
d) 72 Birnen

17. Ende April 2015 waren in den Bremer Justizvollzugsanstalten 1.350 Strafgefangene inhaftiert. Das sind etwa vier Prozent weniger als im Vorjahr, so das Statistikamt. Wie viele Strafgefangene waren im Vorjahr inhaftiert?
a) 1.445 Strafgefangene
b) 1.296 Strafgefangene
c) 1.404 Strafgefangene
d) 1.498 Strafgefangene

18. Im Jahr 2013 wurden deutschlandweit 9.640 Tote durch Verkehrsunfälle verzeichnet. Darunter waren 1.364 Motorradunfälle und 3.456 PKW-Unfälle. Wie viel Prozent der Tode wurden nicht durch Motorräder oder PKWs verursacht?
a) 15 %
b) 25 %
c) 50 %
d) 75 %

Lösungen: Prozentrechnung

| | | |
|---|---|---|
| 1. c) | 7. d) | 13. b) |
| 2. b) | 8. b) | 14. d) |
| 3. a) | 9. a) | 15. a) |
| 4. b) | 10. c) | 16. d) |
| 5. a) | 11. c) | 17. c) |
| 6. b) | 12. b) | 18. c) |

Zu 1.: c) Zuerst muss die Anzahl der Schüler, die besser als eine 3 waren, berechnet werden: drei (Anzahl der Note 1) + fünf (Anzahl der Note 2) = acht. Eingesetzt in die Formel für Prozentrechnung, ergibt sich ein Wert von $p = 8 \div 32 \times 100\,\% = 25\,\%$.

Zu 2.: b) Um herauszufinden, wie viele Singlehaushalte es gegeben hat, muss zuerst die Gesamthaushaltszahl bestimmt werden. Hierzu stellen wir die Formel um: $G= W \div p\,\% \times 100\,\% = 260$ Mio. $\div\, 65\,\% \times 100\,\% = 400$ Mio. Mit Hilfe des berechneten Grundwerts lässt sich in Teilschritt zwei der Prozentwert durch $W = p\,\% \times G = 35\,\% \div 100\,\% \times 400$ Mio. = 140 Mio. ermitteln.

Zu 3.: a) Einsetzen in die Formel bringt: $p = 16 \div 250 \times 100\,\% = 6{,}4\,\%$.

Zu 4.: b) Mit $p = 120\,\%$ und $W = 900$ Euro erhält man: $G = W \div p \times 100\,\% = 750$ Euro. Der Prozentsatz p wird so gewählt, da man im Vorjahr 100 % hatte und jetzt durch die Zinsen 20 % dazugekommen sind.

Zu 5.: a) Wird die Gleichung nach dem Prozentwert W umgestellt und für $p = 20\,\%$ und $G = 50.000$ Euro gewählt, so erhält man: $W = p\,\% \times G = 10.000$ Euro

Zu 6.: b) Entsprechen 500 Euro gleich 100 %, so verdoppelt sich dieser Wert, um auf 200 % zu kommen. Antwort b) ist korrekt.

Zu 7.: d) $p = 16 \div 32 \times 100\,\% = 50\,\%$. In diesem Fall wird mit 100 % multipliziert, da das Resultat in Prozent gewünscht ist. Ist nur das Verhältnis gefragt, so stimmt Antwort d) ebenfalls.

Zu 8.: b) Mit W = 80 Einheiten und p = 8 %: G = W ÷ p × 100 % = 1.000 Einheiten.

Zu 9.: a) Bei dieser Aufgabe ist zu beachten, dass G und W richtig gewählt werden: Da es sich um eine Steigerung handelt, wird der Prozentsatz auch über 100 % betragen.

Daher müssen nach der Berechnung p = 0,30 ÷ 0,25 × 100 % = 120 %, mit W = 0,30 Euro und G = 0,25 Euro, die anfänglichen 100 % abgezogen werden, um auf die reine Steigerung zu kommen.

Zu 10.: c) Siehe Lösung Aufgabe 5: W = p % × G = 1,20 Euro

Zu 11.: c) Die große Gefahr ist hierbei, dass anstatt mit 2.000 Beschäftigten nur mit dem Anteil der Männer von 1.500 Arbeitern gerechnet wird. Eingesetzt ergibt dies: p = 500 ÷ 2.000 × 100 % = 25 %

Zu 12.: b) p = 18 ÷ 90 × 100 % = 20 %

Zu 13.: b) Siehe Lösung Aufgabe 5: W = p % × G = 3,00 Euro

Zu 14.: d) p = 6 ÷ 300 × 100 % = 2 %

Zu 15.: a) Diese Aufgabe besteht aus zwei Teilschritten: die Berechnung der Anzahl an Autos, die mit großer Wahrscheinlichkeit zu schnell fahren, und der daraus resultierenden Gesamtsumme. Für Ersteres dient die Formel W = p % × G = 210 Autos, mit p = 10 % und G = 2.100 Autos. Da jedes Auto durchschnittlich 10 € bezahlt, lautet das Resultat in Teilschritt 2: 210 × 10 € = 2.100 €.

Zu 16.: d) Siehe Lösung Aufgabe 5: W = p % × G = 72 Stück. Hierbei ist zu beachten, dass nicht die im Text erwähnten 10 % für p gewählt werden, sondern die verbleibenden 90 %.

Zu 17.: c) Die Ende April 2015 1.350 Inhaftierten entsprechen 96%, die aus dem Vorjahr 100%. Daraus ergibt sich: 1.350 × 4% =54
100 % = 1.350 + 54 = 1.404

Zu 18.: c) Da nach den Verkehrsunfällen gefragt ist, welche weder von PKWs noch Motorrädern verursacht worden sind, müssen von den 9.640 Toten insgesamt 4.820 Opfer (Summe der Motorrad- und PKW-Unfälle) subtrahiert werden. So berechnet sich p nach: p = 4.820 ÷ 9.640 × 100 % = 50 %

## Zinsrechnung

Die **Deutsche Zinsmethode** sieht vor, dass jeder Monat mit 30 Zinstagen und ein gesamtes Jahr mit 360 Zinstagen gerechnet wird. Somit werden Monate, die als Ganzes zwischen Anfangsdatum und Enddatum des Zinszahlungszeitraums liegen, unabhängig von ihrer tatsächlichen Tagesanzahl mit je 30 Tagen gezählt.

Löse alle Aufgaben und trage das Ergebnis entsprechend ein. Bei Rechenaufgaben darfst du Nebenrechnungen auf ein Notizblatt schreiben.

Zeit: **10 Minuten**

1. Ein Kapital von 22.500 € wird zu einem Zinssatz von 7,5 % angelegt. Wie hoch ist der Zins nach neun Monaten und zehn Tagen?

Ergebnis: ___________ €

2. Das Haus der Familie Müller ist mit einer Hypothek belastet. Familie Müller zahlt bei einem Zinssatz von 8,5 % monatlich 637,50 € Zinsen. Wie hoch ist die Hypothek?

Ergebnis: ___________ €

3. Herr Schmidt kauft ein Auto zum Preis von 13.750 € und lässt diese Summe vom Auto-händler finanzieren. In einem Jahr hat Herr Schmidt 15.331,25 € gezahlt. Wie hoch war der Zinssatz?

Ergebnis: ___________ %

4. Zum Bau eines Einfamilienhauses benötigt Familie Koch eine Hypothek von 150.000 €. Die Zinsen für die ersten fünf Jahre sind auf 6 % pro Jahr festgelegt. Außerdem muss Familie Koch 1 % Tilgung pro Jahr zahlen. Wie hoch sind die monatlichen Kosten der Familie Koch?

Ergebnis: ___________ €

5. Ein Sparer erhält für sein Kapital von 42.500 € bei einem Zinssatz von 6,5 % 552,50 € ausgezahlt. Wie lange war das Kapital angelegt?

Ergebnis: ___________ Tage

6. Für ein Darlehn von 33.000 € mussten bei einem Zinssatz von 8 % insgesamt 9.240 € an Zinsen gezahlt werden. Nach welcher Zeit wurde das Darlehen abgelöst?

Ergebnis: __________ Monate

7. Ein Kleinwagen kostet 15.600€, wenn er bar bezahlt wird. Das Auto kann auch in zwei Raten zu 8.000 € bezahlt werden, wobei die erste Rate sofort und die zweite zu einem späteren Zeitpunkt ist. Wie viel beträgt der Zinssatz, den der Verkäufer bei diesem Abzahlungsgeschäft verlangt?

Ergebnis: ___________ %

8. Deine Eltern haben für dich auf der Bank Festgeld bei einem Zinssatz von 3,00 % angelegt. Nach einem Jahr werden dir auf deinem Sparbuch dafür 45 € Zinsen gutgeschrieben.

a) Berechne, wie viel Geld deine Eltern für dich angelegt haben.

b) Berechne, wie viel Zinsen du in zehn Tagen erhältst.

Ergebnis:

a) = ___________ €

b) = ___________ €

Mögliche Lösungswege: Zinsrechnung

Zu 1.: **1.312,50 €**
Jahreszins = 22.500 € × 7,5 % ÷ 100 %= 1.687,50€
Tageszins = 1.687,50 € ÷ 360 = 4,6875 €
Gesamtzins = 4,6875 € × 280 = 1.312,50 €

Zu 2.: **90.000 €**
Jahreszahlung= 637,50 € × 12 = 7.650 €
Kapital = 7.650 € ÷ 8,5 % × 100 % = 90.000 €

Zu 3.: **11,5 %**
Zinszahlung = 15.331,25 € - 13.750 €= 1.581,25 €
Prozentwert= 1.581,25 € ÷ 13.750 € × 100 % = 11,5 %

Zu 4.: **875 €**
Jahreszins = 150.000 € ÷ 100 % × 7 % = 10.500 €
Monatszins = 10.500 € ÷ 12 = 875€

Zu 5.: **72 Tage**
Jahreszins = 42.500 € × 6,5 % ÷ 100 %= 2.762,50 €
Tageszins = 2.762,50 € ÷ 360 = 7,67361111 €
Anlagedauer = 552,50 € ÷ 7,67361111 € = 72

Zu 6.: **42 Monate**
Jahreszins = 33.000 € × 8 % ÷ 100 % = 2.640 €
Monatszins = 2.640 € ÷ 12 = 220 €
Anlagedauer = 9.240 € ÷ 220 € = 42

Zu 7.: **5,263 %**
Der Verkäufer leiht dem Käufer 7.600 Euro und verlangt dafür eine „Gebühr“ von 400 Euro.
Zinssatz = 400 € × 100 % ÷ 7.600 € = 5,263 %

Zu 8. a) **1.500€**, b) **1,25 €**
Zu a): Anlagesumme = 45 € × 100 % ÷ 3 % = 1.500 €
Zu b) Tageszins = 45 € ÷ 360 = 0,125 €
Tageszins = 0,125 € x 10 = 1,25 €

## Dreisatz

Der Dreisatz (auch Verhältnisgleichung genannt) ist ein Lösungsverfahren, um in den meisten Fällen aus drei gegebenen Werten eines Verhältnisses den unbekannten vierten Wert zu berechnen. Dabei unterscheidet man bei der Schwierigkeit der Aufgaben zwischen einem einfachen Dreisatz (je mehr A, desto mehr B), umgekehrten Dreisatz (Je mehr A, desto weniger B) und zusammengesetzten Dreisatz (beispielsweise je mehr A und je weniger B, desto mehr C).

**Beispiel**
Das folgende Beispiel soll dir helfen, die Vorgehensweise zur Lösung von Dreisatzaufgaben ins Gedächtnis zu rufen:

Beispielaufgabe: Drei Hamburger kosten neun Euro. Wie viel kosten vier Hamburger?

Meistens wird bei Dreisatzaufgaben versucht, zunächst den Wert für eine Sache zu berechnen. In diesem Fall also der Preis für einen Hamburger.

Da drei Hamburger neun Euro kosten, berechnen wir 9 Euro ÷ 3 Hamburger = 3 Euro pro Hamburger. Ein Hamburger kostet also 3 Euro.

Da an der Stelle nach vier Hamburgern gefragt ist, berechnen wir: 4 × 3 Euro = 12 Euro. Vier Hamburger kosten also 12 Euro.

Zeit: **20 Minuten**

1. Anlässlich des Firmenjubiläums von sechs Mitarbeitern, welche zusammen 60 Jahre bei dieser Firma arbeiten, erhalten diese eine Prämie von insgesamt 1.200 Euro. Die Prämie errechnet sich nach der Anzahl der Dienstjahre. Karim Schuster wird nächstes Jahr sein 15-jähriges Jubiläum erreichen und überlegt, ob er mit der Prämie seinen Jahresurlaub zahlen kann, der 540 Euro kosten wird. Kann er das?
a) Ja, er kann den Urlaub mit der Prämie zahlen.
b) Nein, er kann den Urlaub nicht mit der Prämie zahlen.
c) Ja, es bleibt sogar noch was für Cocktails übrig.
d) Ja, wenn er noch 80 Euro dazuzahlt.

2. Eine Belegschaft von zwölf Arbeitern hat in je acht Stunden an sieben Tagen 390.000 Federn produziert. Über einen Zeitraum von 16 Tagen sollen 2.340.000 Federn produziert werden. Wie viele Arbeiter werden am Band benötigt, wenn acht Stunden am Tag gearbeitet wird?
a) unter 20 Arbeiter
b) zwischen 20 und 29 Arbeiter
c) zwischen 30 und 36 Arbeiter
d) mehr als 36 Arbeiter

3. Zwei Pumpen füllen in sechseinhalb Stunden einen Pool, welcher 13.000 Liter fasst. Für einen Pool, der 21.000 Liter fasst, werden drei dieser Pumpen verwendet. Wie lange benötigen diese Pumpen, um den Pool zu füllen?
a) vier Stunden
b) fünf Stunden
c) sechs Stunden
d) sieben Stunden

4. Hans möchte Rindfleisch kaufen. 450 g kosten 13,50 Euro. Was kostet ein Kilogramm Rindfleisch?
a) 28 Euro
b) 27 Euro
c) 45 Euro
d) 30 Euro

5. Für die Vorbereitungen auf einen Tornado stattet Familie Frisch ihren Bunker aus. Vor einigen Jahren ist das Ehepaar mit neun Konserven und zwölf Litern Wasser für drei Tage ausgekommen. Mittlerweile hat das Ehepaar zwei Kinder und möchte sich im Notfall für fünf Tage versorgen können. Wie viele Konserven und wie viel Liter Wasser sollte die Familie in den Bunker bringen, wenn jede Person die gleiche Menge verbraucht?
a) zehn Konserven und 15 Liter Wasser
b) 15 Konserven und 25 Liter Wasser
c) 20 Konserven und 30 Liter Wasser
d) 30 Konserven und 40 Liter Wasser

6. Aus drei Brunnen können maximal 24 Familien mit Wasser versorgt werden. Wie viele Familien können aus 20 Brunnen mit Wasser versorgt werden?
a) 160 Familien
b) 140 Familien
c) 120 Familien
d) 150 Familien

7. Ein Weizenfeld wird von fünf Mähdreschern in neun Tagen bestellt. Wie lange brauchen 15 Mähdrescher dafür?
a) drei Tage
b) vier Tage
c) fünf Tage
d) sechs Tage

8. Zwei Maurer brauchen 48 Stunden, um eine Mauer hochzuziehen. Wie viele Stunden benötigen sechs Maurer für die gleiche Arbeit?
a) zehn Stunden
b) 16 Stunden
c) 18 Stunden
d) 24 Stunden

9. Mona ist 24 Kilometer gefahren und hat 1,2 Liter Benzin verbraucht. Wie viel Liter verbraucht sie auf 100 Kilometern?
a) zehn Liter
b) fünf Liter
c) acht Liter
d) 2,4 Liter

10. Um ein Waldstück von 80.000 Quadratmetern abzusuchen, benötigen zehn Polizisten 40 Stunden. Wie lange benötigen fünf Polizisten für eine Fläche von 50.000 Quadratmetern?
a) 25 Stunden
b) 50 Stunden
c) 80 Stunden
d) 100 Stunden

11. Für die Strecke von der Polizeiwache zum Einsatzort benötigt der Fahrer 24 Minuten bei der zulässigen Höchstgeschwindigkeit von 80 km/h. Mit Blaulicht kann er etwa 40 km/h schneller fahren. Wie lange benötigt er für die Strecke, wenn er das Blaulicht verwendet?
a) vier Minuten
b) 16 Minuten
c) 20 Minuten
d) 48 Minuten

12. Für die Fertigstellung eines Rohbaus von einem neuen Gebäudeteil benötigen vier Bauarbeiter, die täglich sieben Stunden arbeiten, 20 Tage. Ein Maurer hatte einen Arbeitsunfall. Die übrigen Bauarbeiter können den Verlust etwas kompensieren, indem sie täglich eine Stunde länger arbeiten, also acht Stunden am Tag. Wie viele Tage dauert es nun, bis der neue Gebäudeteil fertiggestellt wird?
a) zirka 20 Tage
b) zirka 21 Tage
c) zirka 23 Tage
d) zirka 33 Tage

13. Zwei Fliesenleger benötigen für das Fliesen einer 32 Quadratmeter großen Garage vier Stunden. Wie lange brauchen fünf Fliesenleger für 40 Quadratmeter?
a) fünf Stunden
b) vier Stunden
c) drei Stunden
d) zwei Stunden

14. Um eine Mauer von 32 Quadratmeter zu ziehen, brauchen zwei Maurer vier Stunden. Wie lange brauchen drei Maurer für eine 144 Quadratmeter Mauer?
a) zehn Stunden
b) elf Stunden
c) zwölf Stunden
d) 15 Stunden

15. Für eine Strecke benötigt man neun Stunden bei einer Geschwindigkeit von 80 km/h. Wie hoch muss die Geschwindigkeit sein, wenn man diese Strecke in sechs Stunden schaffen möchte?
a) 90 km/h
b) 100 km/h
c) 110 km/h
d) 120 km/h

16. Ein leitender Angestellter möchte vom Unternehmen ein Geschäftsauto gestellt bekommen. Er muss allerdings ein Prozent des Kaufwertes monatlich versteuern. Wie viel Euro muss er im Jahr zusätzlich versteuern, wenn das Geschäftsauto 32.000 Euro kostet?
a) 8.340 Euro
b) 3.840 Euro
c) 320 Euro
d) 3.200 Euro

17. Ein Polizeiauto verbraucht auf 100 Kilometer etwa neun Liter Benzin. Wie viel Benzin benötigt dieses Auto für 350 Kilometer?
a) 31,5 Liter Benzin
b) 32 Liter Benzin
c) 32,5 Liter Benzin
d) 33,5 Liter Benzin

18. Für eine kleine Feier zum Einstand plant Lara, für sich und ihre elf Kollegen 60 Euro für Getränke ein. Kurzfristig melden sich vier Personen ab. Für das übrige Geld möchte sie nun noch einen edlen Tropfen kaufen. Wie viel Geld kann sie dafür ausgeben?
a) 15 Euro
b) 20 Euro
c) 25 Euro
d) 30 Euro

19. In fünf Tagen schaffen es zwei Paketdienste 800 Päckchen auszuliefern. Wie viele Päckchen können maximal ausgeliefert werden, wenn drei Paketdienste nur zwei Tage Zeit haben?
a) 480 Päckchen
b) 1.200 Päckchen
c) 240 Päckchen
d) 320 Päckchen

20. Von einem Containerschiff werden in 30 Minuten sieben Container entladen. Wie lange dauert die Entladung von 56 weiteren Containern?
a) vier Stunden
b) fünf Stunden
c) sechs Stunden
d) sieben Stunden

21. Vier Arbeiter benötigen zwölf Arbeitsstunden, um ein Waldstück vollständig zu roden. Welche Zeit benötigen zehn Arbeiter für dieselben Rodungsarbeiten?
a) vier Stunden 48 Minuten
b) vier Stunden acht Minuten
c) vier Stunden 36 Minuten
d) vier Stunden 54 Minuten

22. Ein Student gibt an 14 Tagen im Monat jeweils fünf Euro in der Mensa aus. Für wie viele Tage würde das gleiche Geld reichen, wenn er jeweils nur 3,50 Euro ausgeben würde?
a) 20 Tage
b) 25 Tage
c) 17 Tage
d) 19 Tage

Lösungen: Dreisatz

| | | |
|---|---|---|
| 1. b) | 9. b) | 17. a) |
| 2. c) | 10. b) | 18. b) |
| 3. d) | 11. b) | 19. a) |
| 4. d) | 12. c) | 20. a) |
| 5. d) | 13. d) | 21. a) |
| 6. a) | 14. c) | 22. a) |
| 7. a) | 15. d) | |
| 8. b) | 16. b) | |

Zu 1.: b) Da die Prämie anhand der geleisteten Dienstjahre aufgeteilt wird, muss als Erstes ermittelt werden, wie viel Prozent Karim Schuster von dem Geld erhält. Dazu erfolgt die Rechnung: p = 15 ÷ 60 × 100 % = 25 % (siehe hierzu Kapitel Prozentrechnung). Um nun Karim Schusters Summe zu errechnen, multipliziert man die 1.200 Euro mit 0,25 (1 = 100 %, 0,25 = 25 %) und erhält einen Betrag von 300 Euro. Daher kann er den Urlaub nicht vollständig mit seiner Prämie bezahlen.

Zu 2.: c) Zuerst wird berechnet, wie viele Federn ein Arbeiter pro Tag herstellen kann: 390.000 Federn ÷ 7 Tage = 55.714 Federn/Tag. Auf einen Mitarbeiter kommen somit 55.714 Federn ÷ 12 Arbeiter = 4.643 Federn. Wenn nun 2.340.000 Federn in 16 Tagen produziert werden sollen, müssen 2.340.000 Federn ÷ 16 Tage = 146.250 Federn/Tag hergestellt werden. Durch den ersten Schritt liegt die Erkenntnis vor, dass ein Mitarbeiter 4.643 Federn/Tag schafft. Somit werden 146.250 Federn ÷ 4.643 Federn = 31,5 (Mitarbeiter) benötigt.

Zu 3.: d) Wenn zwei Pumpen 13.000 Liter befördern, trägt jede der beiden mit 6.500 Liter bei. Da sie den Pool in 6,5 Stunden befüllen, werden 1.000 Liter pro Stunde gepumpt (6.500 Liter/6,5h = 1.000 Liter/h). Für einen Pool mit 21.000 Liter Fassvermögen und drei Pumpen wird die gleiche Rechnung angewendet. Jede Pumpe trägt mit 7.000 Liter Gesamtvolumen bei. Bei 1.000 Liter pro Stunde brauchen die drei Pumpen also sieben Stunden, um den Pool zu füllen.

Zu 4.: d) Der klassische Dreisatz lässt sich auch grafisch lösen:
450 g → 13,50 Euro
1.000 g → x
x = 1.000 ÷ 450 × 13,50 Euro = 30 Euro

Zu 5.: d) Wenn zwei Personen zwölf Liter Wasser und neun Konserven in drei Tagen verbrauchen, so verbrauchen sie zu zweit pro Tag 12 Liter ÷ 3 = 4 Liter Wasser und 9 Konserven ÷ 3 = 3 Konserven pro Tag. Um nun den Fünf-Tages-Vorrat für vier Personen zu bestimmen, werden die Pro-Tag-Mengen mal zwei multipliziert und anschließend mal fünf: 4 Liter × 2 (Zwei Menschen werden zu einer „Einheit" zusammengefasst.) × 5 Tage = 40 Liter und 3 Konserven × 2 × 5 = 30 Konserven

Zu 6.: a) Wenn drei Brunnen 24 Familien versorgen, versorgt ein Brunnen allein maximal acht Familien. Somit können von 20 Brunnen acht Familien × 20 = 160 Familien leben.

Zu 7.: a) Fünf Mähdrescher benötigen neun Tage für ein Feld. Wird nun aber die dreifache Menge an Mähdreschern eingesetzt, so brauchen sie nur ein Drittel der Zeit, ergo drei Tage.

Zu 8.: b) Zwei Maurer arbeiten 48 Stunden für eine Mauer, somit beträgt die Arbeitszeit für einen Maurer, um eine Mauer hochzuziehen, 96 Stunden. Arbeiten nun sechs Maurer gleichzeitig, minimiert sich die Arbeitszeit auf 96 Stunden ÷ 6 Arbeiter = 16 Stunden.

Zu 9.: b) Siehe Lösung Aufgabe 4: x = 100 ÷ 24 × 1,2 l = 5 Liter

Zu 10.: b) Ein Polizist sucht pro Stunde 200 Quadratmeter ab (80.000 ÷ 10 ÷ 40 = 200). Für eine Fläche von 50.000 Quadratmetern benötigen somit fünf Polizisten 50 Stunden Zeit. (50.000 ÷ 200 ÷ 5 = 50 Stunden).

Zu 11.: b) Mit Blaulicht fährt der Fahrer 120 km/h. Ohne Blaulicht bewegt sich der Fahrer nur mit zwei Drittel der Geschwindigkeit fort. Braucht er also mit 80 km/h 24 Minuten, so legt er die Strecke mit höherem Tempo in einer Zeit von ⅔ × 24 Minuten = 16 Minuten zurück (Er spart sich somit ein Drittel der Zeit, da er um ein Drittel schneller fährt mit Blaulicht.).

Zu 12.: c) Insgesamt arbeiten vier Bauarbeiter 560 Stunden, um den Rohbau fertigzustellen: 4 Arbeiter × 7 Stunden = 28 Stunden Gesamtarbeitszeit pro Tag, 28 Stunden × 20 Tage = 560 Stunden. Drei Arbeiter, die jeden Tag acht Stunden arbeiten, weisen eine Gesamtarbeitszeit von 24 Stunden pro Tag auf. Somit folgt: 560 Stunden ÷ 24 Stunden (je Tag) = 23,33 Tage

Zu 13.: d) Zwei Fliesenleger brauchen vier Stunden für 32 Quadratmeter. Ein Fliesenleger bearbeitet somit in vier Stunden 16 Quadratmeter. In einer Stunde daher 16 Quadratmeter ÷ 4 Stunden = 4 Quadratmeter. Arbeiten fünf Fliesenleger gleichzeitig, schaffen sie in einer Stunde 20 Quadratmeter. Da die doppelte Fläche zu fliesen ist, benötigen sie zwei Stunden.

Zu 14.: c) Siehe Lösung Aufgabe 13: In einer Stunde schafft ein Maurer vier Quadratmeter, daher ziehen drei Maurer zwölf Quadratmeter Mauer in einer Stunde hoch.

Da die zu bauende Mauer 144 Quadratmeter Fläche besitzt, benötigen drei Maurer zwölf Stunden: 144 Quadratmeter ÷ 12 Quadratmeter pro Stunde = 12 Stunden

Zu 15.: d) Mit Hilfe der Formel s = v × t, wobei s für die zurückgelegte Strecke, t für die Zeit und v für die Geschwindigkeit steht, ermittelt man zuerst die Gesamtstrecke: s = 80 km/h × 9 h = 720 km. Wird die Zeitspanne verringert, so muss die Geschwindigkeit zunehmen: v = s ÷ t = 720 km ÷ 6 h = 120 km/h

Zu 16.: b) Die monatliche Steuer des Angestellten beträgt 32.000 Euro × 0,01 = 320 Euro. Somit muss er jährlich 320 Euro × 12 = 3.840 Euro Abgaben zahlen.

Zu 17.: a) Für 100 km verbraucht das Auto neun Liter Benzin. Fährt er jetzt 3,5-mal so viel, steigt auch sein Verbrauch um das 3,5-fache: 9 Liter Benzin × 3,5 = 31,5 Liter Benzin.

Zu 18.: b) Die eingeplanten 60 Euro verteilen sich gleichmäßig auf zwölf Gäste: 60 Euro ÷ 12 Gäste = 5 Euro pro Gast. Sagen nun vier Gäste ab, stehen Lara 20 Euro zum Kauf eines edlen Tropfens zur Verfügung: 5 Euro × 4 = 20 Euro

Zu 19.: a) Zwei Paketdienste liefern in fünf Tagen 800 Päckchen aus. Daher liefert ein Paketdienst 400 Päckchen in fünf Tagen und 80 Pakete an einem Tag aus: 800 Päckchen ÷ 2 = 400 Päckchen, 400 Päckchen ÷ 5 Tage = 80 Pakete pro Tag. Stellen drei Lieferanten gleichzeitig 80 Pakete am Tag zu, schaffen sie in Summe 240 pro Tag. Da sie zwei Tage Zeit haben, verdoppelt sich der Wert: 240 Pakete pro Tag × 2= 480 Pakete pro Tag

Zu 20.: a) In 30 Minuten können sieben Container entladen werden. Insgesamt fehlen noch 56 = 7 × 8 Container. Wie zu erkennen ist, ist die Zahl 56 das Achtfache von sieben, daher dauert die Entladung noch 8 × 0,5 Stunden = 4 Stunden.

Zu 21.: a) Die Gesamtarbeitszeit der vier Arbeiter beträgt 4 × 12 Stunden = 48 Stunden. Verteilen sich diese Stunden auf zehn Arbeiter, so benötigen sie 4,8 Stunden bei gleichzeitigem Roden. Zu beachten ist, dass eine Umrechnung in Minuten erfolgen muss: 60 Minuten × 0,8 (da 80 % der Stunde benötigt wird) = 48 Minuten

Zu 22.: a) Der Student verbraucht insgesamt 14 Tage × 5 Euro = 70 Euro in der Mensa. Reduziert er seinen täglichen Verzehr auf 3,50 Euro, so kann er an 70 ÷ 3,50 Euro pro Tag = 20 Tagen davon essen.

## Sprachanalogien

Sogenannte Sprachanalogien werden in zahlreichen Aufnahmetests verwendet. Die Aufgabe dabei ist, die Wortgleichung sinnvoll zu ergänzen. Das erste und zweite Wort in der Gleichung stehen in einer Beziehung zueinander. Ziel ist es, zwischen dem dritten und dem Lösungswort eine ähnliche Beziehung herzustellen. Richtig ist immer nur eine Lösung.

Zeit: **10 Minuten**

1. Linde / Eiche = Dackel / ?
a) Boxer
b) Hund
c) Vierbeiner
d) Schnauze

2. Bleistift / spitzen = Messer / ?
a) schneiden
b) stechen
c) schleifen
d) scharf

3. Bluse / T-Shirt = kurze Hose / ?
a) Rock
b) Unterhose
c) BH
d) Unterwäsche

4. Herbst / Apfel = Obst / ?
a) Sommer
b) Monat
c) Jahreszeit
d) Gemüse

5. Mensch / Nahrung = Auto / ?
a) Getriebe
b) Benzin
c) Reifen
d) Vordersitz
e) Windschutzscheibe

6. Obst / Banane = Gemüse / ?
a) Gurke
b) Kiwi
c) Apfel
d) Orange
e) Grapefruit

7. Küken / Vögel = Baby / ?
a) Rentner
b) Erwachsener
c) Jugendlicher
d) Homo Sapiens
e) Kleinkind

8. Skateboard / fahren = Pferd / ?
a) dressieren
b) reiten
c) füttern
d) schlachten
e) streicheln

9. hoch / tief = schnell / ?
a) lang
b) unendlich
c) breit
d) weit
e) langsam

10. Papier / Stift = Wand / ?
a) Schere
b) Kleber
c) Perforator
d) Wandfarbe
e) Tapete

11. Tee / Wasser = Kaffee / ?
a) Bohnen
b) Tasse
c) Wasser
d) Kanne
e) Schwarz

12. wenig / viel = null / ?
a) unendlich
b) nichts
c) mehr
d) ein bisschen
e) 1.000

13. Flugzeug / Himmel = Deutschland / ?
a) Universum
b) Berge
c) Land
d) Amerika
e) Europa

14. lachen / Freude = weinen / ?
a) Spaß
b) lustig
c) Trauer
d) Ekel
e) Tränen

15. Sommer / Sonne = Winter / ?
a) Blumen
b) kalt
c) langweilig
d) Schnee
e) Frühling

16. Morgen / Kind = Abend / ?
a) Mensch
b) Erwachsener
c) Frau
d) Junge
e) Affe

17. Herz / Mensch = Adler / ?
a) Krieg
b) Himmel
c) Sand
d) Frieden
e) Hass

18. Tier / Fell = Baum / ?
a) Wurzel
b) Rinde
c) Ast
d) Blätter
e) Stamm

19. Kilogramm / Gewicht = Minute / ?
a) Armbanduhr
b) Stunde
c) Tag
d) Zeit
e) Jahr

20. Meter / Länge = Unze / ?
a) Gold
b) Römer
c) Entfernung
d) Zeit
e) Masse

21. Hamburger / USA = Fish and Chips / ?
a) Deutschland
b) Großbritannien
c) Polen
d) Russland
e) Frankreich

22. vorwärts / rückwärts = rechts / ?
a) oben
b) unten
c) links
d) vorne
e) hinten

Lösungen: Sprachanalogien

| | | |
|---|---|---|
| 1. a) | 9. e) | 17. b) |
| 2. c) | 10. d) | 18. b) |
| 3. a) | 11. c) | 19. d) |
| 4. c) | 12. a) | 20. e) |
| 5. b) | 13. e) | 21. b) |
| 6. a) | 14. c) | 22. c) |
| 7. e) | 15. d) | |
| 8. b) | 16. b) | |

Zu 1.: a) In diesem Fall passt nur Lösung a), da es sich hierbei um eine Hunderasse handelt. Linde und Eiche sind zwei verschiedene Baumarten, Dackel und Boxer zwei Hunderassen.

Zu 2.: c) Einen Bleistift spitzt man, ein Messer schleift man. Beides sind Methoden, um den jeweiligen Gegenstand in den Optimal-Zustand zu versetzen.

Zu 3.: a) Bluse ist die elegante, T-Shirt die legere Variante eines Oberteils. Gleicher Zusammenhang gilt für Rock und kurzer Hose.

Zu 4.: c) Es werden die Oberbegriffe gesucht: Apfel → Obst, Herbst → Jahreszeit.

Zu 5.: b) Ein Mensch benötigt Nahrung zum Überleben, ein Auto funktioniert nur mit ausreichend Benzin.

Zu 6.: a) Die Banane gehört eindeutig in die Kategorie Obst. In den Antwortmöglichkeiten steht nur eine Gemüsesorte, daher muss Gurke die richtige Lösung sein.

Zu 7.: e) Küken entwickeln sich ohne Zwischenschritt zu Vögeln. Da der Mensch mehrere Stadien durchläuft, aber nur nach dem Folgeprozess gefragt wurde, ist Antwort e) Kleinkind richtig.

Zu 8.: b) Der Zusammenhang besteht in der richtigen Fortbewegungsmöglichkeit. Ein Skateboard fährt man, ein Pferd wird geritten.

Zu 9.: e) In dieser Aufgabe werden Gegensätze abgefragt: hoch / tief und schnell / langsam.

Zu 10.: d) Mit einem Stift wird ein Papier beschrieben, analog dazu mit Wandfarbe die Wand gestrichen.

Zu 11.: c) Das Entscheidende ist nicht die Herstellung des Grundprodukts (Teeblätter, Kaffeebohnen), sondern die Zutat, die zur Fertigstellung des Getränks verwendet wird – in beiden Fällen ist dies Wasser.

Zu 12.: a) siehe Lösung Aufgabe 9

Zu 13.: e) Das Flugzeug fliegt im Himmel, Deutschland liegt auf dem Kontinent Europa. Die geografische Lage ist entscheidend.

Zu 14.: c) Freude wird oft empfunden, wenn man lacht. Trauer hingegen, wenn man weint.

Zu 15.: d) Das charakteristische Merkmal für den Sommer ist die Sonne. Für den Winter ist Schnee typisch.

Zu 16.: b) Wird das Leben als Tag betrachtet, ist der Mensch am Morgen ein Kind und am Abend ein Erwachsener.

Zu 17.: b) Das Herz befindet sich im Brustkorb des Menschen, der Adler verbringt die meiste Zeit im Himmel. Der richtige Lebensraum ist gefragt.

Zu 18.: b) Der Körper eines Tieres ist von einem Fell ummantelt, genauso wie ein Baum von Rinde ummantelt ist.

Zu 19.: d) Kilogramm ist eine Maßeinheit für das Gewicht. Die Zeit wird unter anderem in Minuten gemessen.

Zu 20.: e) Meter ist ein Längenmaß, genauso wie eine Unze eine Gewichtseinheit ist.

Zu 21.: b) Ein typisches Gericht in den USA sind Hamburger. Großbritannien ist bekannt für Fish and Chips.

Zu 22.: c) In dieser Aufgabe werden Gegensätze abgefragt: vorwärts / rückwärts und rechts / links.

## Textaufgaben

Textaufgaben sind im Einstellungstest eine wirkungsvolle Methode, um unsere Abstraktionsfähigkeit und gleichzeitig die rechnerische Fähigkeit auf die Probe zu stellen. Zeit: **20 Minuten**

1. Jemand sagt: „In zwei Jahren bin ich doppelt so alt wie ich vor vier Jahren war." Wie alt ist die Person?
a) zehn
b) zwölf
c) acht
d) 13

2. Wer ist am schnellsten? Liam ist langsamer als Anna. Anna ist schneller als Emilia. Liam ist langsamer als Kevin. Kevin ist schneller als Anna.
a) Liam
b) Anna
c) Emilia
d) Kevin

3. Arthur ist leichter als Benjamin, aber schwerer als Johanna.
Johanna ist schwerer als Peter. Wer ist der Schwerste?
a) Arthur
b) Benjamin
c) Johanna
d) Peter

4. Zwei Länder haben insgesamt zehn Einwohner. Niemand, der mehr als 85 Kilogramm wiegt, kann Präsident eines Landes werden. Die Einwohner der Länder sind jeweils 88 kg, 86 kg, 84 kg, 75 kg, 95 kg, 105 kg, 78 kg, 85 kg, 86 kg und 87 kg schwer. Wie viele Präsidenten gibt es?
a) fünf
b) sechs
c) drei
d) zwei

5. Du meldest dich zu einem Wettlauf an. Beim Endspurt überholst du den fünften Läufer, wirst dann aber von zwei anderen Läufern überholt. Mit welcher Platzierung läufst du ins Ziel ein?
a) vierter
b) fünfter
c) sechster
d) siebter

6. Wenn sechs Äpfel ein Kilogramm wiegen, wie viele Äpfel wiegen dann 2,5 Kilogramm?
a) zwölf
b) 16
c) 15
d) 13

7. Wer ist am stärksten? Andreas ist schwächer als Linus. Henry ist stärker als Patrick. Patrick ist stärker als Linus.
a) Andreas
b) Henry
c) Patrick
d) Linus

8. Wer ist am sorgfältigsten? Michael ist sorgfältiger als Ben. Annika ist sorgfältiger als Sarah. Annika ist lässiger als Ben. Sarah ist lässiger als Ben.
a) Michael
b) Ben
c) Sarah
d) Annika

9. Morgen ist Montag. Welcher Tag war einen Tag vor gestern?
a) Samstag
b) Freitag
c) Donnerstag
d) Sonntag

10. Jeder Cousin hat gleich viele Cousinen wie Cousins. Jede Cousine hat doppelt so viele Cousins wie Cousinen. Wie viele Cousinen gibt es in der Familie?
a) vier
b) drei
c) acht
d) eine

11. Eine Biene hat sechs Beine, eine Spinne sogar acht. Zusammen haben zwei Bienen und drei Spinnen genauso viele Beine wie zwölf Enten und ...
a) zwei Hunde.
b) drei Hunde.
c) sieben Hunde.
d) zwölf Hunde.

12. Wie oft kann man maximal 1,50 Euro ausgeben, wenn man 17,99 Euro hat?
a) 10,5-mal
b) 11-mal
c) 12-mal
d) 13-mal

13. Hans geht in den Supermarkt und möchte 20 Tafeln Schokolade kaufen. Eine Tafel kostet 0,89 Euro. Es gibt aber noch zwei Angebote: Angebot A – fünf Tafeln für 4,20 Euro oder das Angebot B – zehn Tafeln für 8,50 Euro. Sollte Hans ein Angebot nutzen und wenn ja, welches?
a) Hans sollte die Tafeln einzeln kaufen.
b) Hans sollte das Angebot A nutzen.
c) Hans sollte das Angebot B nutzen.
d) Die Angebote A und B sind gleichwertig.

14. Zwei Hasen benötigen acht Tage, um das Gras eines Rasens komplett aufzufuttern. Wie viele Tage benötigen zehn Hasen?

a) 1,8 Tage
b) zwei Tage
c) 1,4 Tage
d) 1,6 Tage

Lösungen: Textaufgaben

| | | |
|---|---|---|
| 1. a) | 6. c) | 11. b) |
| 2. d) | 7. b) | 12. b) |
| 3. b) | 8. a) | 13. b) |
| 4. d) | 9. b) | 14. d) |
| 5. d) | 10. b) | |

Zu 1.: a) Stellt man eine Gleichung auf, lässt sich das Alter leicht berechnen. Dazu wird das Alter als Variable x definiert: $x + 2 = (x - 4) \times 2$
Löst man diese Gleichung nach x auf, erhält man: $2 = x - 8 \mid + 8; x = 10$.
Daher ist das aktuelle Alter x = zehn Jahre.

Zu 2.: d) Da Kevin schneller ist als Anna und Liam, aber Emilia langsamer ist als Anna, kann nur Kevin der Schnellste sein.

Zu 3.: b) Chronologisch ist Benjamin der Schwerste, gefolgt von Arthur, dann Johanna und Paul ist der Leichteste.

Zu 4.: d) Insgesamt gibt es vier Kandidaten, da jedes Land aber nur einen Präsidenten wählt, ist Antwort d) richtig.

Zu 5.: d) Wenn ich den Fünften überhole, nehme ich den Platz als Fünftplatzierter ein. Werde ich nun zweimal überholt, rutsche ich auf den siebten Platz zurück.

Zu 6.: c) Sechs Äpfel wiegen ein Kilo, das 2,5-fache, also 2,5 kg, ergeben sich durch die 2,5-fache Anzahl an Äpfel: $6 \times 2{,}5 = 15$ Äpfel

Zu 7.: b) Henry ist der Stärkste, gefolgt von Patrick, danach Linus und Andreas ist der Schwächste.

Zu 8.: a) Da Ben sorgfältiger ist als Sarah und Annika, aber lässiger ist als Michael, ist Michael der Sorgfältigste von allen vier.

Zu 9.: b) Wenn morgen Montag ist, haben wir heute Sonntag. Gestern war Samstag und der Tag davor war Freitag.

Zu 10.: b) Zur Lösung der Aufgabe stellen wir ein Gleichungssystem mit x = Anzahl Cousins und y = Anzahl Cousinen auf:

(I) $(|x| - 1) = |y|$

(II) $(|y| - 1) = 2\ |x|$

Gleichung (I) ist aus Sicht eines Cousins, daher steht auf der linken Seite $(x - 1)$, analog dazu Gleichung (II) aus Sicht einer Cousine. Die Variablen x und y sind in Betragsstrichen, da uns die reine Anzahl und nicht das Vorzeichen interessiert. Auflösen von (I) nach x ergibt:

(I) × $|x| = |y| + 1$

Einsetzen von (I)× in (II):

(II) × $(|y| - 1) = 2 \times (|y| + 1)$

$|y| - 1 = 2|y| + 2$

$|y| = -3$

$y = |-3| = 3$

Insgesamt sind drei Cousinen in der Familie.

Zu 11.: b) Zusammen haben zwei Bienen und drei Spinnen 36 Beine: 6 Beine × 2 Bienen + 8 Beine × 3 Spinnen = 36 Beine. Zwölf Enten besitzen insgesamt 24 Beine, da 12 Enten × 2 Beine = 24 Beine sind. Somit fehlen noch insgesamt zwölf Hundebeine. Ein Hund hat vier Beine, damit ist Antwort b) richtig.

Zu 12.: b) Elfmal ist die richtige Antwort, da 17,99 Euro ÷ 1,50 Euro = 11,99 ergibt. In diesem Fall muss abgerundet werden.

Zu 13.: b) Vergleicht man die Angebote, zahlt man für den Einzelkauf 20 Tafeln × 0,89 Euro = 17,80 Euro. Nutzt man Angebot A, ergibt sich eine Summe von 16,80 Euro (4 × 4,20 Euro). Angebot B liegt im Mittelfeld mit 20 Tafeln für 17,00 Euro. Antwort b) ist somit korrekt.

Zu 14.: d) Zwei Hasen brauchen acht Tage, damit braucht ein Hase doppelt so lange (16 Tage), um den Rasen aufzufuttern. Teilen sich zehn Hasen die Arbeit, brauchen sie nur ein Zehntel der Zeit: 16 Tage ÷ 10 Hasen = 1,6 Tage.

## Reisekosten berechnen

Bei dieser Aufgabe wird dir ein Sachverhalt, zum Beispiel eine Dienstreise, geschildert. Du erhältst zudem Informationen, welche Kosten die Behörde für einzelne Tätigkeiten erhebt.

Anschließend musst du die Reisekosten für den geschilderten Einzelfall anhand der gegebenen Kostenstruktur ermitteln. In der Praxis wirst du als Verwaltungsfachangestellter solche Tätigkeiten in den Behörden wahrnehmen.

**Aufgabe 1**
Herr Müller arbeitet in einer Stadtverwaltung. Am kommenden Mittwoch muss er seine Behörde vor Gericht vertreten. Dazu wird er sich bereits am Dienstagabend auf den Weg machen, da der Sitz des Gerichts über 200 km entfernt ist und die Verhandlung bereits um 08:30 Uhr am Morgen beginnen soll. Vertreter von Behörden wie Herr Müller erhalten vom Gericht ein Abwesenheitsgeld für jede ausgefalle Arbeitsstunde in Höhe von 12,50 Euro. Die Fahrtkosten werden mit 0,50 Euro pro gefahrenen Kilometer erstattet. Zugtickets werden in voller Höhe erstattet. Für eine Übernachtung wird eine Pauschale von 50 Euro pro Nacht gewährt.

Herr Müller begibt sich bereits am Dienstagabend auf den Weg. Dazu wird er mittags sein Büro verlassen. Dabei müsste er an diesem Tag noch vier Stunden arbeiten. Er wird sich mit seinem privaten PKW auf den Weg zum 25 Kilometer entfernten Bahnhof machen. Am Bahnhof angekommen löst er sich ein Ticket für Hin- und Rückfahrt für 45 Euro. Als er am Abend an seinem Ziel ankommt, bezieht er sein Hotelzimmer. Er wird in diesem Hotel für eine Nacht bleiben. Am nächsten Morgen macht er sich mit einem Taxi auf den Weg zum Gericht. Für die Fahrt berechnet der Taxifahrer 17,50 Euro. Die Verhandlung endet um 10:00 Uhr. Herr Müller macht sich wieder mit dem Taxi auf den Weg zurück zum Bahnhof. Diesmal berechnet ihm der Taxifahrer 21,50 Euro. Am Nachmittag kommt Herr Müller wieder in seiner Heimatstadt an. Vom Bahnhof aus geht er zu seinem geparkten Fahrzeug und fährt damit 35 Kilometer nach Hause.

Insgesamt versäumt Herr Müller am Mittwoch die vollen 8,5 Arbeitsstunden.

Du bist als Sachbearbeiter in der Buchführung für die Abrechnung für Reisekosten zuständig. Bitte berechne die Aufwendungen, die Herrn Müller entstanden sind.

**Aufgabe 2**
Für die Restaurierung eines historischen Gebäudes, das sich im Besitz der Stadt Foh befindet, soll mittels eines Gutachtens untersucht werden, welche Gebäudeteile restauriert werden müssen. Dafür soll ein Gutachter beauftragt werden. Vorab möchte der zuständige Bereichsleiter wissen, in welcher Höhe dabei Reisekosten anfallen werden.

Der Gutachter legt der Stadtverwaltung vorab seine Kostentabelle vor, hier auszugsweise die Pauschalen für Reisen:

| | |
|---|---|
| Fahrtkosten | 0,50 € pro Kilometer |
| Stundensatz | 35,- € pro Stunde |
| Kosten für Parkgebühren | 50 % der entstandenen Kosten |
| Kosten für Übernachtungen | 50 % der entstandenen Kosten |

Der Gutachter, Herr Heinze, wird mit seinem privaten PKW am Vorabend anreisen. Die einfache Entfernung von seinem Büro zur Stadt Foh beträgt 200 Kilometer. Die Übernachtung im Hotel wird voraussichtlich mit 40,- € zu Buche schlagen. Das Parkticket für die Tiefgarage des Hotels kostet für eine Nacht inklusive den darauffolgenden Tag 10,00 €. Herr Heinze wird wohl einen gesamten Arbeitstag, also 8 Stunden für die Vor-Ort-Besichtigung des Gebäudes benötigen. Daraufhin macht er sich wieder mit seinem PKW auf den Weg in sein 200 Kilometer entferntes Büro.

In welcher Höhe werden Reisekosten durch die Beauftragung des Gutachters voraussichtlich entstehen?

**Aufgabe 3**

Die Stadtverwaltung Lauen plant für die Eröffnungsfeier ihrer alljährlichen Kunstausstellung die Beauftragung eines professionellen Moderators. Vorab holte man sich mehrere Angebote ein. Sie sind Mitarbeiter im Sachgebiet für Kunst und Kultur und sollen nun vorab die Reisekosten berechnen, die durch die Beauftragung von Herrn Kaiser, einer der in Frage kommenden Moderatoren, entstehen würden. Auf Anfrage hat Herr Kaiser der Stadtverwaltung bereits im Vorfeld seine Kostentabelle vorgelegt. Daraus ergeben sich die folgenden Sätze für Reisekosten:

| | |
|---|---|
| Fahrtkosten | 1,00 € pro km |
| Stundensatz | 40,00 € pro Stunde |
| Kosten für Bahntickets | 50 % werden übernommen |
| Kosten für Taxi | 50 % werden übernommen |
| Kosten für Parkgebühren | in voller Höhe |

Herr Kaiser wohnt im 150 Kilometer entfernten Ort Halle. Herr Kaiser hat vor, mit seinem privaten PKW zum Bahnhof Halle zu fahren. Die Entfernung von seinem Wohnsitz zum Bahnhof beträgt 12 Kilometer. Am Bahnhof wird er sich ein Parkticket für 24 Stunden lösen. Dieses Ticket kostet 12,50 €. Das Zugticket für die Bahnfahrt von Halle nach Lauen und zurück kostet 45,00 €. In Lauen angekommen, nimmt sich Herr Kaiser ein Taxi, um vom Bahnhof Lauen zur Kunstausstellung zu gelangen. Das Taxi wird wohl mit 7,50 € zu Buche schlagen. Herr Kaiser wird die Eröffnungsfeier moderieren. Die Eröffnungsfeier wird voraussichtlich zwei Stunden dauern. Anschließend nimmt er sich wieder für 7,50 € ein Taxi zurück zum Bahnhof und fährt mit dem Zug nach Hause. In seiner Heimatstadt angekommen setzt er sich in sein Auto und fährt wieder 12 Kilometer nach Hause.

Du bist als Sachbearbeiter in der Buchführung für die Abrechnung für Reisekosten zuständig. Bitte berechne die voraussichtlichen Aufwendungen, die durch die Beauftragung von Herrn Kaiser entstehen.

**Lösungen**

Aufgabe 1: 320,25 Euro

Aufgabe 2: 505,00 Euro

Aufgabe 3: 146,50 Euro

## Wörter ermitteln

In dieser Aufgabe sind Buchstaben durcheinander gewürfelt. In die richtige Reihenfolge gebracht, ergeben sie ein sinnvolles Wort. Setze aus den Buchstaben das Wort zusammen. Es handelt sich dabei um Substantive in der Einzahl.

Zeit: **1 Minute**

1. **A W E G A**
2. **D E U D N**
3. **P F A L E**
4. **Y A N H D**
5. **A E S N H**
6. **B D A N E**
7. **R F H Ä E**
8. **E B L K A**
9. **A L R E G**
10. **H N F A E**
11. **S D O A L**
12. **C E S E H**
13. **T M R A K**
14. **D A L N E**
15. **F P A M D**
16. **T P K A E**
17. **R T A E V**

Lösungen: Wörter ermitteln

| | | |
|---|---|---|
| 1. WAAGE | 7. FÄHRE | 13. MARKT |
| 2. DUDEN | 8. KABEL | 14. NADEL/LADEN |
| 3. APFEL | 9. LAGER/REGAL | 15. DAMPF |
| 4. HANDY | 10. FAHNE/HAFEN | 16. PAKET |
| 5. SAHNE | 11. SALDO | 17. VATER |
| 6. ABEND | 12. ECHSE | |

## Oberbegriffe finden

Wähle aus jeweils sechs Begriffen die zwei aus, zu denen es einen gemeinsamen Oberbegriff gibt. Markiere die Buchstaben mit der korrekten Lösung. Welche beiden Wörter passen zu einem gemeinsamen Oberbegriff? Zeit: **3 Minuten**

1.
a) Diabetes
b) Osteomalazie
c) Skorbut
d) Influenza
e) Röteln
f) Akne

2.
a) Schiff
b) Meer
c) Fisch
d) Qualle
e) Delfin
f) Wal

3.
a) Silo
b) Flugzeug
c) Bank
d) Tresor
e) Stall
f) Weizen

4.
a) Golf
b) Turnen
c) Volleyball
d) Schwimmen
e) Kraftsport
f) Radfahren

5.
a) Wald
b) Tanne
c) Laub
d) Knolle
e) Eiche
f) Sonnenblume

6.
a) Tür
b) Keller
c) Sofa
d) Schrank
e) Haus
f) Dachziegel

7.
a) Laufstrecke
b) Kilometer
c) Ende
d) Anfang
e) Läufer
f) Zeit

8.
a) DVD-Player
b) Fernseher
c) Videospiel
d) CD
e) Magazin
f) Buchhandlung

9.
a) Helm
b) Motorrad
c) Pilot
d) Tragflächen
e) Flugzeug
f) Flughafen

10.
a) Wrack
b) Torso
c) Fortbewegungsmittel
d) Salz
e) Holz
f) Pinsel

Lösungen: Oberbegriffe finden

| | | |
|---|---|---|
| 1. b) und c) | 5. b) und e) | 9. b) und e) |
| 2. e) und f) | 6. c) und d) | 10. a) und b) |
| 3. a) und d) | 7. c) und d) | |
| 4. a) und c) | 8. a) und b) | |

Zu 1.: Vitamin-Mangel (Vit. D bzw. Vit. C)

Zu 2.: Säugetiere

Zu 3.: Speicher

Zu 4.: Ballsportarten

Zu 5.: Baumart

Zu 6.: Möbel

Zu 8.: Abspielgeräte

Zu 9.: Fortbewegungsmittel

## Tatsache oder Meinung

Bei dieser Aufgabe musst du prüfen, ob es sich bei den Aussagen um eine Tatsache oder eine Meinung handelt. Zeit: **5 Minuten**

1. Fliegen ist gefährlich.
2. Der Weltraum ist mysteriös.
3. Manche Menschen behaupten, die Erde sei eine Scheibe.
4. Manche Politiker lügen.
5. Politiker lügen oft.
6. Rauchen ist ungesund.
7. Rosen riechen gut.
8. Lesen bildet.
9. Reichtum macht das Leben leichter.
10. Menschen sind soziale Lebewesen.
11. Es ist nicht alles Gold was glänzt.
12. Wohnungskatzen zu halten ist Tierquälerei.
13. Rotwein passt am besten zu rotem Fleisch.
14. Filme werden immer aufwendiger produziert.
15. Von Alkohol bekommen einige Menschen Kopfschmerzen.
16. Das Universum ist unendlich.
17. Väter sind reich an Erfahrung.
18. Junge Menschen sind aktiver als alte.
19. Kochen ist eine Kunst.
20. Pflanzen haben ein Bewusstsein, behaupten manche Personen.

Lösungen: Tatsache oder Meinung

| | | |
|---|---|---|
| 1. Meinung | 8. Meinung | 15. Tatsache |
| 2. Meinung | 9. Meinung | 16. Meinung |
| 3. Tatsache | 10. Tatsache | 17. Meinung |
| 4. Tatsache | 11. Tatsache | 18. Meinung |
| 5. Meinung | 12. Meinung | 19. Meinung |
| 6. Tatsache | 13. Meinung | 20. Tatsache |
| 7. Meinung | 14. Meinung | |

## Schlussfolgerungen/Syllogismen I

Im Einstellungstest werden häufig bestimmte Aussagen getroffen oder Regeln und Einzelfälle genannt, die zu bestimmten Ergebnissen führen. Die Testperson muss dann entscheiden, ob die Aussage stimmt oder zu welchem Ergebnis die Regeln und Einzelfälle führen.

**Beispiel**
Welcher Weg ist der Kürzeste?
Weg A ist länger als Weg B.
Weg B ist kürzer als Weg C.
Weg C ist gleich kurz wie Weg D.
Weg D ist kürzer als Weg A.
Lösung: Weg B ist der Kürzeste.
Erklärung:
A > B
C > B
C = D daraus folgt (C = D) > B und A > B -> Weg B ist der Kürzeste
A > D daraus folgt A > C&D > B -> Weg B ist der Kürzeste

Welche der angebotenen Schlussfolgerungen ist richtig?

Zeit: **10 Minuten**

1. Alle Europäer sind Rechtshänder. Alle Rechtshänder sind Mechaniker.
a) Einige Mechaniker sind Europäer.
b) Alle Mechaniker sind Europäer.
c) Alle Rechtshänder sind Europäer.
d) Nicht alle Europäer sind Mechaniker.

2. Kein Schüler ist Lehrer. Einige Lehrer sind Beamte. Jemand ist entweder Schüler oder Lehrer. Ein Beamter kann, muss aber nicht, Lehrer sein.
a) Alle Schüler sind Beamte.
b) Alle Beamte sind Schüler.
c) Kein Schüler ist Beamter.
d) Einige Beamte könnten Schüler sein.

3. Einige Tiere sind Säugetiere. Alle Säugetiere sind grün.
a) Alle Tiere sind grün.
b) Einige Tiere sind grün.
c) Keines der Tiere ist grün.
d) Einige Tiere sind braun.

4. Alle Smartphones haben eine Kamera. Einige Kameras sind hochauflösend.
a) Alle Smartphones haben eine hochauflösende Kamera.
b) Einige Smartphones haben eine hochauflösende Kamera.
c) Keins der Smartphones hat eine hochauflösende Kamera.
d) Alle Kameras sind hochauflösend.

5. Alle Rennbahnen sind Straßen. Alle Straßen sind Verkehrsflächen.
a) Alle Rennbahnen sind Verkehrsflächen.
b) Keine Rennbahn ist eine Verkehrsfläche.
c) Keine Straße ist eine Verkehrsfläche.
d) Alle Straßen sind Rennbahnen.

6. Alle Scheren sind Pflanzen. Einige Scheren sind groß.
a) Alle Pflanzen sind groß.
b) Einige Pflanzen sind groß.
c) Keine der Pflanzen ist groß.
d) Alle Pflanzen sind klein.

7. Alle Komiker sind Unterhalter. Einige Unterhalter sind Musiker.
a) Alle Musiker sind nicht Komiker.
b) Alle Musiker sind Komiker.
c) Einige Musiker sind Komiker.
d) Kein Musiker ist ein Komiker.

8. Alle Italiener essen Pizza. Alle Italiener sind Europäer.
a) Einige Europäer essen Pizza.
b) Alle Europäer essen Pizza.
c) Alle Europäer sind Italiener.
d) Kein Europäer ist ein Italiener.

9. Alle Piloten sind Abenteurer. Keine Abenteurer sind Bergsteiger.
a) Einige Piloten sind keine Bergsteiger.
b) Alle Piloten sind keine Bergsteiger.
c) Einige Bergsteiger sind Piloten.
d) Alle Bergsteiger sind Piloten.

10. Einige Fluglinien verwenden alte Flugzeuge. Alte Flugzeuge sind sicher.
a) Alle Fluglinien sind sicher.
b) Einige Fluglinien verwenden sichere Flugzeuge.
c) Alle sicheren Flugzeuge sind alt.
d) Keines der sicheren Flugzeuge ist alt.

11. Einige Zahlen sind Primzahlen. Primzahlen sind immer schwarz.
a) Alle schwarzen Zahlen sind Primzahlen.
b) Einige schwarze Zahlen sind Primzahlen.
c) Alle Zahlen sind schwarz.
d) Zahlen sind entweder schwarz oder weiß.

12. Alle Polizisten sind schnell. Einige Menschen sind schnell. Schnelle Polizisten sind Menschen.
a) Alle Polizisten sind Menschen.
b) Alle Menschen sind Polizisten.
c) Alle schnellen Menschen sind Polizisten.
d) Kein Mensch ist ein Polizist.
e) Schnelle Polizisten sind keine Menschen.

13. Ein Pandabär ist ein Säugetier. Einige Säugetiere sind Affen. Ein Säugetier ist entweder ein Affe oder ein Pandabär.
a) Einige Pandabären sind Affen.
b) Alle Pandabären sind Affen.
c) Ein Affe kann ein Säugetier sein.
d) Alle Affen sind Säugetiere.
e) Ein Pandabär kann ein Affe sein.

14. Alle Universitäten haben Gebäude. Einige Gebäude sind einsturzgefährdet.
a) Alle Universitäten sind einsturzgefährdet.

b) Alle einsturzgefährdeten Gebäude sind Universitäten.
c) Einige Universitäten haben einsturzgefährdete Gebäude.
d) Ein einsturzgefährdetes Gebäude kann eine Universität sein.

15. Alle Gebäude sind Objekte. Alle Häuser sind Gebäude.
a) Alle Häuser sind Objekte.
b) Einige Häuser sind keine Objekte.
c) Ein Objekt kann kein Haus sein.
d) Alle Gebäude sind Häuser.

Lösungen

| | | |
|---|---|---|
| 1. a) | 6. b) | 11. b) |
| 2. d) | 7. c) | 12. a) |
| 3. b) | 8. a) | 13. c) |
| 4. b) | 9. b) | 14. d) |
| 5. a) | 10. b) | 15. a) |

Zu 1.: a) Europäer -> Rechtshänder -> Mechaniker; die Reihe funktioniert nur in eine Richtung, somit ist Schlussfolgerung b) und c) falsch. Da alle Europäer Rechtshänder und alle Rechtshänder Mechaniker sind, stimmt d) ebenfalls nicht. Somit ist a) korrekt.

Zu 2.: d) Da nicht ausgeschlossen wird, dass Schüler auch Beamte sein könnten, ist in diesem Fall Antwort d) richtig.

Zu 3.: b) einige Tiere -> Säugetiere; Säugetiere -> grün. Wenn in der ersten Aussage das letzte und in der zweiten Aussage das erste Wort inhaltlich übereinstimmen, kann der Zwischenschritt weggelassen werden.

Zu 4.: b) Smartphones -> Kamera; einige Kameras -> hochauflösend. Wenn alle Smartphones eine Kamera besitzen, aber nicht alle Kameras hochauflösend sind, gibt es Kameras mit und ohne hochauflösender Grafik. Antwort b) ist korrekt.

Zu 5.: a) Rennbahnen -> Straßen; Straßen -> Verkehrsflächen. Wie in Aufgabe 3 kann der Zwischenschritt entfernt werden, wenn er identisch ist.

Zu 6.: b) Scheren -> Pflanzen; einige Scheren -> groß. Da es mehr Pflanzen gibt als nur Scheren, fällt Antwort a) weg. Antwort c) und d) schließen sich ebenfalls aus, da nicht alle Pflanzen groß sind, aber auch nicht alle klein (siehe Teilschritt 2).

Zu 7.: c) Komiker -> Unterhalter; einige Unterhalter -> Musiker. Nur Antwort c) ist korrekt, da die Reihe auch umgedreht werden kann: einige Musiker, Unterhalter, Komiker.

Zu 8.: a) Italiener -> Pizza; Italiener -> Europäer. Da die Italiener nur ein Teil von Europa sind, essen einige Europäer Pizza. Gleiche Erklärung für Ausschluss b), c) und d).

Zu 9.: b) Piloten -> Abenteurer; Abenteurer -> kein Bergsteiger. Um den Zwischenschritt zu entfernen, wird die Aussage „gedreht".

Zu 10.: b) einige Fluglinien -> alte Flugzeuge; alte Flugzeuge sicher. Der Zwischenschritt kann übersprungen werden.

Zu 11.: b) einige Zahlen -> Primzahlen; Primzahlen -> schwarz. Es ist anzunehmen, dass mehrere Farben und mehr schwarze Zahlenarten existieren, nicht nur die Primzahlen, daher stimmen die Aussagen a), c) und d) nicht.

Zu 12.: a) Da alle Polizisten schnell sind und schnelle Polizisten Menschen sind, sind somit alle Polizisten Menschen.

Zu 13.: c) Es wird nicht ausgeschlossen, dass Affen etwas anderes sein können als Säugetiere, deshalb ist c) richtig.

Zu 14.: d) Einige Gebäude sind einsturzgefährdet. Aufgrund der Tatsache, dass nicht alle Gebäude einsturzgefährdet sind, sind es auch nicht alle Universitäten. Antwort a) ist falsch. Nicht nur in der Universität existieren einsturzgefährdete Gebäude, somit fällt Antwort b) weg.

Da nicht klar definiert ist, ob die Gebäude, die einsturzgefährdet sind, zu einer Universität gehören, ist c) ebenfalls falsch. Nur Antwort d) berücksichtigt alle Aspekte und nennt eine wahre Schlussfolgerung.

Zu 15.: a) Gebäude ist eine Untermenge von Objekt. Haus ist eine Untermenge von Gebäude. Somit sind alle Häuser auch Objekte.

## Schlussfolgerungen/Syllogismen II

Bei dieser Aufgabe musst du Schlussfolgerungen überprüfen, die aufgrund bestimmter Behauptungen aufgestellt wurden. Die Aufgabe wird durch absurde Aussagen erschwert, was für Verwirrung sorgen soll. Den realen Bezug zu den einzelnen Aussagen kannst du dabei außer Acht lassen. Konzentriere dich lieber auf die Kernaussagen. Markiere die Antworten jeweils mit „richtig" oder „falsch".

**Beispiel:** Alle Hunde essen Bananen. Bananen können fliegen. Also könne alle Hunde fliegen.

**Lösung:** Falsch. Nur weil Hunde Bananen essen und Bananen fliegen können, heißt das nicht, dass Hunde auch fliegen können.

Zeit: **10 Minuten**

1. Niemand mit blauer Nase kann Bundeskanzler sein. Alle Menschen haben blaue Nasen. Also kann kein Mensch Bundeskanzler sein.
a) richtig b) falsch

2. Alle Pflanzen haben Fenster. Alle Fenster haben Briefe. Deshalb haben alle Pflanzen Briefe.
a) richtig b) falsch

3. Alle Giraffen sind Kunstsammler. Manche Kunstsammler sitzen in Käfigen. Also sitzen manche Giraffen in Käfigen.
a) richtig b) falsch

4. Alle Radios können lesen. Kühlschränke können schreiben. Also können Radios Kühlschränke schreiben.
a) richtig b) falsch

5. Kühlschränke können schreiben, aber nicht lesen. Radios können lesen, aber nicht schreiben. Töpfe können lesen und schreiben. Also sind Töpfe intelligenter als Radios und Kühlschränke.
a) richtig b) falsch

6. Mützen können alles beißen. Alle Autos sind Mützen und alle Mäuse sind eckig, weil sie Mützen essen. Also können alle Autos beißen.
a) richtig b) falsch

7. Wenn alle Bauern verheiratet und alle Verheirateten Rentner sind, sind also alle Verheirateten Bauern.
a) richtig b) falsch

8. Wenn alle rosa Elefanten zur Schule gehen und lesen können und rote Kugelschreiber nur rosa Elefanten sind, wenn sie singen und zur Arbeit gehen, dann sind also rosa Elefanten rote Kugelschreiber.
a) richtig b) falsch

9. Elefanten tauchen gerne unter. Bäume auch. Also sind Elefanten Bäume.
a) richtig b) falsch

10. Einige Kohlköpfe sind Lokomotiven. Einige Lokomotiven spielen Klavier. Also spielen einige Kohlköpfe Klavier.
a) richtig b) falsch

11. Alle Raupen sind Busfahrer. Alle Busfahrer können fliegen, weil sie Krokodile sind. Krokodile haben zwei Beine. Alle Raupen haben deshalb zwei Beine.
a) richtig b) falsch

12. Einige Raupen sind Häuser und alle Häuser lieben Käse. Also lieben alle Raupen Käse.
a) richtig b) falsch

13. Kühe können fliegen, weil sie Flügel haben. Vögel haben keine Flügel. Also können Vögel nicht fliegen.
a) richtig b) falsch

14. Alle Bleistifte sind Würmer. Würmer können fliegen. Also können alle Bleistifte fliegen.
a) richtig b) falsch

15. Einige Hunde sind alt. Die meisten alten Hunde haben keine Zähne. Daraus folgt alte Hunde sind Hunde mit und ohne Zähne.
a) richtig b) falsch

16. Keine zwei Baumarten sehen gleich aus. Birken und Pappeln sehen genau gleich aus. Also sind Birken und Pappeln nicht zwei Baumarten.
a) richtig b) falsch

Lösungen

Zu 1.: a) Richtig. Wenn alle Menschen blaue Nasen haben, kann auch keiner Bundeskanzler werden.

Zu 2.: a) Richtig. Wenn alle Pflanzen Fenster und alle Fenster Briefe haben, muss jede Pflanze auch Briefe haben.

Zu 3.: b) Falsch. Auch wenn einige Giraffen Kunstsammler sind, heißt das nicht gleichzeitig, dass Kunstsammler auch Giraffen sind. Also sitzen nur manche Kunstsammler in Käfigen.

Zu 4.: b) Falsch. Es gibt keinen Zusammenhang. Es wird weder gesagt, dass Radios schreiben können noch, dass sie Kühlschränke schreiben können.

Zu 5.: b) Falsch. Nur weil Töpfe lesen und schreiben können sagt das nichts über ihre Intelligenz aus.

Zu 6.: a) Richtig. Weil alle Autos Mützen sind, haben Autos die gleichen Eigenschaften wie Mützen. Also können Autos alles beißen.

Zu 7.: b) Falsch. Nur weil es heißt, dass alle Bauern verheiratet sind, heißt das noch lange nicht, dass alle Verheirateten Bauern sind.

Zu 8.: b) Falsch. Rosa Elefanten gehen zur Schule und rote Kugelschreiber sind nur rosa Elefanten, wenn sie singen und zur Arbeit gehen. Somit sind nicht alle Elefanten rote Kugelschreiber.

Zu 9.: b) Falsch. Nur weil Elefanten gerne tauchen, sind sie keine Bäume.

Zu 10.: b) Falsch. Auch wenn einige Kohlköpfe Lokomotiven sind, heißt das nicht gleichzeitig, dass Lokomotiven auch Kohlköpfe sind. Also spielen nur einige Lokomotiven Klavier.

Zu 11.: a) Richtig. Weil alle Raupen Busfahrer sind und Busfahrer fliegen können, weil sie Krokodile sind, müssen alle Raupen zwei Beine haben.

Zu 12.: b) Falsch. Es sind nicht alle Raupen Häuser, also lieben auch nicht alle Raupen Käse.

Zu 13.: a) Richtig. Die Kühe können fliegen, weil sie Flügel haben. Da Vögel keine Flügel haben, können sie nicht fliegen.

Zu 14.: a) Richtig. Wenn alle Bleistifte Würmer sind und Würmer fliegen können, dann können auch alle Bleistifte fliegen.

Zu 15.: a) Richtig. Die meisten Hunde haben keine Zähne, das heißt aber nicht, dass alle alten Hunde keine Zähen haben.

Zu 16.: a) Richtig. Wenn Birken und Pappeln genau gleich aussehen, können sie keine zwei Baumarten sein.

## Flussdiagramme

Mit dieser Aufgabe wird geprüft, wie du verschiedene Prozesse mit Hilfe eines Flussdiagramms nachvollziehen kannst. Mit einem Flussdiagramm, auch Programmablaufplan genannt, lässt sich der Verlauf eines Prozesses inklusive möglicher Variationen logisch darstellen. Es eignet sich insbesondere, um Handlungs- oder Ablaufprozesse zu planen oder zu erklären. So können Problemlösungen organisiert und Abläufe visualisiert werden. Der funktionale Zusammenhang beziehungsweise der zeitliche Ablauf von Prozessen wird dargestellt.

**Beispiel:**
Durch welche Antwort wird die Zahl 1 in nebenstehendem Flussdiagramm ersetzt?
a) Freizeichen ertönt
b) Teilnehmer geht ran
c) Besetztzeichen ertönt
d) in den Hörer sprechen

Lösung: b) Teilnehmer geht ran

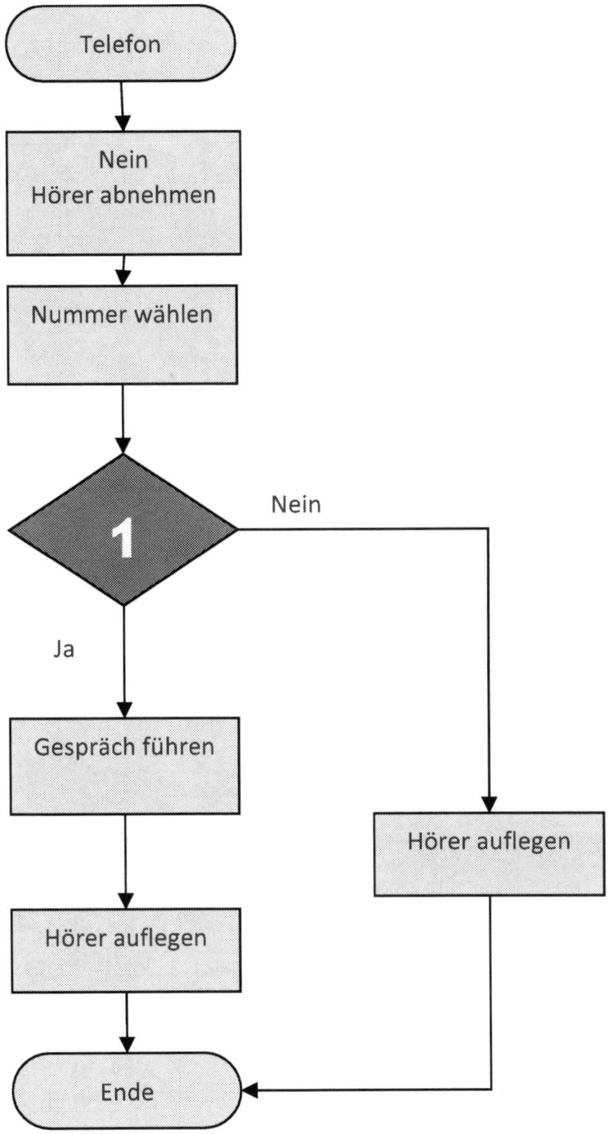
Telefon
Nein
Hörer abnehmen
Nummer wählen
1
Nein
Ja
Gespräch führen
Hörer auflegen
Hörer auflegen
Ende

**Hinweis:**
Ein Flussdiagramm besteht aus den folgenden Symbolen, die mit Pfeilen verbunden sind:

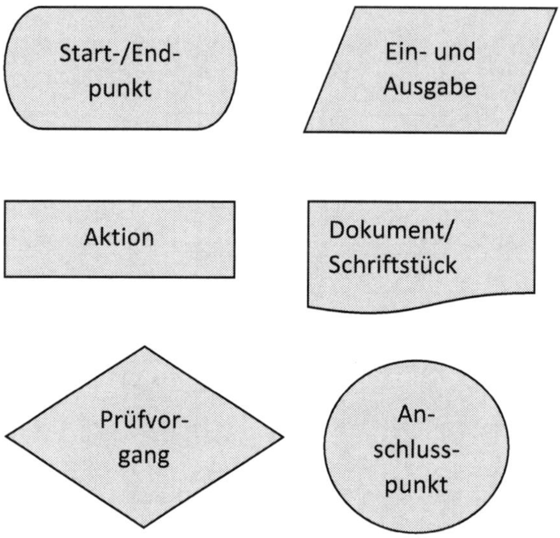


1. Bei dem Flussdiagramm auf der folgenden Seite handelt es sich um die schematische Darstellung eines Druckers. Ordne die Schritte des Flussdiagramms den entsprechenden Buchstaben zu.

- einen Kollegen rufen
- Techniker kann Problem beheben
- Kollege kann Problem beheben

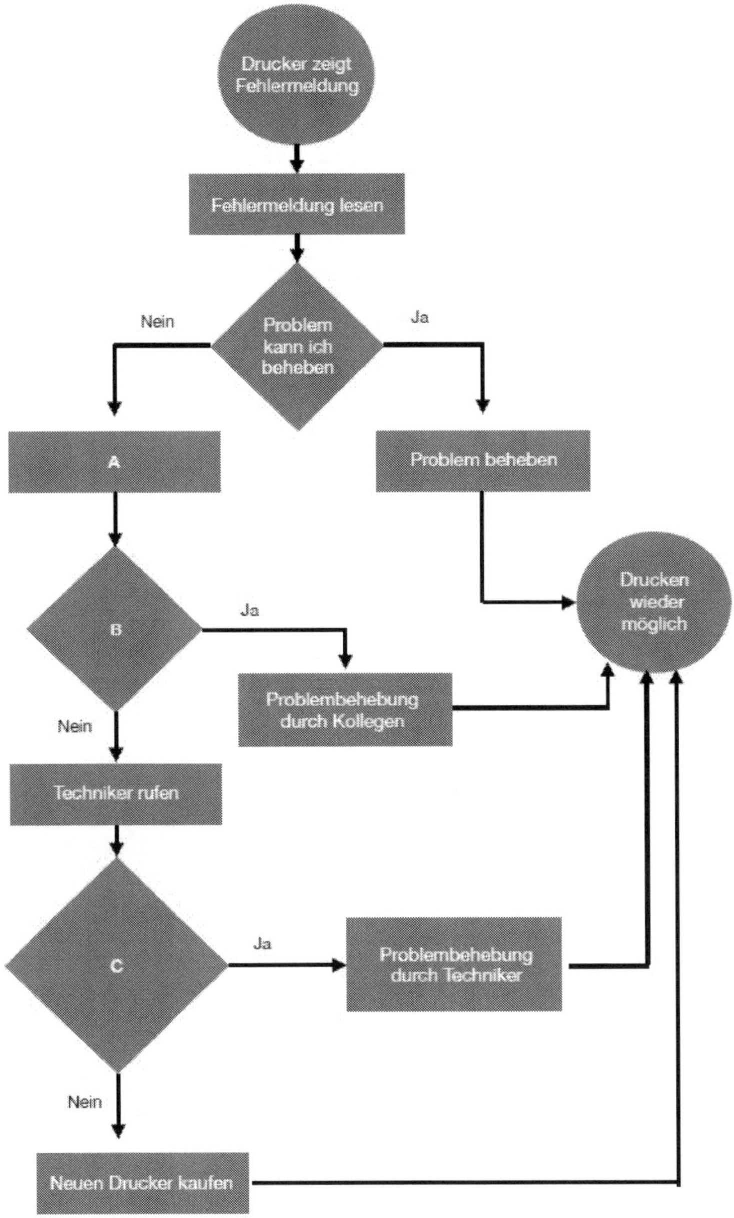
Drucker zeigt Fehlermeldung
Fehlermeldung lesen
Problem kann ich beheben
Nein
Ja
A
Problem beheben
Drucken wieder möglich
B
Ja
Problembehebung durch Kollegen
Nein
Techniker rufen
C
Ja
Problembehebung durch Techniker
Nein
Neuen Drucker kaufen

2. Beim folgenden Flussdiagramm handelt es sich um die schematische Darstellung einer Materialbestellung in einer Firma. Ordne die Schritte des Flussdiagramms den entsprechenden Buchstaben zu.

- Anfrage beim Lieferanten
- Letzte Lieferanten kontaktieren
- an Produktion melden

Bestellung aufgeben

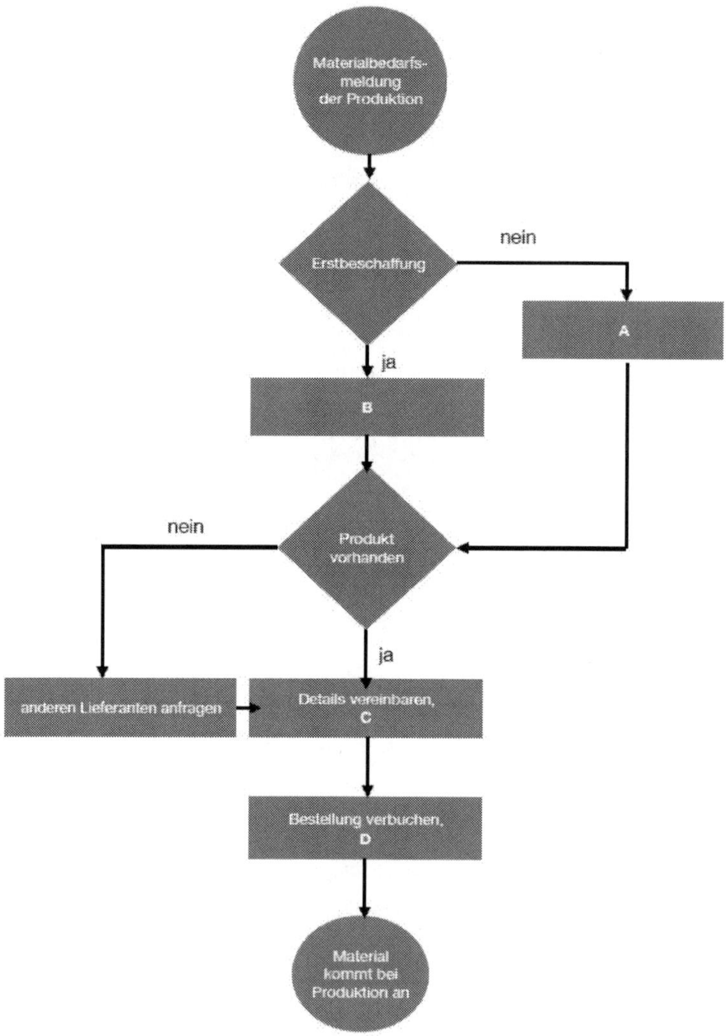

3. Beim folgenden Flussdiagramm handelt es sich um die schematische Darstellung eines Internetproblems. Ordne die Schritte des Flussdiagramms den entsprechenden Buchstaben zu.

- nein
- ja
- Problem kann ich selbst beheben
- Internet funktioniert nicht
- Experte behebt das Problem
- Problem verstanden

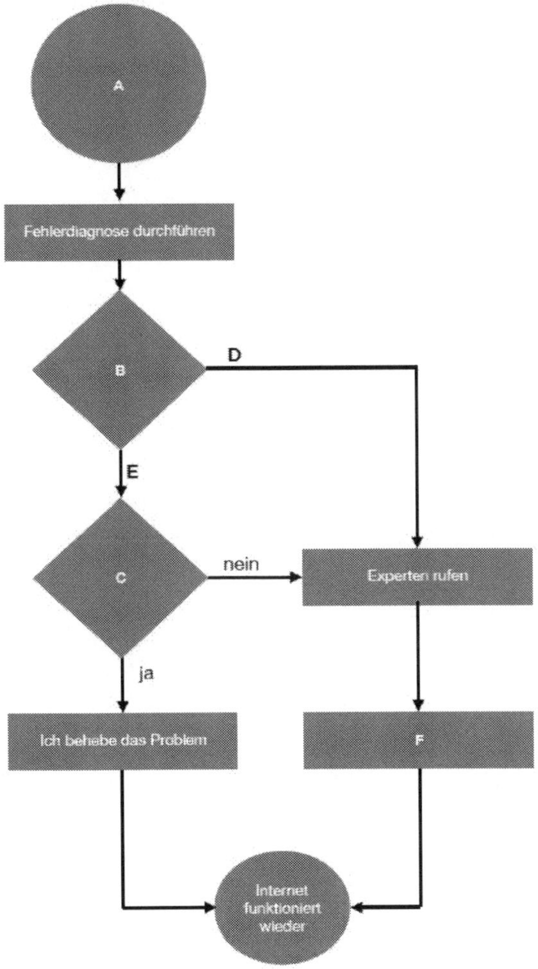

Lösungen: Flussdiagramme

Am einfachsten ist es, wenn du versuchst, dich in die Situationen hineinzuversetzen. Gehe die Wege Schritt für Schritt im Kopf durch.

Zu 1.: Stell dir vor, du möchtest etwas ausdrucken, doch der Drucker zeigt eine Fehlermeldung an. Du liest dir diese durch. Kannst du das *Problem selbst beheben*?
→ **Ja**: Du *behebst das Problem*. Dadurch ist das Drucken *wieder möglich*.
→ **Nein**: Du kannst das Problem nicht selbst lösen. Du *rufst einen Kollegen*. Kann der Kollege das Problem belegen?

> → **Ja**: Der Kollege *behebt das Problem*. Dadurch ist das *Drucken wieder möglich*.
> → **Nein**: Der Kollege kann das Problem nicht lösen. Ihr *ruft einen Techniker*.
>
> > → **Ja**: Der Techniker *behebt das Problem*. Dadurch ist das *Drucken wieder möglich*.
> > → **Nein**: Der Techniker kann das Problem nicht lösen. Es muss ein *neuer Drucker gekauft werden*.

Es ergibt sich demnach folgende Zuweisung:
A: einen Kollegen rufen
B: Kollege kann Problem beheben
C: Techniker kann Problem beheben

Zu 2.: Stell Dir vor, du arbeitest in einer Firma im Einkaufs- und Planungsbereich und erhältst eine Meldung bezüglich eines fehlenden Materials, das zur Produktion benötigt wird.
1. Handelt es sich bei dem benötigten Material um eine *Erstbeschaffung* oder ist es bereits vorhanden?
→ **Nein**: Das Material wurde schon einmal bestellt. Du *kontaktierst* also *den letzten Lieferanten*, von dem die Firma das Material erhalten hat.
→ **Ja**: Das Material wurde bisher noch nicht bestellt. Demnach *fragst du das Produkt bei einem neuen Lieferanten an*.
2. Die Lieferanten prüfen, ob das *gewünschte Produkt vorhanden* ist.
→ **Nein**: Du *kontaktierst einen anderen Lieferanten*.
→ **Ja**: Du *vereinbarst die Details* zu dem Produkt und *gibst deine Bestellung auf*.

3. Die *Bestellung wird verbucht*. Du gibst diese *Information an die Produktion*, weiter, damit sie Bescheid weiß und sich auf die Ankunft des bestellten Materials vorbereiten kann.
4. Das Material *kommt bei der Produktion an*.

Es ergibt sich demnach folgende Zuweisung:
A: letzte Lieferanten kontaktieren
B: Anfrage beim Lieferanten
C: Bestellung aufgeben
D: an Produktion melden

Zu 3.: Stell dir vor, dein *Internet hat Probleme*.
1. Du führst eine *Fehlerdiagnose* durch.
2. Wird das *Problem erkannt*?
→ **Nein**: Du *rufst einen Experten*. Dieser *behebt das Problem* und das *Internet funktioniert wieder*.
→ **Ja**: Kannst du das Problem *selbst beheben*?

→ **Nein**: Du *rufst einen Experten*. Dieser *behebt das Problem* und das *Internet funktioniert wieder*.
→ **Ja**: Du *behebst das Problem* und das *Internet funktioniert wieder*.

Es ergibt sich demnach folgende Zuweisung:
A: Internet funktioniert nicht
B: Problem verstanden
C: Problem kann ich selbst beheben
D: nein
E: ja
F: Experte behebt das Problem

## Zahnrad-Aufgaben

Zeit: **5 Minuten**

1. Welche Drehrichtung ist bei diesen Zahnrädern richtig eingezeichnet?

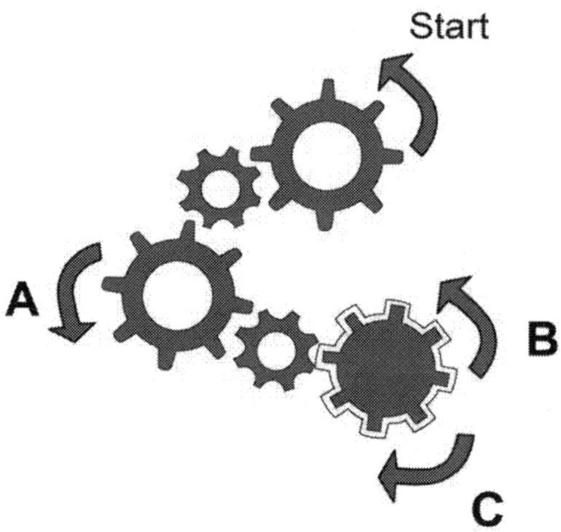


a) A und B
b) nur B
c) nur C
d) nur A

2. Welche Drehrichtung ist bei diesen Zahnrädern richtig eingezeichnet?

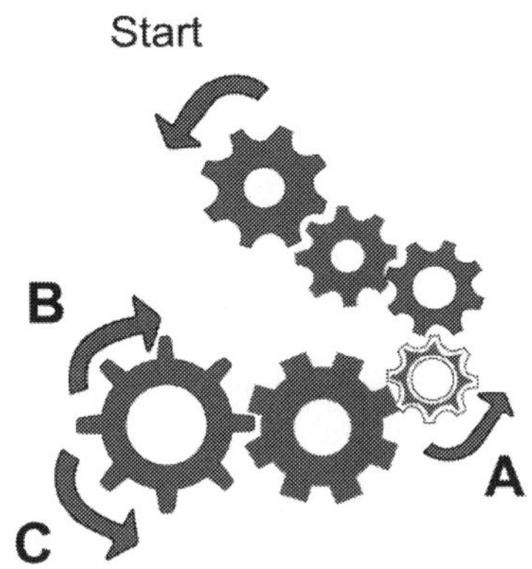


a) A und B
b) nur A
c) nur B
d) nur C

3. Welche Drehrichtung ist bei diesen Zahnrädern richtig eingezeichnet?

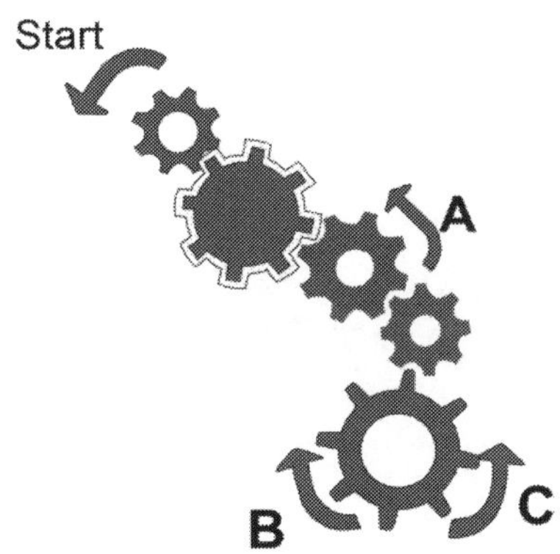


a) A und B
b) A und C
c) nur A
d) nur B

4. Welche Drehrichtung ist bei diesen Zahnrädern richtig eingezeichnet?

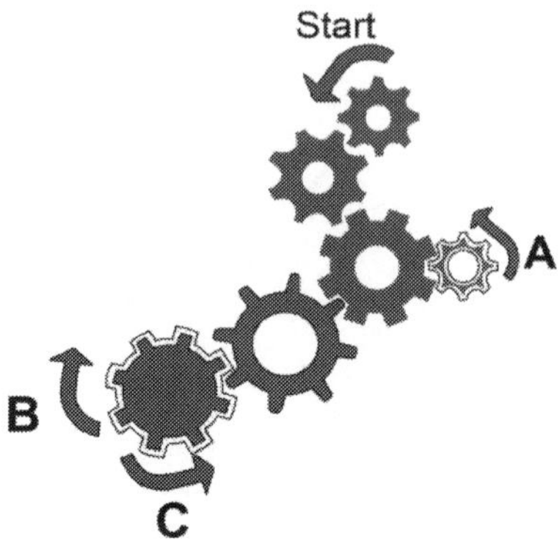


a) A und B
b) A und C
c) nur B
d) nur C

5. Welche Drehrichtung ist bei diesen Zahnrädern richtig eingezeichnet?

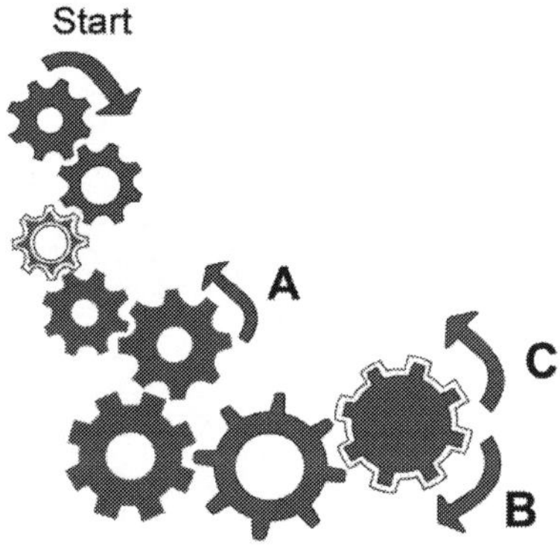


a) A und B
b) A und C
c) nur B
d) nur C

6. Welche Drehrichtung ist bei diesen Zahnrädern richtig eingezeichnet?

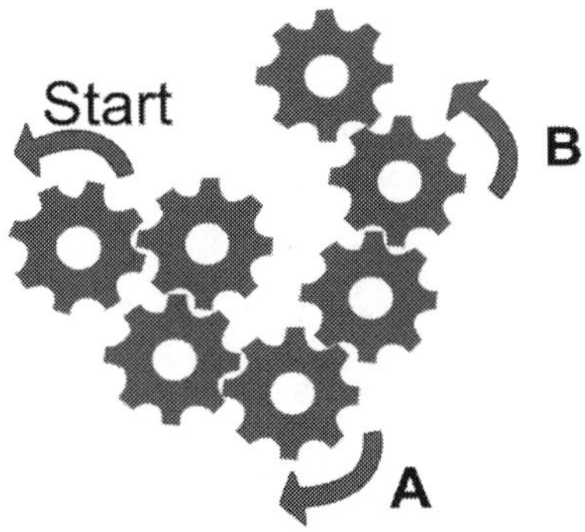


a) A und B
b) nur A
c) nur B
d) nicht A und nicht B

7. Welche Drehrichtung ist bei diesen Zahnrädern richtig eingezeichnet?

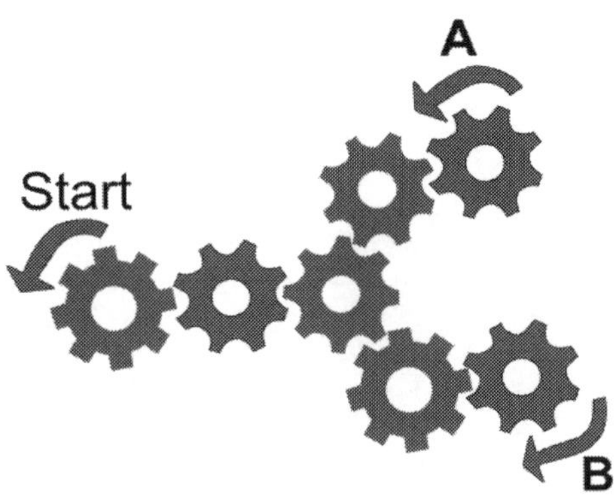


a) A und B
b) nur A
c) nur B
d) nicht A und nicht B

8. Welche Drehrichtung ist bei diesen Zahnrädern richtig eingezeichnet?

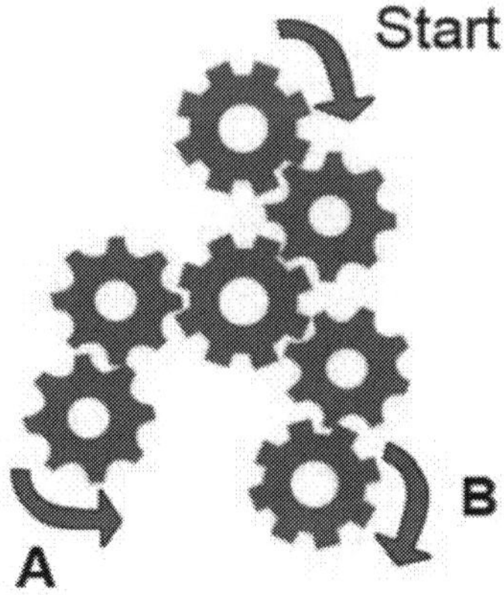


a) A und B
b) nur A
c) nur B
d) nicht A und nicht B

9. Welche Drehrichtung ist bei diesen Zahnrädern richtig eingezeichnet?

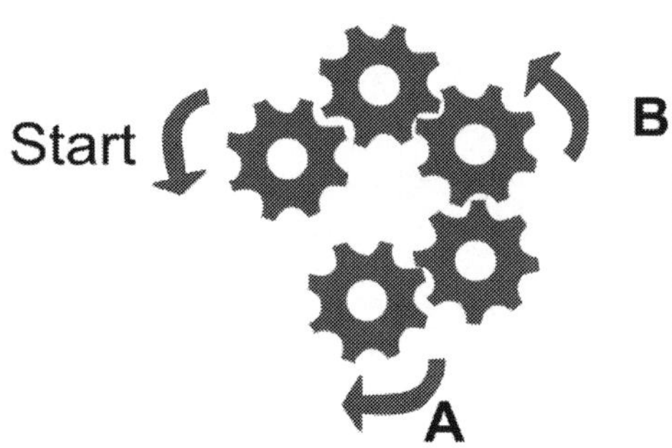


a) A und B
b) nur A
c) nur B
d) nicht A und nicht B

10. Welche Drehrichtung ist bei diesen Zahnrädern richtig eingezeichnet?

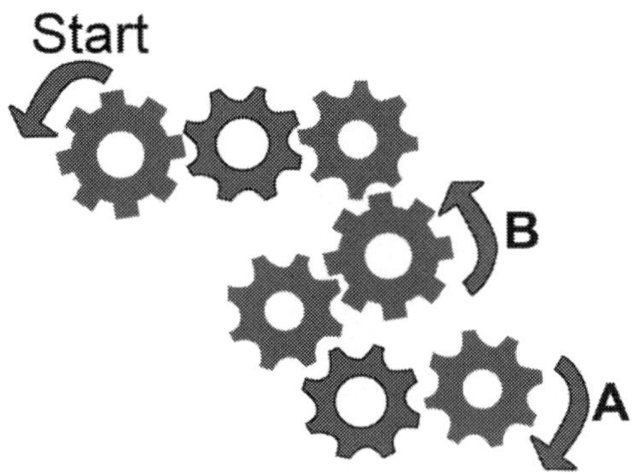


a) A und B
b) nur A
c) nur B
d) nicht A und nicht B

Lösungen: Zahnrad-Aufgaben

| | | |
|---|---|---|
| 1. a) | 5. d) | 9. c) |
| 2. c) | 6. b) | 10. d) |
| 3. b) | 7. b) | |
| 4. d) | 8. c) | |

## Dominosteine

Die folgenden Aufgaben kommen häufig in Einstellungstests vor. Wenn du das System einmal durchschaut hast, sind sie jedoch leicht zu lösen.

Die Augenzahl der Dominosteine ist in einem bestimmten Schema angeordnet. Es bleibt jeweils ein Feld in den drei Reihen leer. Deine Aufgabe ist es, die versteckte Regel einer Dominoreihe zu finden und den einzig logisch ergänzenden Stein aus dem Lösungsblock zu bestimmen. Betrachte dabei die erste und die zweite Reihe der Augenzahl auf einem Dominostein separat.

Es sind folgende Schemata möglich: aufsteigende Reihe, absteigende Reihe, Addition, Subtraktion, wiederkehrende Folgen.

Zeit: **5 Minuten**

**1.**

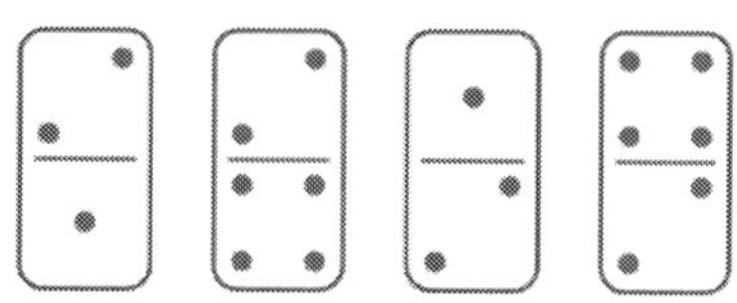

a) b) c) d)

**2.**

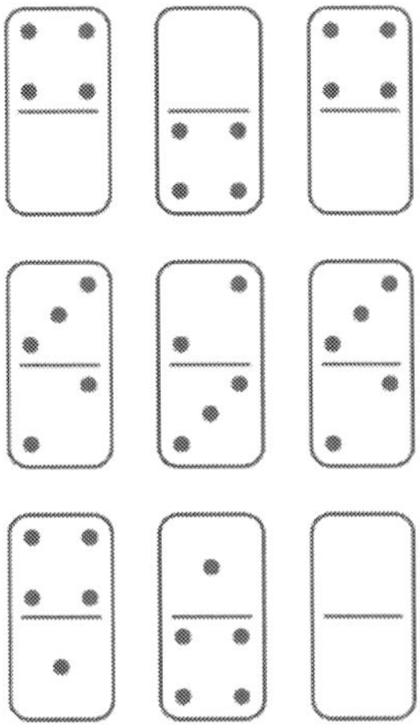

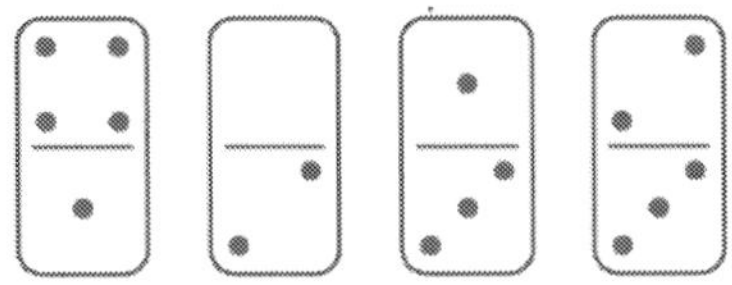

a) b) c) d)

**3.**

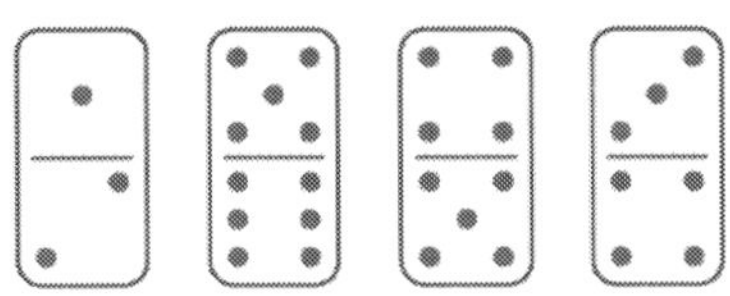

a) b) c) d)

**4.**

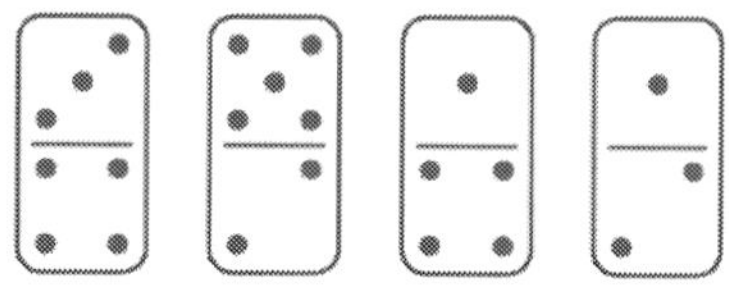

a) b) c) d)

**5.**

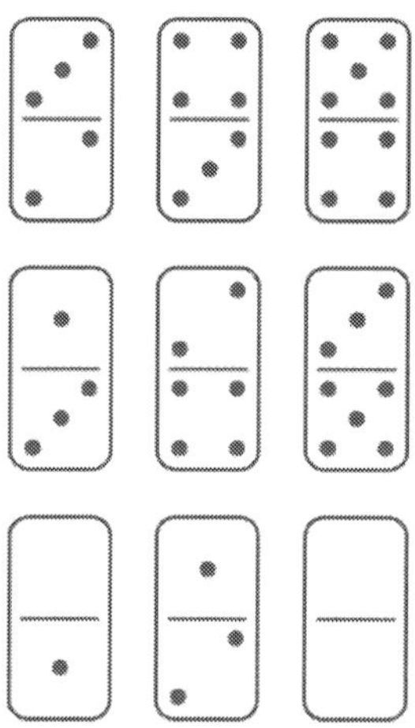

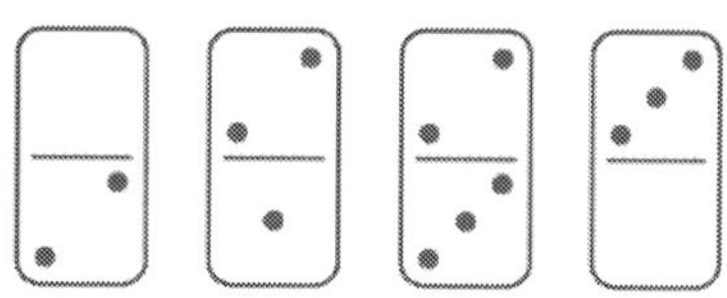

a) b) c) d)

**6.**

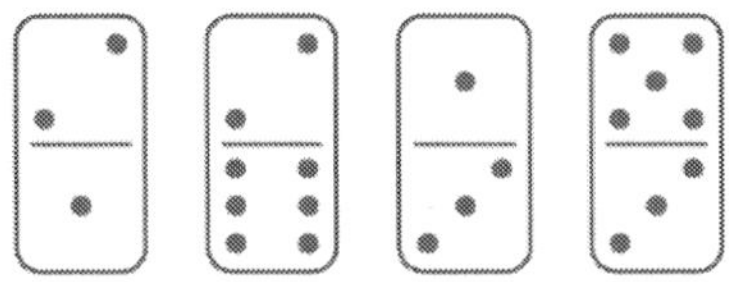

a) b) c) d)

**7.**

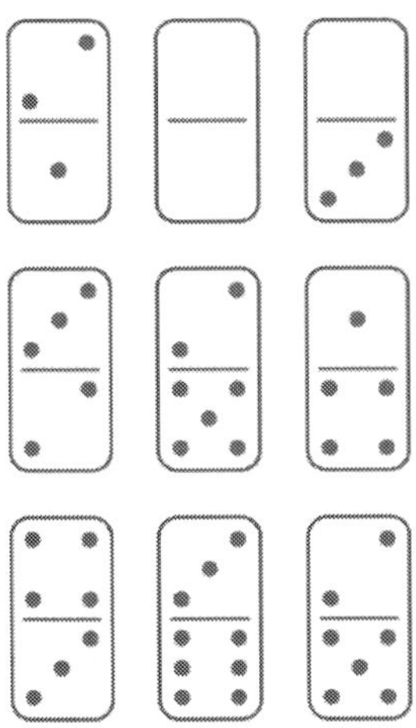

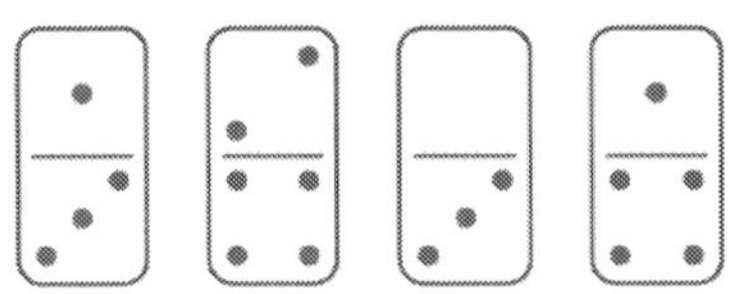

a) b) c) d)

**8.**

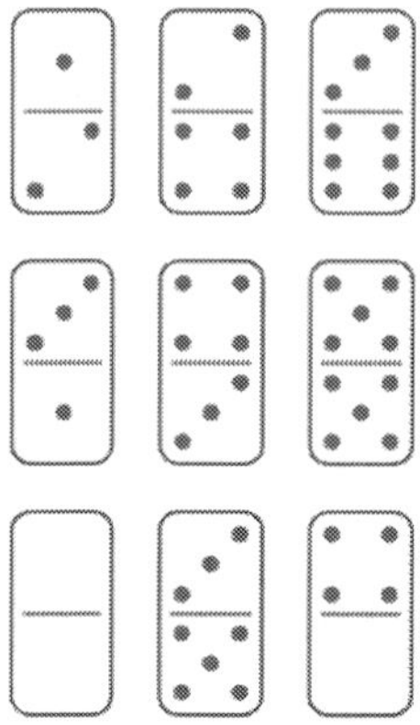

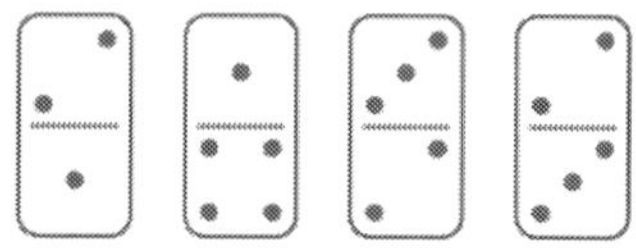

a) b) c) d)

**9.**

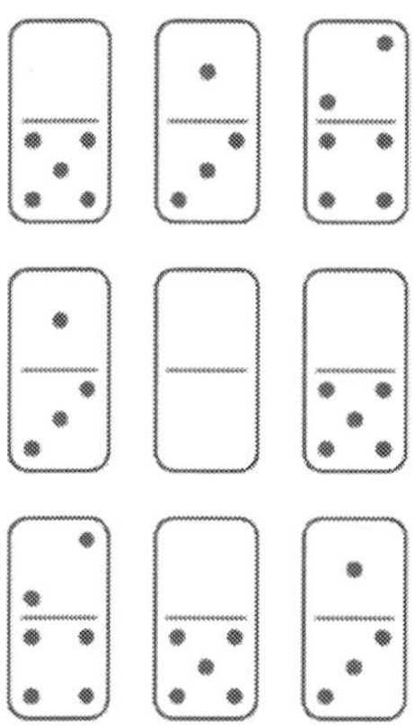

a) b) c) d)

Lösungen: Dominosteine

| | | |
|---|---|---|
| 1. d) | 4. b) | 7. d) |
| 2. a) | 5. c) | 8. d) |
| 3. c) | 6. b) | 9. c) |

## Würfeldrehen

Bei dieser Aufgabe erhältst du jeweils einen Würfel. Wähle aus fünf Vorlagen den Würfel, der zu der abgebildeten Ausgangsformation passt. Markiere den Buchstaben mit der korrekten Lösung.

Welcher Würfel passt zur Ausgangsformation? Zeit: **5 Minuten**

**1.**

a)

b)

c)

d)

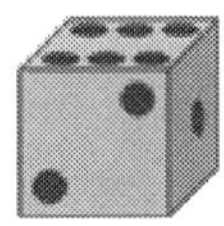
e)

**2.**

a)

b)

c)

d)

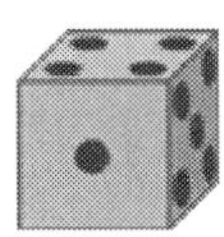
e)

**3.**

a) b) c) d) e)

**4.**

a) b) c) d) e)

**5.**

a) b) c) d) e)

**6.**

a) b) c) d) e)

Lösungen: Würfeldrehen

| 1. d) | 3. b) | 5. a) |
|---|---|---|
| 2. e) | 4. c) | 6. c) |

Zu 1.: d) Den Würfel links kippen und 90° im Uhrzeigersinn drehen.

Zu 2.: e) Den Würfel nach vorne kippen.

Zu 3.: b) Den Würfel 90° gegen den Uhrzeigersinn drehen und nach hinten kippen.

Zu 4.: c) Den Würfel nach vorne kippen und 90° im Uhrzeigersinn drehen.

Zu 5.: a) Den Würfel zweimal nach rechts kippen.

Zu 6. c) Den Würfel 90° gegen den Uhrzeigersinn drehen und nach hinten kippen.

## Spiegelungen

Aufgaben mit Spiegelbildern kommen in Einstellungstests häufig vor, um dein räumliches Vorstellungsvermögen zu testen. Du findest fünf Figuren vor, von denen du immer vier durch Drehen zur Deckung bringen bzw. genau übereinanderlegen kannst. Bei einer Figur ist dies nicht möglich – sie wurde gespiegelt und ist also nicht deckungsgleich mit den anderen. Finde die gespiegelte Figur aus der jeweiligen Reihe heraus.

Zeit: **15 Minuten**

| | a) | b) | c) | d) | e) |
|---|---|---|---|---|---|
| 1. | 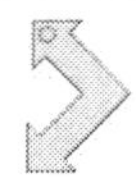 |  | 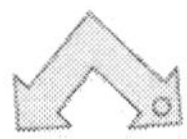 | 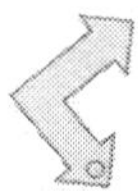 |  |
| 2. |  |  |  | 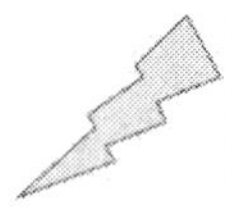 |  |
| 3. | 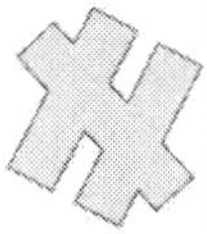 | 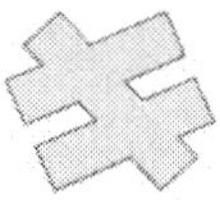 | 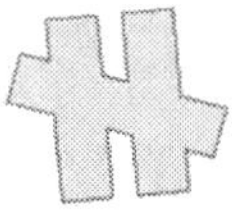 | 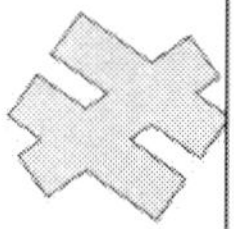 | 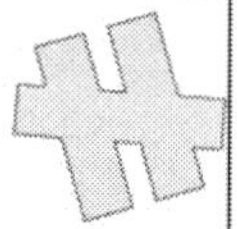 |
| 4. | 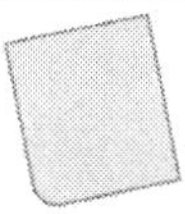 |  |  | 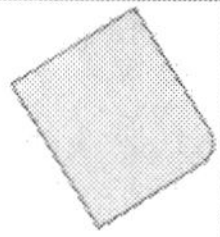 |  |
| 5. |  |  | 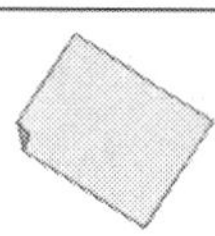 |  | 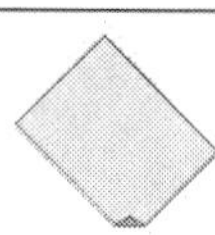 |

| | a) | b) | c) | d) | e) |
|---|---|---|---|---|---|
| 6. |  | 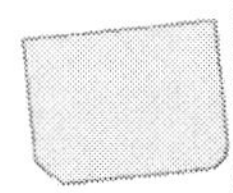 | 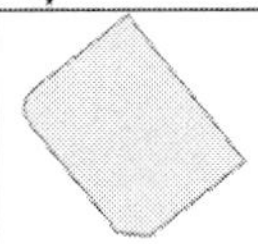 | 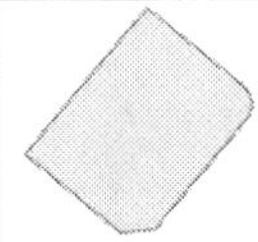 | 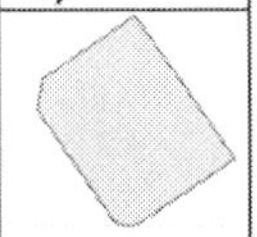 |
| 7. | 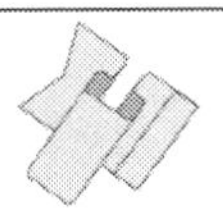 | 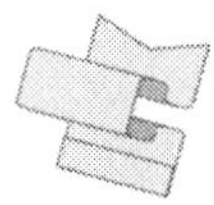 | 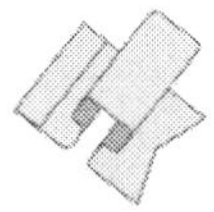 | 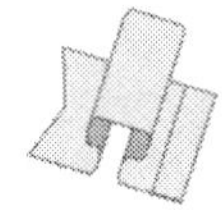 | 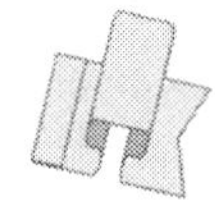 |
| 8. | 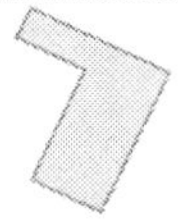 | 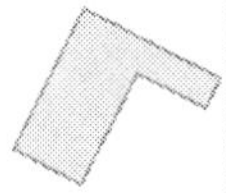 |  | 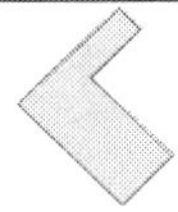 |  |
| 9. |  |  |  |  | 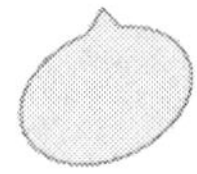 |
| 10. |  | 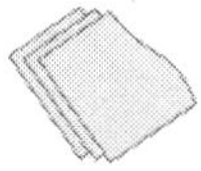 | 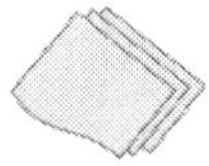 |  | 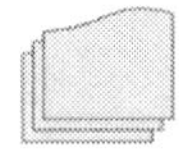 |
| 11. |  | 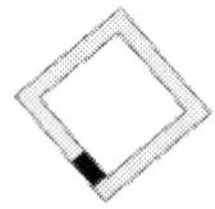 | 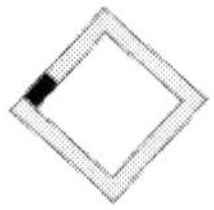 | 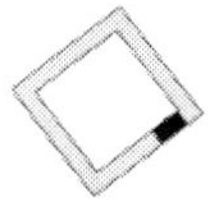 | 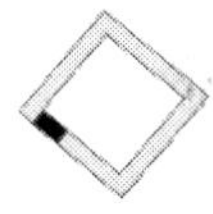 |
| 12. |  |  |  |  |  |

| | a) | b) | c) | d) | e) |
|---|---|---|---|---|---|
| 13. |  | 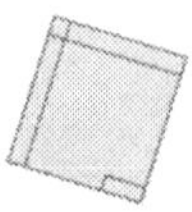 | 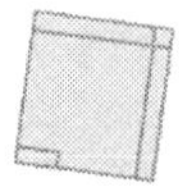 |  | 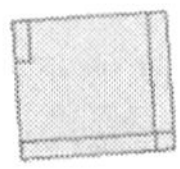 |
| 14. |  |  | 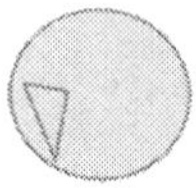 | 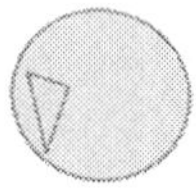 |  |
| 15. |  |  |  |  |  |
| 16. |  | 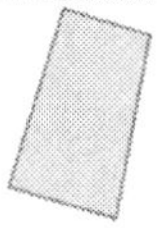 |  | 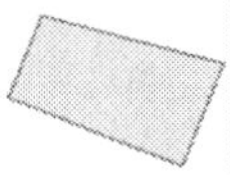 | 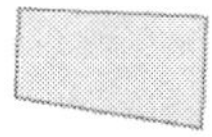 |
| 17. |  |  |  |  |  |
| 18. |  |  |  |  |  |
| 19. |  |  |  |  |  |

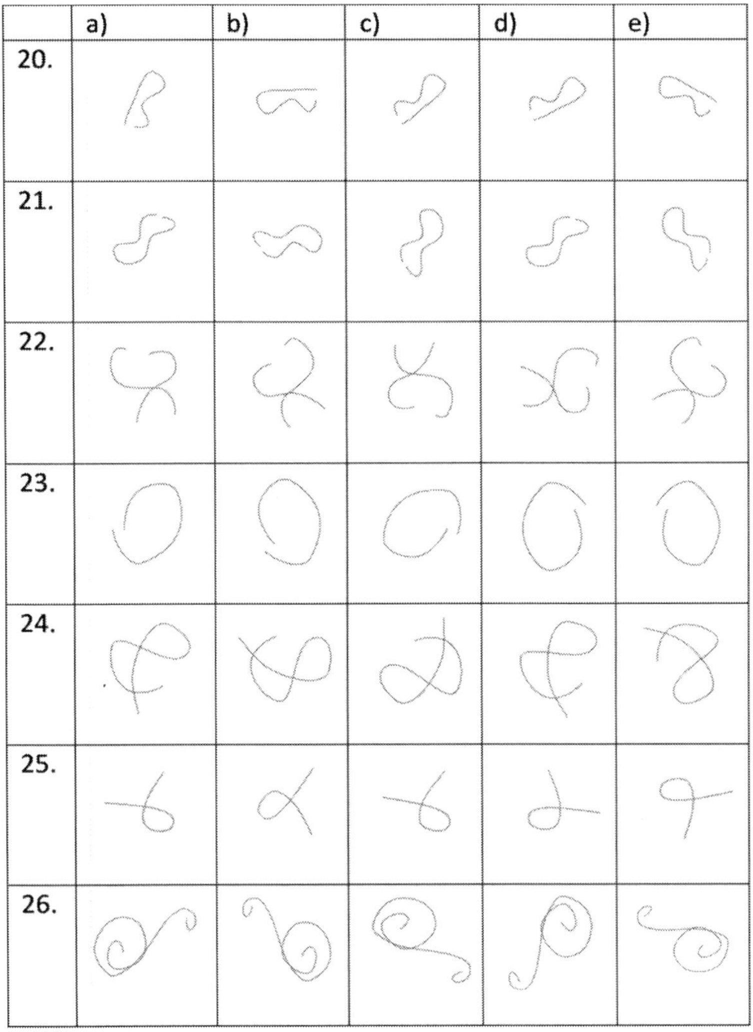
a)
b)
c)
d)
e)
20.
21.
22.
23.
24.
25.
26.

| | a) | b) | c) | d) | e) |
|---|---|---|---|---|---|
| 27. |  |  |  |  |  |
| 28. |  |  |  |  |  |

Lösungen: Spiegelungen

| | | |
|---|---|---|
| 1. c) | 11. e) | 21. c) |
| 2. d) | 12. d) | 22. b) |
| 3. b) | 13. b) | 23. e) |
| 4. a) | 14. a) | 24. b) |
| 5. e) | 15. b) | 25. d) |
| 6. c) | 16. e) | 26. b) |
| 7. d) | 17. a) | 27. e) |
| 8. a) | 18. d) | 28. c) |
| 9. a) | 19. e) | |
| 10. a) | 20. a) | |

## Grafiken deuten

Schaue dir die beiden Grafiken genau an. Im Folgenden werden dir verschiedene Aussagen vorgegeben. Du sollst anhand der Grafiken entscheiden, ob diese Aussagen richtig, falsch oder den Grafiken nicht zu entnehmen sind. Zeit: **2 Minuten**

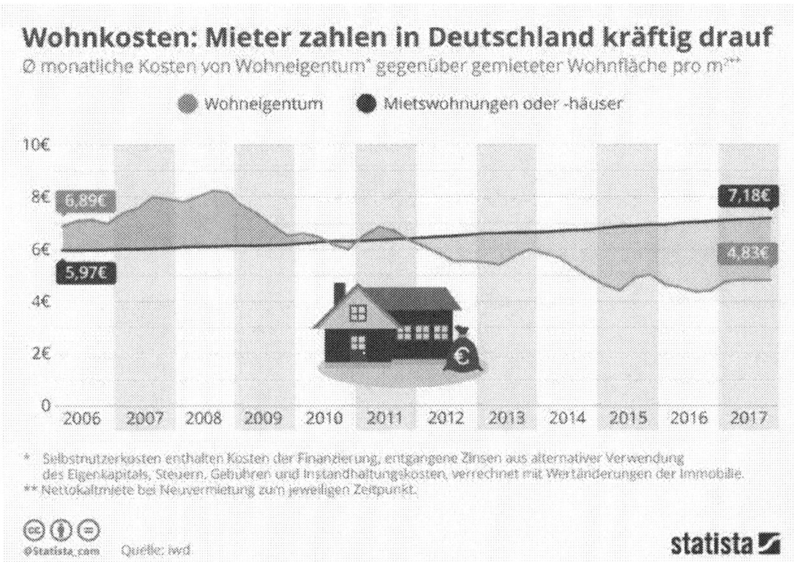

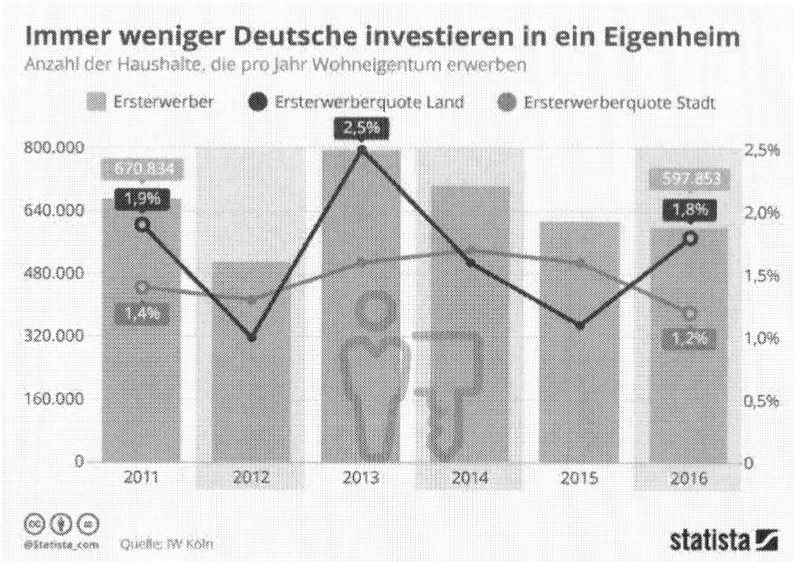


1. Mieten im Jahr 2017 ist teurer als Wohneigentum im Jahr 2006.
a) falsch
b) nicht zu entnehmen
c) richtig

2. In der Stadt gab es durchweg weniger Eigenheim-Ersterwerber als auf dem Land.
a) richtig
b) falsch
c) nicht zu entnehmen

3. Die Immobilienkrise 2010 war der Grund für die Umkehr der Miet- und Eigentumskosten.
a) richtig
b) falsch
c) nicht zu entnehmen

4. Mieten ist auf dem Land günstiger als in der Stadt.
a) falsch
b) richtig
c) nicht zu entnehmen x

5. Seit 2006 ist Wohneigentum günstiger geworden.
a) falsch
b) richtig
c) nicht zu entnehmen

Lösungen: Grafiken deuten

| 1. c) | 3. c) | 5. b) |
|---|---|---|
| 2. b) | 4. c) | |

## Figurenflächen zählen

Bei dieser Aufgabe musst du sämtliche Flächen eines Körpers beziehungsweise einer Figur zählen. Denke daran, auch die nicht sichtbaren Flächen immer mitzuzählen.

Zeit: **5 Minuten**

1.

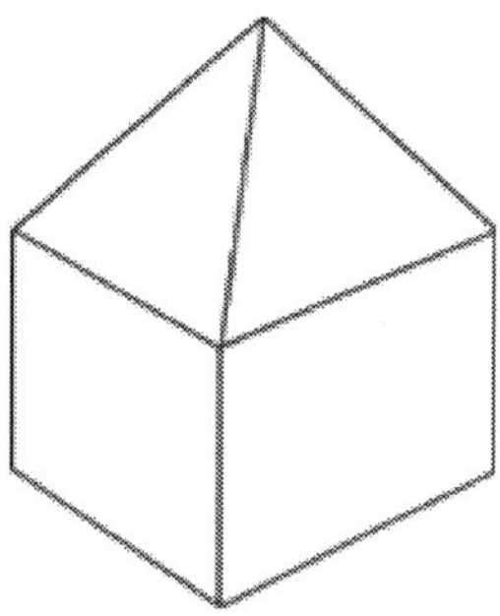

Anzahl der Flächen:

2.

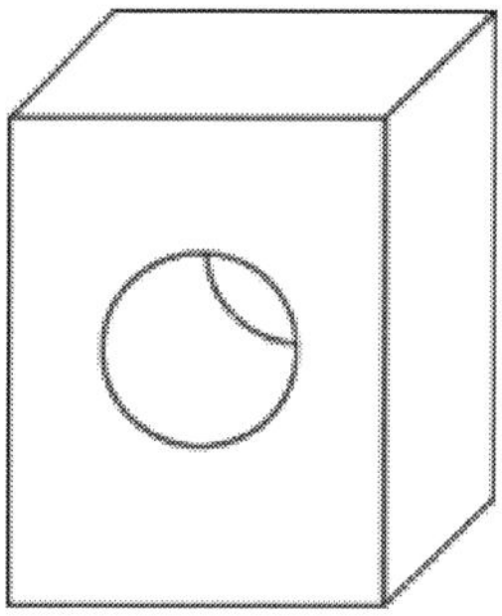

Anzahl der Flächen:

3.

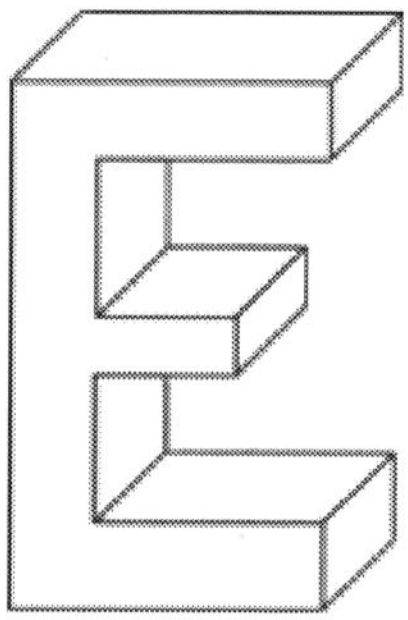

Anzahl der Flächen:

4.

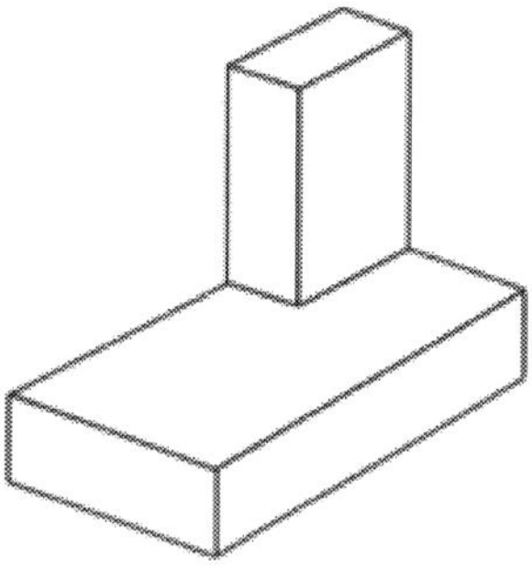

Anzahl der Flächen:

5.

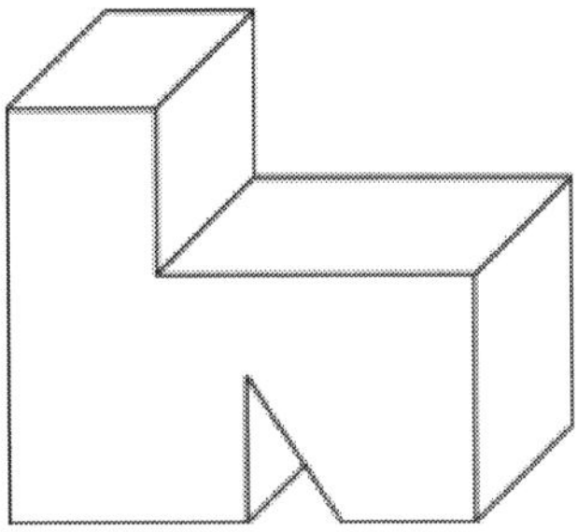

Anzahl der Flächen:

7.

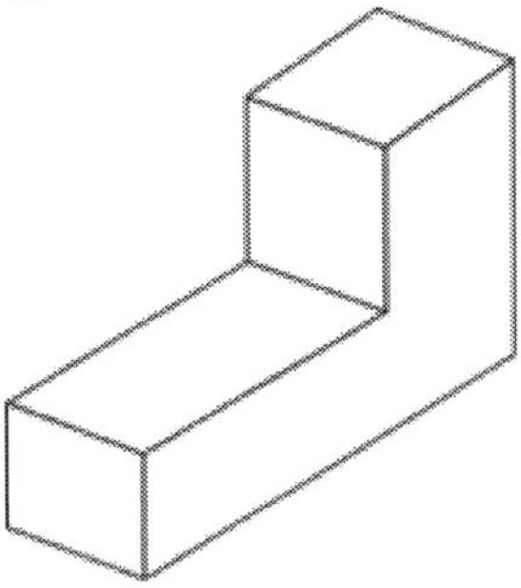

Anzahl der Flächen:

6.

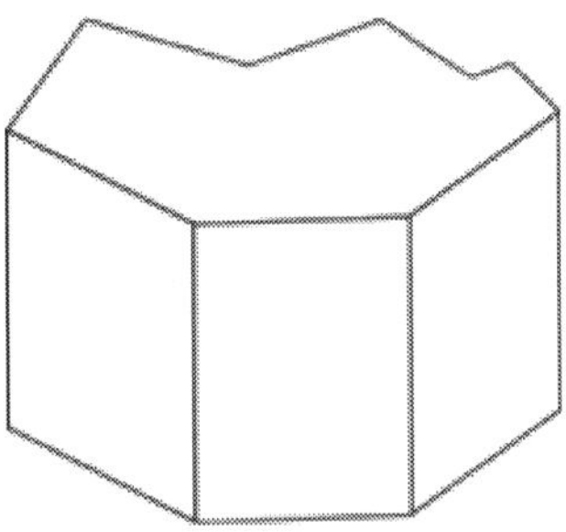

Anzahl der Flächen:

8.

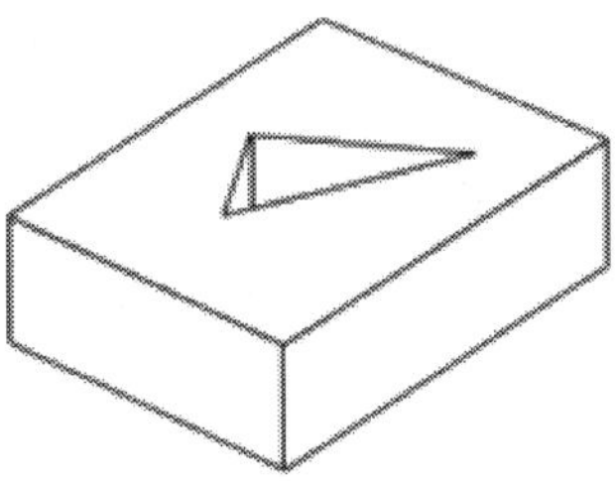

Anzahl der Flächen:

**Lösungen:**
Zu 1.: 9
Zu 2.: 7
Zu 3.: 14
Zu 4.: 9
Zu 5.: 11
Zu 6.: 11
Zu 7.: 8
Zu 8.: 9

## Konzentration und Merkfähigkeit

Durch Aufgaben zur Konzentrations- und Merkfähigkeit versuchen Arbeitgeber, Vorhersagen zu treffen, wie gründlich, schnell und zuverlässig jemand arbeitet. Trotzdem sollte man sich als Bewerber nicht aus der Ruhe bringen lassen und versuchen, in der gegebenen Zeit so viele Aufgaben wie möglich zu lösen.

### Chinesische Zeichen

In der Tabelle auf der nächsten Seite werden die Spalten anhand von Buchstaben benannt. Neben jeder Spalte in jeder Zeile befinden sich chinesische Zeichen. Diesen Zeichen sind Ziffern zugeordnet, die in der folgenden Tabelle zu sehen sind:

| 担 | 诚 | 记 | 情 | 激 | 真 | 当 | 创 | 新 | 南 |
|---|---|---|---|---|---|---|---|---|---|
| 0 | 1 | 2 | 3 | 4 | 5 | 6 | 7 | 8 | 9 |

In der Tabelle auf der nächsten Seite werden in der vertikalen Spalte chinesische Zeichen mit einem leeren Feld rechts daneben angezeigt. In das leere Feld muss die Summe aus dem chinesischen Zeichen links daneben und dem chinesischen Zeichen darunter berechnet werden. Auf der übernächsten Seite findest du dazu ein Beispiel.

| A | B | C | D | E |
|---|---|---|---|---|
| 记 | 担 | 真 | 记 | 激 |
| 激 | 诚 | 情 | 真 | 激 |
| 诚 | 真 | 记 | 记 | 创 |
| 诚 | 记 | 真 | 诚 | 情 |
| 真 | 创 | 新 | 真 | 真 |
| 担 | 激 | 激 | 情 | 激 |
| 真 | 当 | 创 | 当 | 当 |
| 记 | 担 | 诚 | 创 | 记 |
| 诚 | 激 | 新 | 激 | 激 |
| 记 | 情 | 记 | 创 | 诚 |
| 真 | 真 | 情 | 真 | 当 |

**Beispiel**
Schauen wir uns das oberste chinesische Symbol an. Es entspricht der Nummer 2. Das chinesische Symbol direkt darunter entspricht der Nummer 4. Die Zuordnungen kannst du einfach in der Tabelle weiter oben ablesen. Im zweiten Feld wird einfach die Zahl 4 eingetragen, da darunter keine weiteren Zeichen vorhanden sind.

Um das Feld in der ersten Zeile zu berechnen, müssen wir nun die Werte der beiden chinesischen Zeichen addieren: 2 + 4 = 6. Deshalb wird in das erste Feld die Zahl 6 eingetragen.

Aufgabe
Bitte fange in jeder Spalte oben mit deinen Berechnungen an und arbeite dich nach unten durch. Hast du die Spalte A komplett bearbeitet, fährst du von links nach rechts mit Spalte B fort und so weiter.

Lösungen: Chinesische Zeichen

| |
|---|
| Reihe A: 6, 5, 2, 6, 5, 5, 7, 3, 3, 7 |
| Reihe B: 1, 6, 7, 9, 11, 10, 6, 4, 7, 8 |
| Reihe C: 8, 5, 7, 13, 12, 11, 8, 9, 10, 5 |
| Reihe D: 7, 7, 3, 6, 8, 9, 13, 11, 11, 12 |
| Reihe E: 8, 11, 10, 8, 9, 10, 8, 6, 5, 7 |

## bqpd-Test

Aus der folgenden Buchstabenreihe muss jeder Buchstabe d, der durch zwei Striche gekennzeichnet ist, markiert werden. Folgende Kombinationen gelten dabei als richtig:

| | | |
|---|---|---|
| I | | II |
| d | d | d |
| I | II | |

Zeit: **3 Minuten**

1. Wie viele Markierungen (Treffer) hat die folgende Zeile:

| | | | | | | | | | | | | | | | | | | | | | | | | |
|---|---|---|---|---|---|---|---|---|---|---|---|---|---|---|---|---|---|---|---|---|---|---|---|---|
| I | II | | I | II | | I | II | | I | | | I | II | I | | | I | | II | | I | | | I |
| b | d | b | d | b | d | b | d | b | d | b | b | b | d | d | d | d | b | d | d | q | d | b | q | d |
| | | | | I | II | | I | II | | I | II | | I | | | I | II | I | | | I | | II | |

Anzahl:

2. Wie viele Markierungen (Treffer) hat die folgende Zeile:

| | | | | | | | | | | | | | | | | | | | | | | | | |
|---|---|---|---|---|---|---|---|---|---|---|---|---|---|---|---|---|---|---|---|---|---|---|---|---|
| I | | | I | I | II | | I | II | | I | II | | I | | | I | II | I | | | I | | II | |
| d | b | d | b | b | d | b | q | b | b | d | b | d | q | d | b | d | b | d | d | d | d | d | b | d |
| II | | I | II | | I | II | | I | | | I | II | I | | | I | | II | | I | | | I | |

Anzahl:

3. Wie viele Markierungen (Treffer) hat die folgende Zeile:

| | | | | | | | | | | | | | | | | | | | | | | | | |
|---|---|---|---|---|---|---|---|---|---|---|---|---|---|---|---|---|---|---|---|---|---|---|---|---|
| II | | I | II | | I | | | I | II | I | | | I | | II | | I | | | I | | | | |
| b | d | d | d | q | q | d | d | d | d | d | b | d | d | d | d | d | q | d | d | d | b | b | d | d |
| | I | II | | I | II | | I | II | | I | | | I | II | I | | | I | | II | | I | | |

Anzahl:

4. Wie viele Markierungen (Treffer) hat die folgende Zeile:

d d d d q d q d d d b d d b q b d d b q d d d d b

Anzahl:

5. Wie viele Markierungen (Treffer) hat die folgende Zeile:

q d d d b d d d q b d d b b d d q d d d d q b d b

Anzahl:

6. Wie viele Markierungen (Treffer) hat die folgende Zeile:

d d d b d b d d d d b d d d b q d d b d d q d d b

Anzahl:

7. Wie viele Markierungen (Treffer) hat die folgende Zeile:

d d d b d b d d d d b d d d b q d d b d d q d d b

Anzahl:

8. Wie viele Markierungen (Treffer) hat die folgende Zeile:

d d d b d b d d d d b d d d b q d d b d d q d d b

Anzahl:

9. Wie viele Markierungen (Treffer) hat die folgende Zeile:

d b d b b d b q b b d b d q d b d b d d d d d b d

Anzahl:

10. Wie viele Markierungen (Treffer) hat die folgende Zeile:

| | | | | | | | | | | | | | | | | | | | | | | | | |
|---|---|---|---|---|---|---|---|---|---|---|---|---|---|---|---|---|---|---|---|---|---|---|---|---|
| ॥ | । | | | । | । | ॥ | | । | ॥ | | । | ॥ | | । | | | । | ॥ | । | | | । | | ॥ |
| d | b | d | b | b | d | b | q | b | b | d | b | d | q | d | b | d | b | d | d | d | d | d | b | d |
| | । | ॥ | । | ॥ | | | ॥ | ॥ | । | | | । | । | | ॥ | | । | ॥ | | । | ॥ | | । | |

Anzahl:

Lösungen: bqpd-Test

| | | |
|---|---|---|
| 1. 4 Treffer | 5. 6 Treffer | 9. 6 Treffer |
| 2. 2 Treffer | 6. 5 Treffer | 10. 4 Treffer |
| 3. 5 Treffer | 7. 7 Treffer | |
| 4. 2 Treffer | 8. 10 Treffer | |

## Weg/Pfad finden

Jeder Pfad führt von einem Buchstaben zu einer bestimmten Zahl. Versuche, den Pfad nachzuvollziehen und ordne den Buchstaben die passende Zahl zu.

Zeit: **3 Minuten**

1. Aufgabe

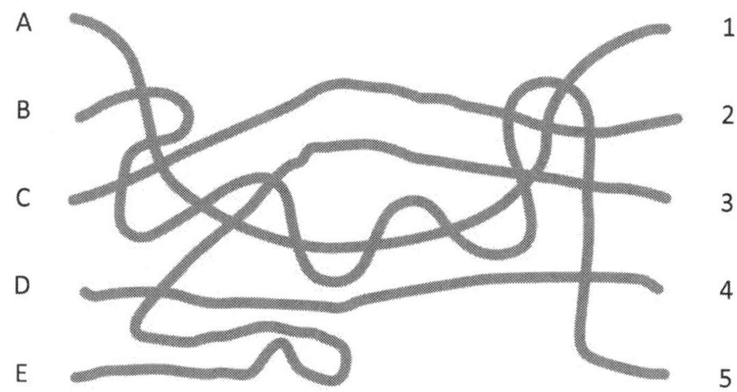


Trage die zugehörigen Zahlen ein:

A -　　B -　　C -　　D -　　E -

2. Aufgabe

A B C D E

1 2 3 4 5

Trage die zugehörigen Zahlen ein:

A - B - C - D - E -

3. Aufgabe

A B C D E

1 2 3 4 5

Trage die zugehörigen Zahlen ein:

A - B - C - D - E -

4. Aufgabe

A 1
B 2
C 3
D 4
E 5

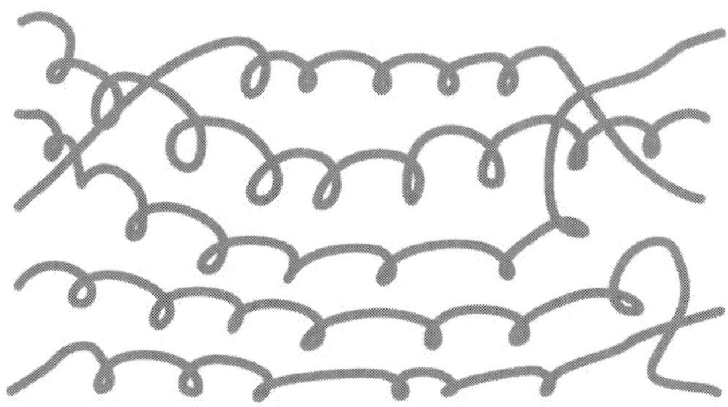

Trage die zugehörigen Zahlen ein:
A - B - C - D - E -

5. Aufgabe

A 1
B 2
C 3
D 4
E 5

Trage die zugehörigen Zahlen ein:
A - B - C - D - E -

6. Aufgabe

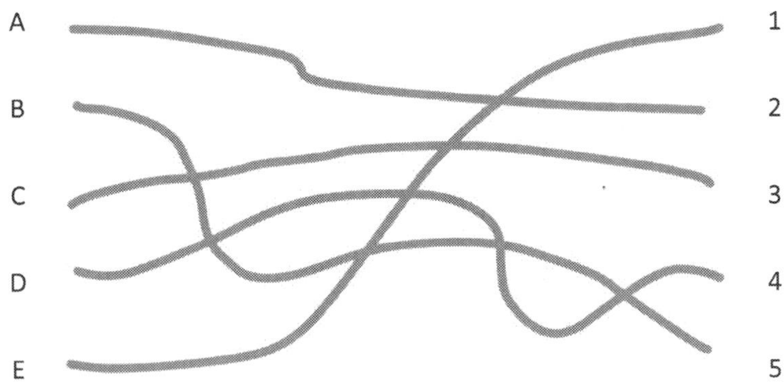


Trage die zugehörigen Zahlen ein:

A - B - C - D - E -

7. Aufgabe

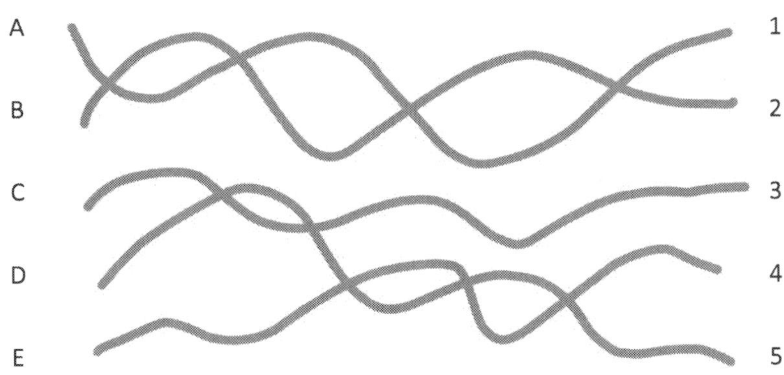


Trage die zugehörigen Zahlen ein:

A - B - C - D - E -

8. Aufgabe

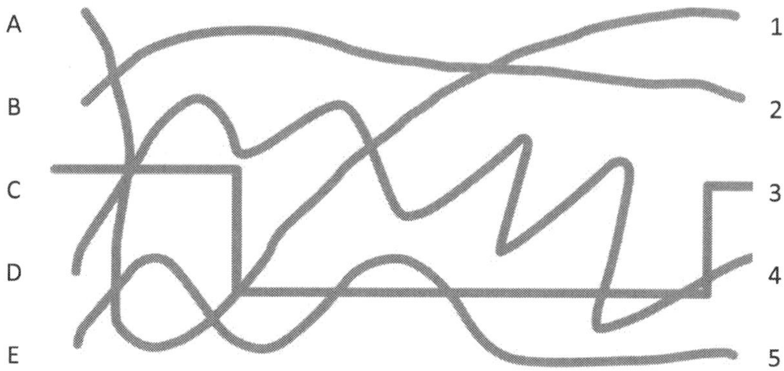


Trage die zugehörigen Zahlen ein:

A - B - C - D - E -

9. Aufgabe

Trage die zugehörigen Zahlen ein:

A - B - C - D - E -

10. Aufgabe

Trage die zugehörigen Zahlen ein:

A - B - C - D - E -

Lösungen: Weg/Pfad finden

1. A 1, B 5, C 2, D 4, E 3
2. A 4, B 1, C 2, D 3, E 5
3. A 5, B 1, C 2, D 3, E 4
4. A 2, B 1, C 3, D 5, E 4
5. A 5, B 2, C 3, D 1, E 4
6. A 2, B 5, C 3, D 4, E 1
7. A 1, B 2, C 3, D 5, E 4
8. A 1, B 2, C 3, D 4, E 5
9. A 1, B 2, C 5, D 3, E 4
10. A 3, B 2, C 4, D 5, E 1

## Zahlen merken

Bei diesem Gedächtnistest musst du dir 30 Zahlen in **2 Minuten** merken. Nachdem du dir die Zahlen eingeprägt hast, markierst du aus 100 Zahlen diejenigen, die du dir zuvor gemerkt hast.

| | | | | |
|---|---|---|---|---|
| 5 | 12 | 35 | 42 | 22 |
| 24 | 30 | 28 | 9 | 43 |
| 45 | 15 | 18 | 38 | 49 |
| 52 | 61 | 2 | 56 | 27 |
| 73 | 58 | 85 | 77 | 66 |
| 64 | 92 | 74 | 82 | 96 |

Markiere alle Zahlen, die du dir vorher eingeprägt hast. Du hast dafür **2 Minuten** Zeit. Bedenke, um so weniger Fehler du machst, um so mehr Punkte erhältst du.

| | | | | | | | | | |
|---|---|---|---|---|---|---|---|---|---|
| 1 | 2 | 3 | 4 | 5 | 6 | 7 | 8 | 9 | 10 |
| 11 | 12 | 13 | 14 | 15 | 16 | 17 | 18 | 19 | 20 |
| 21 | 22 | 23 | 24 | 25 | 26 | 27 | 28 | 29 | 30 |
| 31 | 32 | 33 | 34 | 35 | 36 | 37 | 38 | 39 | 40 |
| 41 | 42 | 43 | 44 | 45 | 46 | 47 | 48 | 49 | 50 |
| 51 | 52 | 53 | 54 | 55 | 56 | 57 | 58 | 59 | 60 |
| 61 | 62 | 63 | 64 | 65 | 66 | 67 | 68 | 69 | 70 |
| 71 | 72 | 73 | 74 | 75 | 76 | 77 | 78 | 79 | 80 |
| 81 | 82 | 83 | 84 | 85 | 86 | 87 | 88 | 89 | 90 |
| 91 | 92 | 93 | 94 | 95 | 96 | 97 | 98 | 99 | 100 |

Lösungen: Zahlen merken

| | | | | | | | | | |
|---|---|---|---|---|---|---|---|---|---|
| 1 | **2** | 3 | 4 | **5** | 6 | 7 | 8 | **9** | 10 |
| 11 | **12** | 13 | 14 | **15** | 16 | 17 | **18** | 19 | 20 |
| 21 | **22** | 23 | **24** | 25 | 26 | **27** | **28** | 29 | **30** |
| 31 | 32 | 33 | 34 | **35** | 36 | 37 | **38** | 39 | 40 |
| 41 | **42** | **43** | 44 | **45** | 46 | 47 | 48 | **49** | 50 |
| 51 | **52** | 53 | 54 | 55 | **56** | 57 | **58** | 59 | 60 |
| **61** | 62 | 63 | **64** | 65 | **66** | 67 | 68 | 69 | 70 |
| 71 | 72 | **73** | **74** | 75 | 76 | **77** | 78 | 79 | 80 |
| 81 | **82** | 83 | 84 | **85** | 86 | 87 | 88 | 89 | 90 |
| 91 | **92** | 93 | 94 | 95 | **96** | 97 | 98 | 99 | 100 |

## Autokennzeichen merken

Bei dieser Aufgabe musst du dir amtliche Autokennzeichen merken und diese im Anschluss unter mehreren gespiegelten Kennzeichen wiedererkennen.

Zeit: **2 Minuten**

Welche Kennzeichen wurden zuvor gezeigt?

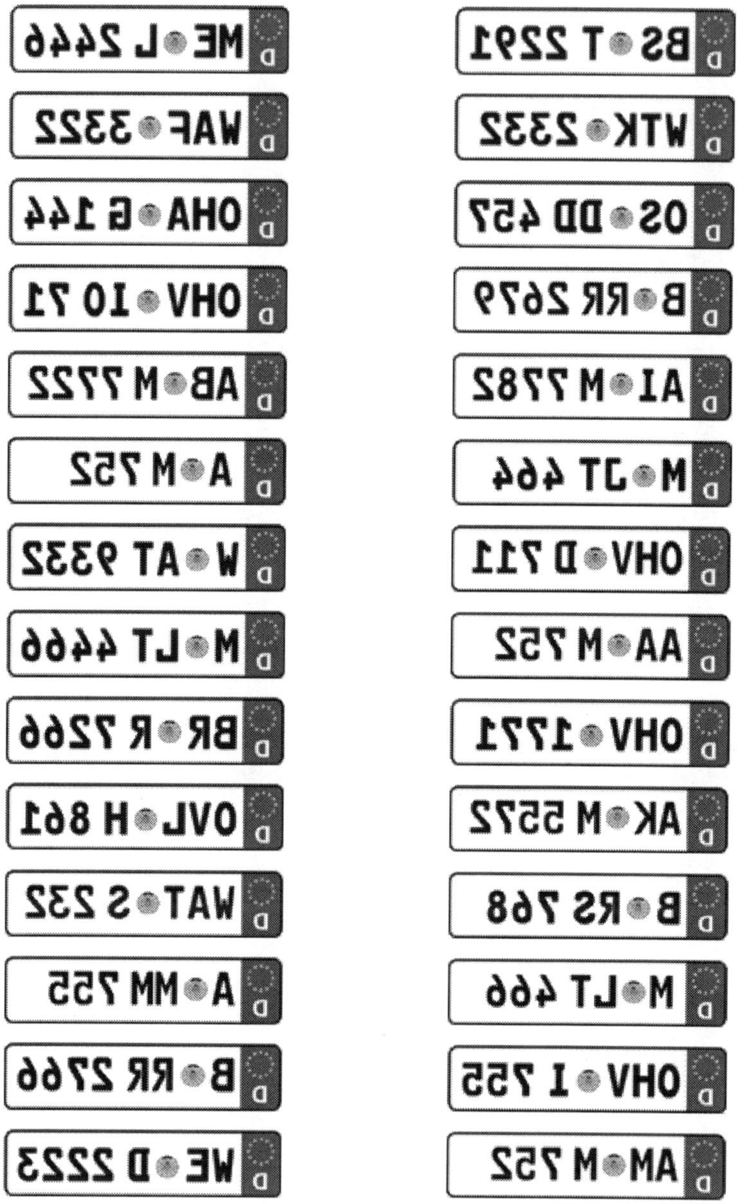

Lösungen: Autokennzeichen merken

Spalte 1, Reihe 6

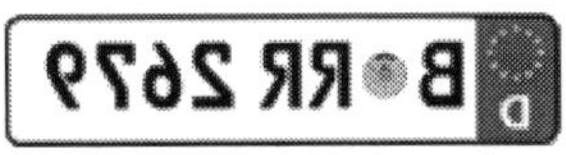

Spalte 2, Reihe 4

Spalte 2, Reihe 12

Spalte 2, Reihe 7

Spalte 1, Reihe 11

## Personendaten merken

Bei dieser Aufgabe musst du dir Personendaten merken. In der Tabelle findest du eine Auflistung von Tätigkeiten, die in einem Hotel üblich sind. Präge dir zu jedem Beruf beziehungsweise Tätigkeit den jeweiligen Namen ein, um ihn später wieder zuordnen zu können.

Für das Einprägen der Tabelle hast du **2 Minuten** Zeit.

| **Tätigkeit** | **Name** |
|---|---|
| Hoteldirektor | Lehmann |
| Buchhalterin | Magnus |
| Einkäufer | Brandt |
| Hotelkaufmann | Peterson |
| Hotelfachfrau | Favelli |
| Portier | Akuzawa |
| Personalreferent | Friedrich |
| Controlling | Berglund |
| Zimmermädchen | Berger |
| Kellner | Demir |
| Empfangsdame | Engel |
| Barkeeper | Ludwig |
| Floristik | Geßner |
| PR Manager | Yildirim |
| Küchenchef | Keller |
| Hausmeister | Montinari |

Markiere den Namen, der zu der jeweiligen Tätigkeit gehört. Für das Lösen der Aufgabe hast du **2 Minuten** Zeit.

1. **Hotelfachfrau**
a) Peterson
b) Favelli
c) Demir
d) Friedrich

2. **Barkeeper**
a) Berger
b) Geßner
c) Keller
d) Ludwig

3. **PR Manager**
a) Hartmann
b) Yildirim
c) Lehmann
d) Peterson

4. **Hausmeister**
a) Akuzawa
b) Engel
c) Montinari
d) Favelli

5. **Buchhalterin**
a) Magnus
b) Berger
c) Geßner
d) Berglund

6. **Personalreferent**
a) Yildirim
b) Keller
c) Ludwig
d) Friedrich

7. **Hoteldirektor**
a) Friedrich
b) Demir
c) Lehmann
d) Engel

8. **Floristik**
a) Akuzawa
b) Geßner
c) Engel
d) Montinari

9. **Zimmermädchen**
a) Brandt
b) Berger
c) Favelli
d) Engel

10. **Einkäufer**
a) Brandt
b) Yildirim
c) Magnus
d) Berglund

11. **Portier**
a) Demir
b) Peterson
c) Akuzawa
d) Favelli

12. **Empfangsdame**
a) Peterson
b) Engel
c) Ludwig
d) Berger

Lösungen: Personendaten merken

| | | |
|---|---|---|
| 1. b) | 5. a) | 9. b) |
| 2. d) | 6. d) | 10. a) |
| 3. b) | 7. c) | 11. c) |
| 4. c) | 8. b) | 12. b) |

## Wörter merken

Hier musst du dir aus fünf Bereichen mehrere Wörter merken und diese nachher wieder anhand der Anfangsbuchstaben den korrekten Bereichen zuordnen.

Merke dir innerhalb von **3 Minuten** die folgenden Kategorien mit den dazugehörigen Begriffen.

Für das Beantworten der Fragen hast du **10 Minuten** Zeit.

Berufe: Bienenzüchter – Imker – Quantenphysiker – Tierarzt – Unternehmer

Städte: Chemnitz – Düsseldorf – Jena – München – Stuttgart

Namen: Emil – Xavier – Lena – Otto – Ricarda

Länder: Zypern – Albanien – Kolumbien – Norwegen – Weißrussland

Sportarten: Polo – Fechten – Handball – Volleyball – Golf

1. In welche Gruppe gehört der Begriff mit dem Anfangsbuchstaben **A**?
a) Städte
b) Berufe
c) Namen
d) Länder
e) Sportarten

2. In welche Gruppe gehört der Begriff mit dem Anfangsbuchstaben **B**?
a) Länder
b) Namen
c) Städte
d) Sportarten
e) Berufe

3. In welche Gruppe gehört der Begriff mit dem Anfangsbuchstaben **C**?
a) Länder
b) Städte
c) Namen
d) Berufe
e) Sportarten

4. In welche Gruppe gehört der Begriff mit dem Anfangsbuchstaben **D**?
a) Namen
b) Länder
c) Berufe
d) Städte
e) Sportarten

5. In welche Gruppe gehört der Begriff mit dem Anfangsbuchstaben **E**?
a) Berufe
b) Städte
c) Namen
d) Länder
e) Sportarten

6. In welche Gruppe gehört der Begriff mit dem Anfangsbuchstaben **F**?
a) Berufe
b) Städte
c) Namen
d) Länder
e) Sportarten

7. In welche Gruppe gehört der Begriff mit dem Anfangsbuchstaben **G**?
a) Namen
b) Berufe
c) Städte
d) Länder
e) Sportarten

8. In welche Gruppe gehört der Begriff mit dem Anfangsbuchstaben **H**?
a) Städte
b) Länder
c) Namen
d) Berufe
e) Sportarten

9. In welche Gruppe gehört der Begriff mit dem Anfangsbuchstaben **I**?
a) Berufe
b) Städte
c) Sportarten
d) Länder
e) Namen

10. In welche Gruppe gehört der Begriff mit dem Anfangsbuchstaben **J**?
a) Berufe
b) Länder
c) Städte
d) Namen
e) Sportarten

11. In welche Gruppe gehört der Begriff mit dem Anfangsbuchstaben **K**?
a) Städte
b) Sportarten
c) Berufe
d) Länder
e) Namen

12. In welche Gruppe gehört der Begriff mit dem Anfangsbuchstaben **L**?
a) Städte
b) Namen
c) Berufe
d) Sportarten
e) Länder

13. In welche Gruppe gehört der Begriff mit dem Anfangsbuchstaben **M**?
a) Berufe
b) Städte
c) Namen
d) Sportarten
e) Länder

14. In welche Gruppe gehört der Begriff mit dem Anfangsbuchstaben **N**?
a) Berufe
b) Sportarten
c) Länder
d) Städte
e) Namen

15. In welche Gruppe gehört der Begriff mit dem Anfangsbuchstaben **O**?
a) Berufe
b) Länder
c) Städte
d) Namen
e) Sportarten

16. In welche Gruppe gehört der Begriff mit dem Anfangsbuchstaben **P**?
a) Namen
b) Städte
c) Berufe
d) Länder
e) Sportarten

17. In welche Gruppe gehört der Begriff mit dem Anfangsbuchstaben **Q**?
a) Berufe
b) Länder
c) Namen
d) Städte
e) Sportarten

18. In welche Gruppe gehört der Begriff mit dem Anfangsbuchstaben **R**?
a) Städte
b) Namen
c) Länder
d) Sportarten
e) Berufe

19. In welche Gruppe gehört der Begriff mit dem Anfangsbuchstaben **S**?
a) Städte
b) Berufe
c) Namen
d) Länder
e) Sportarten

20. In welche Gruppe gehört der Begriff mit dem Anfangsbuchstaben **T**?
Namen
a) Städte
b) Berufe
c) Länder
d) Namen
e) Sportarten

21. In welche Gruppe gehört der Begriff mit dem Anfangsbuchstaben **U**?
a) Berufe
b) Städte
c) Namen
d) Länder
e) Sportarten

22. In welche Gruppe gehört der Begriff mit dem Anfangsbuchstaben **V**?
a) Namen
b) Berufe
c) Städte
d) Sportarten
e) Länder

23. In welche Gruppe gehört der Begriff mit dem Anfangsbuchstaben **W**?
a) Städte
b) Länder
c) Namen
d) Berufe
e) Sportarten

24. In welche Gruppe gehört der Begriff mit dem Anfangsbuchstaben **X**?
a) Namen
b) Berufe
c) Städte
d) Sportarten
e) Länder

25. In welche Gruppe gehört der Begriff mit dem Anfangsbuchstaben **Z**?
a) Namen
b) Länder
c) Berufe
d) Sportarten
e) Städte

Lösungen: Wörter merken

| | | |
|---|---|---|
| 1. d) | 10. c) | 19. a) |
| 2. e) | 11. d) | 20. b) |
| 3. b) | 12. b) | 21. a) |
| 4. d) | 13. b) | 22. d) |
| 5. c) | 14. c) | 23. b) |
| 6. e) | 15. d) | 24. a) |
| 7. e) | 16. e) | 25. b) |
| 8. e) | 17. a) | |
| 9. a) | 18. b) | |

## Lebenslauf einprägen

Bei dieser Aufgabe musst du dir aus den beiden Lebensläufen die wichtigsten Informationen merken und später dazu einige Fragen beantworten. Markiere den Buchstaben mit der korrekten Lösung.

Zeit: **5 Minuten**

*Lebenslauf 1*

**Name:** Lange

**Vorname:** André Joseph

**Geburtstag:** 25.07.1985

**Geburtsort:** Berlin

**Beruf:** Netzwerktechniker

**André Lange** wurde am 25.07.1985 in Berlin als Einzelkind eines Installateurmeisters und einer Bürokauffrau geboren. Nachdem er von 1991 bis 1996 die Grundschule in Berlin-Lichtenberg besucht hatte, zog er mit seiner Familie ins nahe liegende Umland nach Brandenburg. Dort ging er auf die Herbert Tschäpe Oberschule in Erkner und belegte dort auch 2001 sein Realschulabschluss. Anschließend absolvierte André Lange von 2001 bis 2005 eine dreieinhalbjährige Berufsausbildung zum IT-Systemelektroniker am Flughafen Berlin Schönefeld. Nach seiner abgeschlossenen Ausbildung musste er seinen Zivildienst antreten, den er in einer Diakonie in Teltow neun Monate ableistete. 2006 absolvierte er eine Fort- und Weiterbildung zum Thema Netzwerk. Als Netzwerktechniker bekam er dann eine Anstellung bei der Deutschen Bahn, wo er bis heute noch angestellt und bereits zum Abteilungsleiter aufgestiegen ist. Heute lebt er mit seiner Freundin Mandy kinderlos in der Geburtsstadt seiner Mutter, Leipzig.

*Lebenslauf 2*
**Name:** Berndsen
**Vorname:** Monika
**Geburtstag:** 04.05.1975
**Geburtsort:** Hannover
**Beruf:** Mediengestalterin

**Monika Berndsen,** geboren am 04.05.1975, wuchs als eines von drei Kindern in der Nähe von Hannover auf. Ihr Vater ist ein Oberleutnant bei der Bundeswehr und die Mutter eine Floristin mit eigenem Blumenladen. Schon früh half sie im Laden ihrer Mutter mit aus, um sich so das Taschengeld ein bisschen aufzufrischen. Auch heute noch gehören neben Malen und Zeichnen die Floristik zu ihren Hobbys. 1987 machte sie am Fontane Gymnasium in Hannover ihr Abitur. Bevor sie 1989 ein Studium als Mediengestalterin an der Universität in Wiesbaden begann, absolvierte sie ein Soziales Jahr bei einer Hilfsorganisation in Spanien. Neben der Arbeit konnte sie auch noch Land und Leute kennenlernen und spricht bis heute noch ein wenig Spanisch. Nach ihrem abgeschlossenen Studium bekam sie einen Job bei einer Lokalzeitung als Layouterin in München. Heute leitet sie mit rund 50 Mitarbeitern ihre eigene PR- und Marketingfirma in Hamburg. Monika Berndsen ist zudem seit sieben Jahre mit Steffan Berndsen verheiratet. Das Paar lebt mit seinen zwei Kindern Lukas und Maria in einem Einfamilienhaus in Hamburg.

1. Welchen Beruf übt André Lange aus?
a) Mediengestalter
b) Netzwerktechniker
c) Elektroniker
d) Systemelektroniker

2. Auf welche Schule ging André Lange?
a) Herbert Tschäpe Oberschule
b) Fontane Gymnasium
c) Oberschule Erkner
d) Diakonische Oberschule Teltow

3. In welcher Firma arbeitet André Lange?
a) Deutsche Post
b) Deutsche Bank
c) Deutsche Telekom
d) Deutsche Bahn

4. Wie heißt die Freundin von André Lange?
a) Mandy
b) Sabine
c) Monika
d) Maria

5. Wo wurde Monika Berndsen geboren?
a) Leipzig
b) Hamburg
c) Hannover
d) München

6. Welchen Beruf übte Monika Berndsen Mutter aus?
a) Floristin
b) Malerin
c) Lehrerin
d) Architektin

7. An welcher Universität studierte Monika Berndsen?
a) Mainz
b) Berlin
c) Wiesbaden
d) Frankfurt

8. Wie heißt der Sohn von Monika Berndsen?
a) Martin
b) Steffan
c) Leon
d) Lukas

Lösungen: Lebenslauf einprägen

| | | |
|---|---|---|
| 1. b) | 4. a) | 7. c) |
| 2. a) | 5. c) | 8. d) |
| 3. d) | 6. a) | |

## Textinhalte einprägen

Bei dieser Aufgabe musst du dir einen Pressebericht und einen Tatortsbericht einprägen. Lies dir die Berichte aufmerksam durch und merke dir die wichtigsten Details. Danach musst du einige Fragen zu den Berichten beantworten.

Für das Einprägen des Presseberichts hast du **3 Minuten** Zeit.

**Düsseldorf, 08.05.2014**

**POL-D: Sonsbeck - A 57 in Richtung Nimwegen - Verkehrsunfall mit drei Beteiligten - Ein Leichtverletzter - Sperrung einer Richtungsfahrbahn**

Mittwoch, 7. Mai 2014, 21:50 Uhr Sonsbeck

Glück im Unglück hatten gestern Abend sechs von sieben Menschen, die bei Sonsbeck auf der A 57 in einen Unfall verwickelt waren. Ein 45-jähriger Mann erlitt leichte Verletzungen. Die Fahrtrichtung Nimwegen blieb für eine Stunde gesperrt. Polizei sucht Zeugen. Nach den bisherigen Ermittlungen der Autobahnpolizei war eine 26-jährige Frau aus Mönchengladbach mit ihrem grauen Mercedes auf dem rechten Fahrstreifen der A 57 in Richtung Nimwegen unterwegs. Etwa 500 Meter vor der Anschlussstelle Uedem kollidierte der Mercedes aus bislang unklaren Gründen mit dem roten Mazda eines 32-jährigen Niederländers (mit im Fahrzeug waren vier weitere Insassen) und dem VW eines 45-jährigen Mannes aus Uedem. Bei dem Unfallgeschehen wurde der VW-Fahrer leicht verletzt. Den entstandenen Sachschaden schätzen die eingesetzten Beamten auf etwa 35.000 Euro. Während der Unfallaufnahme blieb die Fahrbahn in Richtung Nimwegen für eine Stunde gesperrt. Das größte Stauausmaß betrug zirka 2.000 Meter.

Quelle: Pressebericht vom 08.05.2014, Polizei Düsseldorf

Für das Beantworten der Fragen hast du **2 Minuten** Zeit.

1. Der Unfall ereignete sich auf der A 57 in Richtung Nimwegen.
a) richtig b) falsch

2. Alle Personen, die in den Unfall verwickelt waren, blieben unverletzt.
a) richtig b) falsch

3. Ein 26-jähriger Mann war in Richtung Nimwegen unterwegs.
a) richtig b) falsch

4. Ein silberner Mercedes kollidierte mit einem roten Mazda und einem VW.
a) richtig b) falsch

5. Im roten Mazda befanden sich vier weitere Insassen.
a) richtig b) falsch

6. Ein 43-jähriger Mann erlitt leichte Verletzungen.
a) richtig b) falsch

7. Der Unfall ereignete sich am Mittwoch, den 07.05.2014.
a) richtig b) falsch

8. Der Sachschaden wird auf etwa 32.000 Euro geschätzt.
a) richtig b) falsch

Lösungen: Pressebericht einprägen

Zu 1.: a) Richtig. Der Unfall ereignete sich auf der A 57 in Richtung Nimwegen.

Zu 2.: b) Falsch. Sechs von sieben Menschen blieben unverletzt, ein 45-jähriger Mann erlitt leichte Verletzungen.

Zu 3.: b) Falsch. Es handelt sich um eine 26-jährige Frau, die in Richtung Nimwegen unterwegs war.

Zu 4.: b) Falsch. Ein grauer Mercedes kollidierte mit einem roten Mazda und einem VW.

Zu 5.: a) Richtig. Im roten Mazda des Niederländers befanden sich vier weitere Insassen.

Zu 6.: b) Falsch. Der Mann, der leichte Verletzungen erlitt, war 45 Jahre alt.

Zu 7.: a) Richtig. Der Unfall ereignete sich am Mittwoch, den 07.05.2014 um 21:50 Uhr.

Zu 8.: b) Falsch. Der geschätzte Sachschaden belief sich auf etwa 35.000 Euro.

## Tatortbericht einprägen

Für das Einprägen des Tatortberichts hast du **5 Minuten** Zeit.

Am Donnerstag, den 08.05.2014, ging um 15:45 Uhr ein Anruf von Herrn Kruse in der Einsatzzentrale von Zossen ein, der ein Einbruchdiebstahl in seinem Einfamilienhaus in der Berliner Straße in Mittenwalde meldete. Die eingesetzten Polizeibeamten Bartels und Leitow bekamen den Auftrag. nach 15749 Mittenwalde zu fahren, um dort den Einbruch mit Diebstahl in einem Einfamilienhaus, aufzunehmen. Bei Eintreffen am Tatort befand sich Herr Kruse vor Ort und machte folgende Angaben. Am 08.05.2014 gegen 07:00 Uhr verließ Herr Kruse das ordnungsgemäß verschlossene Einfamilienhaus. Als Herr Kruse gegen 15:30 von der Arbeit kam, seine Hauseingangstür öffnete und den Eingangsbereich betrat, fiel ihm zunächst nichts Außergewöhnliches auf. Erst als Herr Kruse die Küche betrat, bemerkte er, dass das Küchenfenster weit offenstand und offensichtlich aufgebrochen wurde. Nach einem weiteren Rundgang durch das Haus bestätigte sich der Verdacht von Herr Kruse, dass bei ihm eingebrochen wurde. Herr Kruse und seine Ehefrau vermissen Bargeld und Schmuck, das aus einem Safe im Arbeitszimmer entwendet wurde. Des Weiteren wurden der Fernseher und eine chinesische Vase aus dem Wohnzimmer gestohlen. Aus dem Kinderzimmer des Sohnes Robert wurde ein Tablet-PC entwendet. Die Tochter Luise vermisst zudem eine Perlenkette und ein PC-Monitor. Nach der ersten Tatortbegehung der Polizeibeamten fanden sie im ganzen Haus offene Schubladen und durchwühlte Schränke vor, zudem waren in der Küche deutliche Schuhabdrücke zu finden. Am Küchenfenster, durch das der/die Einbrecher das Haus betreten haben, waren massive Hebelspuren zu erkennen. Anhand der geschilderten Angaben stellt sich der Tathergang vorläufig wie folgt dar: Die oder der Täter verschafften sich durch das Küchenfenster gewaltsam Zugang ins Hausinnere. Dabei durchwühlten sie sämtliche Wohnräume und suchten gezielt nach Bargeld, Schmuck und Wertgegenständen. Mit dem entwendeten Diebesgut verließen die/der Täter wieder das Haus durch das aufgebrochene Küchenfenster.

Nähere Angaben zu den Tätern konnte nicht gemacht werden, die polizeilichen Ermittlung laufen weiter. Nach weiteren Zeugen wird gesucht.

Der Tatortbericht ist frei erfunden.

Für das schriftliche Beantworten der Fragen hast du **10 Minuten** Zeit. Schreibe die Antworten auf ein extra Blatt Papier.

1. Wann wurde der Einbruch der Polizei gemeldet?

2. Was wurde aus dem Wohnzimmer gestohlen?

3. Wie sind die/der Täter in das Haus eingedrungen?

4. Wann ist Herr Kruse zu Hause eingetroffen?

5. Wie heißt die Tochter von Herrn Kruse?

6. Was wurde aus dem Kinderzimmer des Sohnes gestohlen?

7. Welche Spuren konnten von den Polizeibeamten festgestellt werden?

8. Wie heißen die beiden Polizeibeamten, die am Tatort ermitteln?

Musterantworten

Zu 1.: Der Einbruch wurde am Donnerstag, den 08.05.2014 um 15:45 Uhr von Herrn Kruse gemeldet.

Zu 2.: Aus dem Wohnzimmer wurden der Fernseher und eine chinesische Vase gestohlen.

Zu 3.: Die oder der Täter sind allem Anschein nach durch das aufgehebelte Küchenfenster eingedrungen.

Zu 4.: Herr Kruse betrat gegen 15:30 Uhr sein Haus, als er von der Arbeit gekommen war.

Zu 5.: Die Tochter von Herr Kruse heißt mit Vornamen Luise.

Zu 6.: Aus dem Kinderzimmer des Sohnes Robert wurde ein Tablet-PC entwendet.

Zu 7.: Die Polizeibeamten stellten am Küchenfenster massive Hebelspuren fest, zudem gab es eindeutige Schuhabdrücke in der Küche.

Zu 8.: Die beiden Polizeibeamten Bartels und Leitow bekamen den Auftrag, nach 15749 Mittenwalde zu fahren.

## Hauptaussagen finden

Bei dieser Aufgabe musst du den Text analysieren und die jeweilige Frage zum Text beantworten.

**Text 1**
**Thema: Umwelt, E-Auto, Verkehr in Städten**
In den kommenden Jahren und Jahrzehnten soll sich der Verkehr in deutschen Innenstädten wandeln. Auf unterschiedlichen politischen Ebenen werden Konzepte für die „Stadt der Zukunft" erarbeitet und diskutiert. Insbesondere Kommunalpolitiker werben in ihren Wahlkämpfen regelmäßig mit von ihnen geplanten Maßnahmen zur Verbesserung der Lebensqualität in Innenstädten. Auf der einen Seite stehen die Anwohner, die sich saubere Luft, wenig Verkehrslärm und mehr Radwege wünschen. Auf der anderen Seite pendeln täglich hunderttausende Menschen aus ländlichen Regionen in die Städte, weil dort ein vielfältigeres Angebot an Jobs und meist auch eine bessere Bezahlung winken. Gerade die Menschen auf dem Land sind auf das private Fahrzeug angewiesen. An dieser Situation wird sich auch in den nächsten Jahren nichts ändern. Mit der Einführung von Dieselfahrverboten haben einige deutsche Großstädte bereits Maßnahmen ergriffen. Ob die rege Inanspruchnahme der Förderprämien für Elektrofahrzeuge die Trendwende im Verkehr auf deutschen Straßen bringt, ist zum jetzigen Zeitpunkt noch nicht absehbar.

Der Autor möchte mit seinem Text ...
a) aufzeigen, dass in den meisten Städten bereits der Umstieg hin zum nachhaltigeren Verkehr vollzogen ist.
b) darauf aufmerksam machen, dass es in ländlichen Regionen viele gut bezahlte Arbeitsplätze gibt.
c) die Situation der Pendler in die Diskussion um Verkehr in den Städten mit einbeziehen.
d) die Argumente von Anwohnern und Berufspendlern gegenüberstellen.
e) darauf aufmerksam machen, dass Dieselfahrverbote auf Widerstand in der Bevölkerung stoßen.

**Text 2**

**Thema: Social Media, Internetnutzung bei jungen Menschen**

Die Internetnutzung in der Bevölkerung Deutschlands ist während der Corona-Pandemie ab März 2020 deutlich angestiegen. Die Gründe hierfür sind vielfältig. Schüler mussten den Unterricht von zu Hause aus über mobile Endgeräte verfolgen oder die zu erledigenden Aufgaben im Online-Lernportal der Schule bearbeiten. Da es in Schulen immer wieder zu Ansteckungen kam, wurden ganze Klassen wochenlang mittels Fernunterrichts (sogenanntes Homeschooling) auf dem Laufenden gehalten. Zugleich arbeiteten in dieser Zeit viele Berufstätige von zu Hause aus, weil auch in den Betrieben eine erhöhte Ansteckungs-gefahr herrscht. Sowohl öffentliche Stellen wie Schulen als auch Unternehmen mussten in kurzer Zeit mobile Arbeits- beziehungsweise Lernplätze schaffen. Aus den neu geschaffenen Arbeitsplätzen ergeben sich interessante Arbeitskonzepte für die Zukunft. So mancher Arbeitgeber wird eventuell herausgefunden haben, dass es gar nicht notwendig ist, dass sich alle Mitarbeiter tagtäglich auf den Weg in das gemeinsame Büro machen. Stattdessen ermöglicht es die moderne Kommunikation, von den unterschiedlichsten Orten aus mit seinen Kollegen in Kontakt zu bleiben. Im Gegensatz dazu ist es in der öffentlichen Verwaltung aufgrund des immer noch sehr hohen Anteils an Schriftverkehr nicht so einfach, ein Homeoffice einzurichten.

Der Autor möchte mit seinem Text ...

a) aufzeigen, dass die Corona-Pandemie langfristige Auswirkungen auf die Arbeitswelt haben könnte.

b) darauf aufmerksam machen, dass viele Lehrer nicht ausreichend im Umgang mit modernen Unterrichtsmethoden geschult sind.

c) auf mangelhafte Hygienekonzepte in der öffentlichen Verwaltung hinweisen.

d) die unterschiedlichen Situationen in Schulen und Unternehmen genauer darstellen.

**Text 3**

**Thema: Verwaltung in der Zukunft (Bürgerorientierung)**

Die öffentliche Verwaltung hat sich in den vergangenen Jahren gewandelt. Unter dem Namen „New Public Management" wurde mehr Fokus auf den Bürger gelegt. Das Ziel ist es, dass sich gewisse Sachgebiete in Behörden und deren Mitarbeiter als Servicestellen verstehen, die Dienstleistungen für Bürger erbringen. Diese „Kundenorientierung" soll auch dafür sorgen, dass die Ämter wieder in ein besseres Licht in der Öffentlichkeit gerückt werden. Das Bild des unmotivierten Behördenmitarbeiters soll von nun an der Vergangenheit angehören. Umso mehr suchen die Verwaltungen aktuell nach engagierten Mitarbeitern, die dem Antragsteller auf Augenhöhe begegnen, freundlich und kompetent Auskünfte erteilen und die Sachbearbeitung rasch und korrekt erledigen. Bei der Anwerbung des Personals stehen die Behörden dabei in Konkurrenz zu privaten Unternehmen. Gerade in der Verwaltung wird dabei mit der Vereinbarkeit von Familie und Beruf sowie einem krisensicheren Arbeitsplatz geworben. Immer mehr junge Menschen betrachten die Verwaltung als attraktiven und zukunftsfähigen Arbeitgeber. Umso umfangreicher werden daher die Auswahlverfahren. Darin müssen die Bewerber unter anderem einen Einstellungstest, ein Assessment-Center sowie ein persönliches Gespräch durchlaufen.

Der Autor möchte mit seinem Text ...

a) die Zukunftsfähigkeit der öffentlichen Verwaltung kritisieren.

b) die Prinzipien des „New Public Management" sowie „Kundenorientierung" erläutern.

c) aufzeigen, wie man sich als Bewerber auf einen Einstellungstest in der öffentlichen Verwaltung vorbereiten muss.

d) aufzeigen, welche Eigenschaften Mitarbeiter in der Verwaltung mitbringen sollten.

**Text 4**

**Thema: Soziales Engagement in der Schule**

Soziales Engagement spielt für unsere Gesellschaft eine wichtige Rolle. In verschiedensten Vereinigungen – vom Sportverein über die Freiwillige Feuerwehr bis hin zu Glaubens-gemeinschaften – übernehmen Menschen Verantwortung für andere und setzen sich in ihrer Freizeit unentgeltlich für die Belange und das Wohl anderer ein. Ehrenamtliche Tätigkeiten spielen auch für junge Menschen eine wichtige Rolle. Eine Tätigkeit in einem Sportverein etwa kann dabei helfen, einen Ausgleich zum Schulalltag und dem Leben daheim zu schaffen. Dabei lernt man neue Leute kennen und stärkt dabei soziale Kompetenzen. Diese Kompetenzen sind wiederum in anderen Lebensbereichen von Vorteil. Eine ehrenamtliche Tätigkeit kann auch gerne in einer Bewerbung erwähnt werden. Arbeitgeber freuen sich, wenn man als Bewerber zeigt, dass man sich für andere einsetzt. Gerade in kleinen Gemeinden im ländlichen Raum spielt etwa der Sportverein noch eine größere Rolle, während das vielfältige Sport- und Freizeitangebot in Städten jungen Menschen mehr Möglichkeiten der Freizeitgestaltung bietet.

Der Autor möchte mit seinem Text ...

a) die Vorteile des ehrenamtlichen Engagements hervorheben.

b) Bewerber dazu auffordern, in ihrer Bewerbung das ehrenamtliche Engagement zu nennen.

c) zeigen, dass ein Ehrenamt für die meisten Menschen nur wenige Vorteile bringt.

d) aussagen, dass es kaum Freizeitangebote für junge Menschen gibt.

**Lösungen**

**Text 1:** c), d)

**Text 2:** a), d)

**Text 3:** b), d)

**Text 4:** a), b)

# Textverständnis

**Text 1**

**Thema: Justiz und die digitale Verwaltung**

Im Informationszeitalter stehen Gerichte und Staatsanwaltschaften angesichts der immer umfangreicher werdenden Menge an Informationen vor großen Herausforderungen. Für ein Gerichtsverfahren legen die Prozessbeteiligten heute unter anderem Sprachnachrichten des Messenger-Dienstes WhatsApp, E-Mails, Nachrichten und Chats aus anderen sozialen Netzwerken sowie aufgezeichnetes Videomaterial als Beweise vor. Die Sichtung all dieser Informationen braucht Zeit. Richter müssen sich zunehmend mit immer mehr Datenquellen auseinandersetzen und die Vielzahl an eingereichten Daten auswerten. Welche davon dürfen als zuverlässige Quelle herangezogen werden? Welche Beweiskraft haben Chats oder ein Post auf Facebook? Gerichtsverfahren dauern bekanntlich lange und die Berge an Akten, die für die Entscheidungsfindung ausgewertet werden müssen, wachsen an. Um diesen Herausforderungen Herr zu werden, braucht es mehr Richter und Staatsanwälte.

Die elektronische Aktenführung, oder auch e-Akte, soll Veränderung bringen. Akten in Papierform werden Schritt für Schritt abgelöst. An ihrer Stelle tritt ein elektronisches Dokument, das am PC durchgeblättert und von verschiedenen Personen bearbeitet werden kann. Derzeit läuft bereits in zahlreichen Gerichten der Testbetrieb. Dabei wird zunächst nur ein Teil der Gerichtsangehörigen mit diesem System arbeiten. Wer einen Fehler in diesem System entdeckt oder Verbesserungsvorschläge vorbringen möchte, kann sich kurzerhand mit dem Systemadministrator in Verbindung setzen. Somit wird die e-Akte stetig verbessert. Schon in wenigen Jahren soll bereits ein beträchtlicher Teil aller Justizbehörden mit diesem System arbeiten. Die Politik plant auf Dauer einen vollständigen Umstieg auf diese Form der Aktenführung, auch wenn sich so manche Herausforderungen, die dieses System in der Praxis mit sich bringen wird, erst noch herausstellen werden.

Für das zukünftige Funktionieren unseres Rechtsstaates ist neben einer elektronischen Aktenführung insbesondere die Anwerbung und Einstellung von geeignetem Personal von großer Bedeutung. Gerichte und Staatsanwaltschaften bestehen nicht ausschließlich aus Juristen. Für das

Funktionieren dieser Stellen sind Angestellte und Beamte in den Geschäftsstellen unerlässlich. Hierfür gibt es verschiedene Ausbildungen sowie duale Studiengänge. Die Justiz wirbt in den letzten Jahren zunehmend für ihre Ausbildungen. Dazu zählen etwa der Fachwirt in der Justiz, der Verwaltungswirt in der Arbeits- und Sozialgerichtsbarkeit oder der Regierungssekretär in einer Justizvollzugsanstalt. All dies sind Ausbildungen in der Beamtenlaufbahn. Für die Zeit der Ausbildung wird man in das Beamtenverhältnis auf Widerruf berufen. Nach erfolgreichem Abschluss der Ausbildung wirst du als Beamter auf Probe ernannt und nach einer zweijährigen Probezeit schließlich auf Lebenszeit verbeamtet. Neben diesen Berufen bieten diese Behörden ebenfalls Ausbildungen für Angestellte wie die Ausbildung zum Verwaltungsfachangestellten an. Neben den Berufsausbildungen gibt es auch duale Studiengänge wie den Diplom-Rechtspfleger (FH).

Zusammenfassend lässt sich sagen, dass die Zukunft der Justizbehörden von der Einstellung von geeignetem Personal sowie einer modernisierten Aktenführung und den damit verbundenen Investitionen von politischer Seite bestimmt wird.

Welche der folgenden Aussagen lässt sich aus dem Text entnehmen? Es können auch mehrere Antworten richtig sein.

1. Gerichtsverfahren ...
a) bedürfen aufgrund der großen Zahl an vorgelegten Beweismitteln aus digitalen Medien einer langen Bearbeitungszeit.
b) dauern immer länger als ein Jahr.
c) werden künftig verstärkt durch die e-Akte geführt.
d) werden häufig angefochten.

2. Richter und Staatsanwälte ...
a) müssen in den nächsten Jahren verstärkt eingestellt werden.
b) arbeiten bereits zum Teil mit der e-Akte.
c) entscheiden zu langsam.
d) sind auf die Arbeit von Angestellten und Beamten in der Geschäftsstelle angewiesen.

3. Das Funktionieren der Organe unseres Rechtsstaates ...
a) hängt allein von der elektronischen Aktenführung ab.
b) hängt davon ab, wie viele Klagen bei den Gerichten eingereicht werden.
c) wird bestimmt durch verschiedene Faktoren.
d) wird unter anderem durch politische Ziele und Maßnahmen beeinflusst.

4. Die Justiz ...
a) bietet jungen Menschen kaum Ausbildungsmöglichkeiten an.
b) bietet lediglich Ausbildungen in einem Angestelltenverhältnis an.
c) bietet lediglich Ausbildungen in einem Beamtenverhältnis an.
d) wirbt immer mehr für ihre vielfältigen Ausbildungsmöglichkeiten.

5. Wer in der Justiz arbeiten möchte, ...
a) muss ein abgeschlossenes Jurastudium vorweisen können.
b) muss Richter oder Staatsanwalt werden.
c) kann eine Ausbildung in einer Beamtenlaufbahn anstreben.
d) kann ein duales Studium zum Diplom-Rechtspfleger (FH) antreten.

6. Welche der folgenden Aussagen fasst den gesamten Textinhalt am besten zusammen?
a) Die e-Akte wird das künftige Geschehen in unseren Gerichten beherrschen und innerhalb der nächsten Jahre umgesetzt.
b) Für die Zukunft unseres Rechtsstaates ist es besonders wichtig, dass sich möglichst viele junge Menschen für eine Ausbildung oder ein duales Studium in der Justiz entscheiden.
c) Die Justizbehörden stehen heute verschiedenen Herausforderungen, allen voran die Umgestaltung der Verwaltungsabläufe hin zur elektronischen Aktenführung sowie die Anwerbung von geeignetem Personal.
d) Richter und Staatsanwälte sollten bei der Entwicklung des Systems e-Akte mitwirken.

7. Was möchte der Autor mit seinem Text sagen?
a) Der Autor möchte darauf hinweisen, dass sich zu wenige junge Menschen für eine Ausbildung in der Justiz interessieren.
b) Der Autor zeigt auf, welche Veränderungen es in der Justiz braucht, um den Herausforderungen der Zukunft gewachsen zu sein.

c) Der Autor möchte in seinem Text aufzeigen, dass die elektronische Aktenführung allein alle Probleme der Zukunft lösen wird.
d) Der Autor möchte den Leser von seiner Meinung überzeugen, dass die Justizbehörden schon jetzt allen Herausforderungen gewachsen sind.

**Text 2**
**Thema: Mehr Bürgerorientierung in der öffentlichen Verwaltung**
Seit mehreren Jahren nun verfolgen öffentliche Stellen ein ehrgeiziges Ziel: Sie möchten mehr Bürgerorientierung in ihren Sachgebieten. Der Antragsteller soll vom jeweiligen Sachbearbeiter als Kunde wahrgenommen werden, dem seitens der Behörde eine Dienstleistung erbracht wird. Die Zeiten des klassischen Über-Unterordnungs-Verhältnisses sind vorbei. Das Ziel ist, dass sich Sachbearbeiter als Dienstleister verstehen und dem Bürger auf Augenhöhe begegnen. Dies wiederum führt dazu, dass sich Bürger besser verstanden fühlen und der Gang zum Amt weder Ärger noch Frustrationen oder Sonstiges auslöst.

Mehr Bürgerorientierung fordert auch das Neue Steuerungsmodell, kurz NSM oder auch „New Public Management" genannt. Dieses Modell beinhaltet zahlreiche Maßnahmen, die zur Modernisierung der öffentlichen Verwaltung beitragen. Modernisierung der Verwaltung? Ja, richtig gehört! So sorgt etwa eine dezentrale Ressourcenverwaltung für mehr Eigenverantwortung im Haushaltswesen. Darüber hinaus sind bereits zahlreiche kommunale Gebietskörperschaften auf die doppelte Buchführung umgestiegen. Dabei ist auffällig, dass öffentliche Stellen einige Prinzipien aus dem privatwirtschaftlichen Sektor übernehmen. Als Vorbild dienen also Unternehmen, deren Systeme nun nach und nach auch im öffentlichen Bereich übernommen und auf die Bedürfnisse der Behörden angepasst werden.

Doch genug von der Theorie, wie funktioniert dieses System in der Praxis? Essenziell für den Erfolg sind die sozialen Kompetenzen der Sachbearbeiter vor Ort. Am Ende ist es ein konkreter Ansprechpartner, der für die Belange der Antragsteller zuständig ist. Er ist damit das Aushängeschild der Behörde. Wenn er mit dem Gesprächspartner auf Augenhöhe kommuniziert und dabei freundlich sowie kompetent wirkt, fühlt sich dieser verstanden. Ein theoretisches Modell funktioniert nur, wenn es vor Ort in einer Behörde angewendet wird. Es gibt demnach Behörden, in denen die Ansätze des NSM bereits weit fortgeschritten sind und damit auch Bürger von mehr Serviceorientiertheit profitieren. In anderen Behörden hingegen gibt es noch Nachholpotenzial. Wichtig ist, dass die verantwortlichen Personen vor Ort die Vorteile dieser Umstrukturierung erkennen und ihren Untergebenen in der Umsetzung der neuen Ansätze als Vorbild vorangehen.

Der Grundstein hierfür wird in der Ausbildung der Verwaltungswirte und Verwaltungsfachangestellten gelegt. Schon während der Ausbildung werden angehende Beamte und Angestellte im öffentlichen Dienst in den Sozialwissenschaften unterrichtet. Dasselbe gilt für die dualen Studiengänge. Die Stundenanzahl in diesen Fächern ist dabei während der vergangenen Jahre angestiegen, da die Dienstherren erkannt haben, dass soziale Kompetenz im Umgang mit Bürgern einen hohen Stellenwert für die Außenwirkung der Verwaltung hat. Mittlerweile sind soziale Fächer neben Rechtsfächern und der Verwaltungsbetriebswirtschaftslehre ein fester Bestandteil der Ausbildung im öffentlichen Dienst.

Der theoretische Unterricht allein wird jedoch nicht ausreichen, dieses Konzept erfolgreich in allen Behörden umzusetzen. Damit diese Ansätze funktionieren, braucht es zuallererst motivierte Menschen, die sich für den öffentlichen Dienst interessieren und gerne eine Ausbildung oder ein Studium in der Verwaltung anstreben.

Welche der folgenden Aussagen lässt sich aus dem Text entnehmen? Es können auch mehrere Antworten richtig sein.

1. Ein Ziel von Behörden ist es, dass ...
a) ihre Finanzen zentral verwaltet werden.
b) mehr Sachgebiete zusammengelegt werden, um das Verwaltungshandeln zu vereinfachen.
c) ihre Sachbearbeiter serviceorientiert handeln und bürgernah auftreten.
d) ihre Auszubildenden vertiefter in den Rechtswissenschaften unterrichtet werden.

2. Das sogenannte „Über-Unterordnungsverhältnis" besagt, dass ...
a) die Behörde besonders serviceorientiert handelt.
b) die Mitarbeiter von Behörden selbst über das von der Kämmerei vorgegebene Haushaltsvolumen entscheiden dürfen.
c) ein Sachgebietsleiter seinen Mitarbeitern Weisungen erteilen darf.
d) Sachbearbeiter in übergeordneter Position über die von Bürgern eingereichten Anträge entscheiden.

3. Das Neue Steuerungsmodell, kurz NSM, ...
a) soll unter anderem für mehr Bürgerorientiertheit in der öffentlichen Verwaltung sorgen.
b) wird bereits heute in allen öffentlichen Stellen umgesetzt.
c) beinhaltet zahlreiche Maßnahmen zur Modernisierung der öffentlichen Verwaltung.
d) führt zu Personalabbau.

4. Wichtige Aspekte für das Funktionieren der Ansätze des NSM sind ...
a) das Auftreten der Sachbearbeiter und das Verhalten von Führungspersonen.
b) eine sparsame Haushaltspolitik und Bonuszahlungen.
c) zahlreiche interne Vorgaben.
d) Verwaltungsvorschriften und Beurteilungen von Mitarbeitern.

5. Damit das NSM funktioniert, muss ...
a) die Behörde auf alle Wünsche von Bürgern eingehen.
b) die Behördenleitung engagierte Bewerber einstellen, in deren Ausbildung viel Wert auf die Entwicklung sozialer Kompetenz gelegt wird.
c) in jeder Behörde ein Konzept zur Umsetzung erarbeitet werden
d) die Ausbildung von Verwaltungswirten und Verwaltungsfachangestellten sozialwissenschaftliche Fächer beinhalten.

6. Welche der folgenden Aussagen fasst den gesamten Textinhalt am besten zusammen? Es können mehrere Antworten richtig sein.
a) Das Neue Steuerungsmodell kann die Außenwirkung einer Verwaltung verbessern und verwaltungsinterne Zuständigkeiten neu definieren.
b) Das Neue Steuerungsmodell setzt auf vielfältige Ausbildungsmöglichkeiten in der öffentlichen Verwaltung sowie In-House Schulungen für Mitarbeiter.

c) Der wichtigste Schritt hin zur Umsetzung des NSM ist eine breit gefächerte theoretische Ausbildung, die sich mit Praxisabschnitten in den Behörden abwechselt.
d) Das Neue Steuerungsmodell kann bei richtiger Umsetzung dazu beitragen, dass eine öffentliche Verwaltung bürgerfreundlich auftritt und sich als Serviceeinheit für die Antragsteller versteht.

**Lösungen**

**Text 1**: 1. a), c); 2. a), b), d); 3. c), d); 4. d); 5. c), d); 6. c); 7. b)

**Text 2:** 1. c); 2. d); 3. a), c); 4. a); 5. b), d); 6. a), d)

## Tabelle auswerten

In dieser Aufgabe musst du eine Tabelle auswerten, in der die Benotungen von Schülern in verschiedenen Schulfächern aufgelistet sind. Beantworte bitte nachstehende Fragen anhand dieser Tabelle. Markiere den Buchstaben mit der korrekten Lösung.

Zeit: **3 Minuten**

| **Noten** | **1** | **2** | **3** | **4** | **5** | **6** |
|---|---|---|---|---|---|---|
| **Deutsch** | Max | Franz | Julia | Erika | Bernd | Claudia |
| **Mathe** | Julia | Max | Franz | Claudia | Bernd | Erika |
| **Englisch** | Franz | Julia | Erika | Max | Claudia | Bernd |
| **Kunst** | Erika | Claudia | Bernd | Julia | Max | Franz |
| **Sport** | Julia | Max | Claudia | Bernd | Franz | Erika |

1. Max und Julia gehören zu den besten Schülern. Doch wer hat den besseren Notendurchschnitt?
a) Max
b) Julia

2. Welchen Notendurchschnitt hat Claudia?
a) 3,8
b) 4
c) 4,1
d) 4,5

3. Deutsch und Mathe gehören zu den wichtigsten Fächern. Welche beiden Schüler haben zusammen den besten Notendurchschnitt?
a) Franz und Max
b) Max und Julia
c) Julia und Franz

4. Mädchen oder Jungen? Wer von beiden hat die besseren Noten mit nach Hause gebracht?
a) Mädchen
b) Jungen

Lösungen: Tabelle auswerten

Zu 1. b) Julia
Julia hat einen Notendurchschnitt von 2,2 und ist somit besser als Max, der nur einen Schnitt von 2,8 hat.

Zu 2. b) 4
Claudia hat ein Notendurchschnitt von genau 4.
$6 + 4 + 5 + 2 + 3 = 20 \div 5 = 4$

Zu 3. b) Max und Julia
Den besten Notendurchschnitt mit 1,75 in Mathe und Deutsch haben Max und Julia zusammen.

Zu 4. a) Mädchen
Die Mädchen schlagen die Jungs knapp mit einen Gesamtdurchschnitt von 3,4. Die Jungs kommen auf ein Notenschnitt von 3,6.

## Personendaten abgleichen

Bei dieser Aufgabe geht es darum, die Personendaten links und rechts inhaltlich abzugleichen. Die Daten müssen nicht identisch formatiert sein, sollten aber die gleiche Information beinhalten. Beispiel: Umlaute ü,ö,ä können in der Form ue, ae, oe geschrieben sein. Telefonnummern, die ein unterschiedliches Format haben (0151, 0049151, +49 (0)151) gelten trotzdem als richtig. Bei der Vorwahl wird stets die deutsche Vorwahl verwendet, sodass +49 und 0 gleichzusetzen sind. Trage zum Schluss alle Datensatznummern ein, die einen inhaltlichen Fehler aufweisen.

Zeit: **3 Minuten**

| | |
|---|---|
| 1.<br>Michael Fischer<br>Geb.: 15. Juli 2001<br>Tel.: 0049 151 39 28 19 81 | Michaela Fischer<br>Geb.: 15. Juli 2001<br>Tel.: 0049 151 / 39281981 |
| 2.<br>Mattis Böhm<br>Geb.: 08.06.1997<br>Tel.: 0178 / 25 78 91 14 | Mattis Boehm<br>Geb.: 8. Juni 1997<br>Tel.: 0178 / 25 78 91 14 |
| 3.<br>Veronika Vogt<br>Geb.: 27. Februar 1999<br>Tel.: 0291 / 76 99 73 14 | Veronika Vogt<br>Geb.: 27. Februar 1999<br>Tel.: 0291 / 76987314 |
| 4.<br>Esther Dietrich<br>Geb.: 18 Sep. 2003<br>Tel.: 0049 17839281979 | Esther Ditrich<br>Geb.: 15 Juli 2001<br>Tel.: 0049 151 39 28 19 |

| | |
|---|---|
| 5.<br>Thilo Kühn<br>Geb.: 9. Mai 1997<br>Tel.: 0049 981376841378 | Thilo Kühn<br>Geb.: 9.05.1997<br>Tel.: 0981 / 37 68 41 378 |
| 6.<br>Lian Seidel<br>Geb.: 19. November 1971<br>Tel.: 089 64 72 38 91 | Lian Seidel<br>Geb.: 19.11.1971<br>Tel.: 089 647 238 91 |
| 7.<br>Juliane Arnold<br>Geb.: 9. Oktober 2002<br>Tel.: 0049 9847 31 24 87 | Juliane Arnold<br>Geb.: 9.10.2002<br>Tel.: 09847 31 24 78 |
| 8.<br>Mehmet Erdem<br>Geb.: 5. Januar 1978<br>Tel.: 0593 813 768 41 | Mehmet Erdem<br>Geb.: 05.01.1978<br>Tel.: 059381376841 |
| 9.<br>Michail Chokovski<br>Geb.: 13. August 1989<br>Tel.: 0049 178 638 947 64 | Michail Chokovski<br>Geb.: 13.08.1989<br>Tel.: 0049 17863894764 |
| 10.<br>Isabel Pfeiffer<br>Geb.: 16. März 2003<br>Tel.: 0160 / 73 41 59 98 | Isabel Pfeiffer<br>Geb.: 16.03.2002<br>Tel.: +49 (0)16073415998 |

Nummern der falschen Datensätze: ____________________

Lösungen

Falsche Datensätze: 1, 3, 4, 7, 10

## Postkorbübung

Bei der Postkorbübung musst du innerhalb kürzester Zeit, meist innerhalb von 20 bis 50 Minuten, bestimmte Dokumente nach Wichtigkeit und Dringlichkeit sortieren und im Anschluss bestimmte Maßnahmen ableiten. Hierbei achten die Prüfer besonders auf deine Stressresistenz, dein Arbeitstempo, eine fehlerfreie Arbeitsweise und die Entschlussfähigkeit.

Und so kann deine Postkorbübung aussehen: Heute ist der 5. August 2019 und es ist genau 9:30 Uhr. Du bist Vertretungskraft für Herrn Joachim Faber, dem Projektmanager in einem IT-Unternehmen, welches Buchführungssoftware anbietet. Dein Kollege befindet sich bereits seit zwei Wochen im Urlaub und fällt weiterhin für eine ungewisse Zeit krankheitsbedingt aus. Du hast dir vorgenommen, sein E-Mail-Postfach aufzuräumen, in welchem sich bereits 30 ungelesene Nachrichten befinden. Für die Bearbeitung hast du dir folgende Gedanken gemacht:
Alle Fehlermeldungen, PC-Probleme und Softwarefehler leitest du direkt an den Entwickler Herr Söhrensen weiter

Ist eine Fehlermeldung, ein gemeldetes PC-Problem oder die Meldung über einen Softwarefehler älter als fünf Tage oder aber das Problem ist besonders dringend, rufst du den Absender stattdessen direkt an und bittest um einen Aufschub.

Handelt es sich um eine neue Anforderung an die Software, nimmst du den Vorschlag auf und antwortest dem Absender per E-Mail. Genauso verfährst du bei sonstigen Kundennachrichten.

Alle privaten E-Mails werden von dir ignoriert, genauso wie Spam-Mails oder E-Mails von Frau Katrin Lehmann.

Bei allen finanziellen Angelegenheiten (Mahnungen, Rechnungen, Rabatte, Angebote, Kostenvoranschläge) oder bei Kritik an der Organisation, leitest du die E-Mail an Frau Schmidt aus der Buchhaltung und Organisation weiter.

Bitte gebe nach jeder E-Mail an, wie du vorgehen würdest.

Deine Vorgehensweise:
a) Weiterleitung an Herr Söhrensen
b) Anruf
c) auf E-Mail antworten
d) ignorieren
e) Weiterleitung an Frau Schmidt

Für die folgende Aufgabe hast du **20 Minuten** Zeit.

**E-Mail Nr. 1:**
Datum: 29. Juli 2019, 9:00:24
Von: Monika Albrecht
Text:
Sehr geehrte Damen und Herren,

heute Morgen startete ich den PC und ich konnte die gestern gespeicherten Rechnungen nicht mehr aufrufen. Weder vom Desktop-PC aus noch von meinem Smartphone. Was soll ich nun machen?

Freundliche Grüße
Monika Albrecht

---

**E-Mail Nr. 2:**
Datum: 31. Juli 2019, 17:12:43
Von: Marlene Huber
Text:
Sehr geehrte Damen und Herren,

Ich glaube, bei Ihnen läuft etwas gewaltig schief. Ich kann weder telefonisch noch per E-Mail irgendjemanden erreichen. Ich versuche es schon seit über einer Woche und unsere Buchhaltung kann nicht weiterarbeiten. Das wird finanzielle Konsequenzen für Sie haben.

Mit freundlichen Grüßen
Marlene Huber

---

**E-Mail Nr. 3:**
Datum: 24. Juli 2019, 9:19:01
Von: Katrin Lehmann
Text:
Sehr geehrter Herr Faber,

wie schon die letzten Tage habe ich auch heute wieder das Problem, dass der Bildschirm während der Arbeit immer wieder ausgeht. Es wird auf einmal alles schwarz und ich kann nicht weiterarbeiten. Dann ziehe ich den Stecker, warte eine Minute und mache danach alles wieder an. Nach einer halben Stunde wieder das gleiche Problem. Bitte helfen Sie mir.

Mit freundlichen Grüßen

---

**E-Mail Nr. 4:**
Datum: 16. Juni 2019, 14:32:29
Von: Maja Scholz
Text:
Sehr geehrte Damen und Herren,

Ich habe letzte Woche Ihre Software gekauft, merke aber nun, dass mir das Kundenstammdaten-Modul fehlt. Wie kann ich es aktivieren? Muss ich dafür das Debitorenprogramm zusätzlich ordern oder lässt sich das mit wenigen Klicks beheben?

Mit freundlichen Grüßen
Maja Scholz

---

**E-Mail Nr. 5:**
Datum: 06. Juli 2019, 23:06:24
Von: Wladimir Sukin
Text:
Sehr geehrte Damen und Herren,

Ich weiß, Rechnungen können vergessen werden. Deshalb möchte ich Sie wiederholt an die Zahlung unserer Rechnung vom 23.05.2019 erinnern.

Mit freundlichen Grüßen
Wladimir Sukin

---

**E-Mail Nr. 6:**
Datum: 4. August 2019, 16:15:45
Von: Lotterie Nord-West
Text:
Sehr geehrte Damen und Herren,

Wir gratulieren Ihnen zu Ihrem Gewinn. Sie nahmen erfolgreich an unserer Glückslotterie teil und gewinnen 500.000 Euro. Damit wir Ihnen die Summe überweisen können, klicken Sie bitte hier: *LINK* und geben Sie Ihre Bankverbindung sowie Ihre TAN-Nummer ein. Schon wenige Augenblicke später führen wir den Transfer aus.

Mit freundlichen Grüßen
Ihre Lotterie Nord-West

---

**E-Mail Nr. 7:**
Datum: 28. Juli 2019, 11:10:18
Von: Katrin Lehmann
Text:
Sehr geehrter Herr Faber,

da ich noch immer keine Antwort auf meine E-Mail vom 24. Juli von Ihnen erhalten habe, sehe ich mich gezwungen, das Programm zu kündigen. Ich bitte Sie, mir die überwiesenen 28,90 Euro für die letzten drei Monate zurückzuerstatten.

Mit freundlichen Grüßen
i.V. Katrin Lehmann

---

**E-Mail Nr. 8:**
Datum: 30. Juli 2019, 19:45:42
Von: Hans Beck
Text:
Hallo Herr Faber,

Ich weiß nicht, ob ich bei Ihnen richtig bin, aber ich fange einfach mal an: Ich habe einen kleinen Handwerksbetrieb und möchte mich in naher Zukunft zur Ruhe setzen, deshalb wird der Betrieb aufgelöst. Mein Sohn möchte nun alle Kundenstammdaten, Lieferanten und Projekte in sein Unternehmen mit einer anderen Software überführen. Dazu müssen die Daten in einer „XML-Datei" vorliegen, so seine Aussage. Kann man das mit Ihrer Soft-ware so lösen?

Besten Dank im Voraus.
Mit freundlichen Grüßen
Hans Beck

---

**E-Mail Nr. 9:**
Datum: 15. Juli 2019, 14:35:58
Von: Firma Seibert
Text:
Sehr geehrte Damen und Herren,

Wir hatten bei Ihnen das gesamte FiBi-Paket gebucht, doch leider kann unsere IT die Software noch immer nicht installieren. Es kommt während des Installationsvorgangs zu einem unerwarteten Fehler, sodass dieser nicht abgeschlossen werden kann. Wir bitten um einen schnellen Rat von einem Fachmann.

Mit freundlichen Grüßen
i.A. Amelie Neumann
Firma Seibert

---

**E-Mail Nr. 10:**
Datum: 2. Aug. 2019, 12:13:41
Von: Mattis Krieger
Text:
Sehr geehrte Damen und Herren,

sehe ich das richtig, dass ich für den Rechnungsdruck das Dokument erst speichern muss, danach wieder schließen und erst dann öffnen und in ein PDF-Dokument umwandeln muss? Versuche ich die Rechnung aktuell direkt in das PDF-Format umzuwandeln, erhalte ich nur ein leeres Blatt. Es kann doch nicht so kompliziert sein, oder?

Mit freundlichen Grüßen
Mattis Krieger

---

**E-Mail Nr. 11:**
Datum: 03. August 2019, 17:24:15
Von: Jochen Kaiser
Text:
Sehr geehrte Damen und Herren,

nach anfänglicher Skepsis habe ich mich nun doch für Ihr Produkt entschieden und war die ersten Tage auch zufrieden. Nun überwiegt aber wieder die Skepsis, da ich beim Erstellen von Angebot 2 die Meldung erhalte: „Unknown Error". Ich weiß nicht, wie ich das Angebot abschließen soll, und mein Kunde wartet darauf. Im Anhang sende ich Ihnen einen Screenshot.

Mit freundlichen Grüßen
Kaiser

---

**E-Mail Nr. 12:**
Datum: 02. August 2019, 6:15:48
Von: Melanie Lange
Text:
Sehr geehrte Damen und Herren,

Ich sitze vor einem kleinen Problem und komme nicht weiter. Meine Kostenvoranschläge werden immer auf zwei Seiten gedruckt, obwohl ich nur eine Position habe. Bei den Rechnungen klappt es mit dem Druck auf eine Seite. Mache ich was falsch?

Mit freundlichen Grüßen
Melanie Lange

---

**E-Mail Nr. 13:**
Datum: 9. Juli 2019, 16:00:19
Von:
Text:
Hallo Joachim,

Ich bin's, die Mama von Josephie. Ich wollte fragen, ob Emelie nächste Woche Dienstag uns mal besuchen kommen mag. Josephie würde sich sehr darüber freuen. Gerne kann ich die beiden nach dem Kindergarten zusammen abholen.

Liebe Grüße
Monika

---

**E-Mail Nr. 14:**
Datum: 31. Juli 2019, 5:15:45
Von: Annabell Sauer
Text:
Sehr geehrter Herr Faber,

das mit dem Neustart hatte nicht funktioniert. Obwohl ich schon alles Mögliche ausprobiert habe, wird mir das PDF für die Rechnung nicht ausgegeben. Stattdessen erhalte ich ein Dokument mit lauter Sonderzeichen. Bitte helfen Sie mir. Ich bin schon echt verzweifelt.

Grüße
Annabell Sauer

---

**E-Mail Nr. 15:**
Datum: 1. August 2019 18:08:47
Von: Patrick Seilbach
Text:
Hi Joachim,

Ich hoffe, dir, deiner Frau und den Kindern geht es gut. Leider kann ich nächste Woche nicht mit zum geplanten Segeltörn, da in meiner Familie alle krankheitsbedingt ziemlich angeschlagen sind. Aber an der Kostenpauschale in Höhe von 300 Euro bleibe ich selbstverständlich weiter beteiligt.

Viele Grüße
Patrick

---

**E-Mail Nr. 16:**
Datum: 4. August 2019 13:11:18
Von: Shirin Arlan
Text:
Sehr geehrte Damen und Herren,

Wir haben die Software gekauft und uns fehlen noch folgende Funktionen: Wir müssen unsere Rechnungen direkt mit dem Paypal-Konto verbinden, sodass eine Zuordnung zu den Zahlungen möglich ist. Wir müssen alle Kontenbewegungen als CSV-Datei an die Steuerkanzlei weiterleiten. Wie können wir das bewerkstelligen?

Bitte melden Sie sich schnell.

Mit freundlichen Grüßen
Shirin Arlan

---

**E-Mail Nr. 17:**
Datum: 2. August 2019, 16:28:37
Von: Katrin Lehmann
Text:
Sehr geehrter Herr Faber,

Ich bin's mal wieder! :-) Das Problem mit meinem Bildschirm hat sich anscheinend von selbst gelöst. Mein Neffe kam letztens zu mir und meinte, dass ich wohl beim Putzen das Netzkabel des Monitors erwischt habe und dieses wohl etwas lose war. Das Kabel steckt nun wie es soll und alles funktioniert prima. Ich bleibe Ihnen somit auch weiterhin treu.

Mit freundlichen Grüßen
Katrin Lehmann

---

**E-Mail Nr. 18:**
Datum: 29. Juli 2019, 14:47:46
Von:
Text:
Sehr geehrte Damen und Herren,

wie besprochen sende Ich Ihnen unser Angebot für die beiden .NET-Entwickler zur Behebung der Fehler Nr. 2–5.

Mit freundlichen Grüßen

---

**E-Mail Nr. 19:**
Datum: 28. Juli 2019, 7:28:51
Von: Apotheker um die Ecke
Text:
Sehr geehrte Damen und Herren,

plagen auch Sie andauernd Potenzprobleme? Damit ist jetzt Schluss! Mit unseren neuen Produkten zur Bekämpfung von Erektionsstörungen haben Sie ein Problem weniger. Für schlappe 29,99 Euro erhalten Sie eine Packungseinheit zum Kennenlernpreis.

Mit freundlichen Grüßen
Ihr Apotheker

---

**E-Mail Nr. 20:**
Datum: 31. Juli 2019, 19:03:47
Von: Lennard Fuchs
Text:
Hallo Joachim,

der Kunde „Kanalbau Nord" hat unsere Rechnung mit der Nr. 938271 noch immer nicht beglichen, obwohl wir bereits zweimal angemahnt haben. Kannst du direkt mal nachhaken, woran das liegt?

Grüße von Lennard

Lösungen: Postkorbübung

Hinweis: Bei einigen E-Mails sind mehrere Lösungen möglich. Wichtig ist nur, dass du den eigenen Lösungsansatz stichhaltig begründen kannst.

| |
|---|
| 1. a) |
| 2. e) |
| 3. d) |
| 4. c) |
| 5. e) |
| 6. d) |
| 7. d) |
| 8. c) |
| 9. b) |
| 10. a) |
| 11. b) |
| 12. a) |
| 13. d) |
| 14. b) |
| 15. d) |
| 16. c) |
| 17. d) |
| 18. e) |
| 19. d) |
| 20. e) |

# Sprache

Beinahe jeder Einstellungstest beinhaltet Aufgaben zum Wort- und Sprachverständnis. Ein guter Wortschatz, Sprachgefühl und Sprachfantasie sind hier gefragt. Wortbedeutungen müssen sinngemäß erfasst werden.

## Deutsche Grammatik

1. Wie viele Silben hat das folgende Wort: Rinderwahnsinn?
a) 3
b) 4
c) 5
d) 6

2. Wie wird das folgende Wort richtig getrennt: Interessantes?
a) In|ter|es|sa|ntes
b) Inte|ress|an|tes
c) In|ter|es|san|tes
d) In|te|res|san|tes

3. Wie wird das folgende Wort richtig getrennt: Zeiterfassung?
a) Zeit|er|fas|sung
b) Zeit|er|fass|ung
c) Zei|ter|fas|sung
d) Zei|ter|fass|ung

4. Welche Schreibweise ist richtig?
a) Strafverfolgung
b) Strafverfolgnug
c) Straafverfolgung
d) Strafverfolguung

5. Wie wird das Wort richtig geschrieben?
a) Schiffahrt
b) Schiffffahrt
c) Schifffahrtt
d) Schifffahrt

6. Wie wird das Wort richtig geschrieben?
a) Bundesgrenzsschutz
b) Bundesgrenzschutz
c) Bundegrenzschutz
d) Bundesgrenzschuts

7. Indikativ Präsens: kennen; ich ...?
a) kennen
b) kannte
c) kann
d) kenne

8. Wie wird das folgende Wort richtig getrennt: Auseinandersetzung?
a) Aus|ei|nan|der|set|zung
b) Aus|ein|an|de|rset|zung
c) Au|sei|nan|der|set|zung
d) Aus|ei|nan|der|setz|ung

9. Bei welchem Wort handelt es sich um ein Adjektiv?
a) herzlich
b) Baum
c) ich
d) wie

10. Bei welchem Wort handelt es sich um ein Adjektiv?
a) Dorf
b) schön
c) welche
d) schwimmen

11. Bei welchem Wort handelt es sich um ein Adjektiv?
a) Sommer
b) niemals
c) steuern
d) cool

12. Bei welchem Wort handelt es sich um ein Verb?
a) herzlich
b) Baum
c) wie
d) laufen

13. Bei welchem Wort handelt es sich um ein Adverb?
a) gestern
b) Montag
c) wie
d) bemerkenswert

14. Bei welchem Wort handelt es sich um ein Objekt in folgendem Satz: „Johanna und Susi spielen mit ihrem Hund."
a) Johanna
b) Susi
c) spielen
d) Hund
e) ihrem

15. Bei welchem Wort handelt es sich um ein Prädikat in dem folgenden Satz: „Johanna geht gerne in den Stadtpark."
a) Johanna
b) geht
c) gerne
d) in den
e) Stadtpark

16. Bei welchem Wort handelt es sich um ein Subjekt in folgendem Satz: „Robert schwimmt oft im See."
a) Robert
b) schwimmt
c) oft
d) im
e) See

17. Bei welchem Wort handelt es sich um eine Präposition?
a) wir
b) du
c) es
d) in
e) sein

18. Bei welchem Wort handelt es sich um eine Konjunktion?
a) herzlich
b) und
c) ich
d) sein
e) so

19. Bei welchem Wort handelt es sich um ein Verb?
a) hundert
b) Stiftung
c) süß
d) sehen

20. Bei welchem Wort handelt es sich um ein Verb?
a) rollen
b) Rolle
c) rollig
d) Rollator

21. Welches Wort ist ein Pronomen?
a) uns
b) in
c) weil
d) für

22. Welches Wort ist ein bestimmter Artikel?
a) ein
b) er
c) den
d) für

23. Welches Wort steht im Akkusativ?
a) der Ball
b) gelaufen
c) der Fußballer
d) einen Lastwagen

Lösungen

| | | |
|---|---|---|
| 1. b) | 9. a) | 17. d) |
| 2. d) | 10.b) | 18. b) |
| 3. a) | 11. d) | 19. d) |
| 4. a) | 12. d) | 20. a) |
| 5. d) | 13. a) | 21. a) |
| 6. b) | 14. d) | 22. c) |
| 7. d) | 15. b) | 23. d) |
| 8. a) | 16. a) | |

## Getrennt- und Zusammenschreibung

Wörter können, auf für uns relevante Weise zumindest, als **Wortgruppen** oder als **Zusammensetzungen** miteinander verbunden werden. Bei Wortgruppen ist die eigenständige Bedeutung der Wörter im Vordergrund, während sie bei Zusammensetzungen in den Hintergrund rückt.

Wortgruppen werden getrennt geschrieben und Zusammensetzungen schreibt man zusammen. Doch es ist nicht immer leicht zu erkennen, ob es sich um eine Wortgruppe oder um eine Zusammensetzung handelt. Manchmal sind allerdings auch beide Schreibweisen korrekt. Beispiele: zuhause/zu Hause, aufgrund/auf Grund

Hier sind **fünf Faustregeln**, die eine erste Einschätzung erlauben. Es wird zusammengeschrieben, wenn

- durch das Zusammensetzen eine neue Gesamtbedeutung entsteht (Beispiel: sicherstellen, krankschreiben, schwertun),
- die Bestandteile so verändert sind, dass Wortart, Wortform oder Bedeutung nicht mehr erkennbar sind (Beispiel: nachtsüber, beizeiten, bestenfalls, derart),
- einer der Bestandteile nicht selbstständig vorkommt (Beispiel: großmütig, blauäugig, vieldeutig),
- der erste Bestandteil bedeutungsverstärkend oder bedeutungsabschwächend ist (Beispiel: brandgefährlich, bitterböse, minderwertig, superschnell, extraklein) und
- es sich um gleichrangige Adjektive handelt (Beispiel: nasskalt, feuchtwarm, blaugrün, taubstumm).

**Besondere Regeln zu Verben**

Verbindungen zwischen gleichrangigen Verben werden getrennt geschrieben:

- laufen gehen
- lesen lernen

Verbindungen aus Verb und Partizip (geschenkt, gefangen, gelernt etc.) werden ebenfalls getrennt geschrieben:

- Der Kommissar konnte den Verdächtigen gefangen nehmen.

- Der Schüler konnte nicht versetzt werden.
- Es wird getrennt geschrieben.

Entsteht eine neue Gesamtbedeutung durch das Zusammensetzen, wird zusammengeschrieben:

- zusammenziehen (man zieht zusammen in eine Wohnung/ein Haus ein) im Gegensatz zu: zusammen ziehen (buchstäblich gemeinsam an etwas ziehen).
- zusammenrechnen (addieren) im Gegensatz zu: zusammen rechnen (gemeinsam dem Akt des Rechnens nachgehen)
- wiederbekommen (zurückerhalten) – wieder bekommen (erneut erhalten), wiederkehren

Verbindungen aus Substantiv und Verb werden getrennt geschrieben:

- Ich wollte Auto fahren. Sie konnte Rad fahren. Er mag Fußball spielen. Du sollst keine Angst haben.
- Aber: das Radfahren, das Fußballspielen. (Das) Radfahren birgt viele Gefahren. Trotz des Fußballspielens ist er unsportlich.
- Aber: Wenn die Bedeutung des Substantivs verblasst, schreibt man es zusammen: etwas preisgeben. Er schlafwandelt. Wir mussten notlanden. An etwas teilnehmen.

**Besondere Regeln zu Adjektiven/Partizipien**

Verbindungen gleichrangiger Adjektive werden zusammengeschrieben. (Im Gegensatz zu der Regel bei Verben, wo gleichrangige Verben getrennt geschrieben werden!):

- grünblau
- feuchtwarm
- nasskalt

Ist ein Fugenelement vorhanden (z.B. ein „s“), wird zusammengeschrieben:

- altersschwach
- lebensmüde
- verhaltensauffällig

Verbindungen aus Adjektiv und Partizip, bei denen der erste Bestandteil das adjektivische Partizip ist, werden getrennt geschrieben:

- strahlend weiß
- kochend heiß
- überraschend stark

Verbindungen aus Adjektiv und Verb können getrennt oder zusammengeschrieben werden:

- kleinschneiden / klein schneiden
- warmmachen / warm machen
- kaputtmachen / kaputt machen

Verbindungen aus Adjektiv und Verb werden jedoch getrennt geschrieben, wenn das Adjektiv gesteigert oder durch „sehr" oder „ganz" erweitert ist:

- kleinschneiden / klein schneiden, aber nur: kleiner schneiden
- gerngesehen / gern gesehen, aber nur: sehr gern gesehen

**Besondere Regeln zu Substantiven**

Verbindungen mehrerer Substantive werden zusammengeschrieben:

- Internetmodem
- Bierflasche
- Bücherwurm

Verbindungen mit „bleiben" und „lernen" können getrennt oder zusammengeschrieben werden:

- sitzenbleiben / sitzen bleiben
- kennenlernen / kennen lernen
- bestehenbleiben / bestehen bleiben

Verbindungen aus Partizip und Partizip können getrennt oder zusammengeschrieben werden:

- gefangengenommen / gefangen genommen
- getrenntlebend / getrennt lebend
- gefangengehalten / gefangen gehalten

Häufig lässt die Betonung Aufschluss darüber zu, ob getrennt oder zusammengeschrieben wird. Beispiele:

- aneinanderfügen, aber: aneinander vorbeigehen

- ineinanderfließen
- zusammenziehen

Zahlen unter einer Million werden zusammengeschrieben:

- sechsunddreißigtausendvierhundert
- zweiundzwanzig

Auch:

- einmal, zweimal, dreimal, viermal

Zeit: **3 Minuten**

1. Mein Name wird ...
a) getrennt geschrieben.
b) getrenntgeschrieben.

2. Wenn wir an diesem Seil ..., schaffen wir es.
a) zusammenziehen
b) zusammen ziehen

3. Anna und Alex werden bald
a) zusammenziehen.
b) zusammen ziehen.

4. Ich habe es dir schon ... gesagt.
a) zwanzigmal
b) zwanzig Mal

5. Der Beamte konnte den Tatverdächtigen ...
a) gefangennehmen.
b) gefangen nehmen.

6. Man kann mehrere Wörter ...
a) aneinanderfügen.
b) aneinander fügen.

7. „Irgendjemand" wird ...
a) zusammen geschrieben.
b) zusammengeschrieben.

8. Der Typ muss ja ... sein!
a) lebensmüde
b) Lebens müde

9. Das Flugzeug musste ...
a) notlanden.
b) Not landen.

10. Das ... ist gefährlich.
a) Rad fahren
b) Radfahren

11. 36.400 schreibt man ...
a) sechsunddreißigtausendvierhundert.
b) sechs und dreißig Tausend-Vierhundert.

12. Die ... Geisel konnte befreit werden.
a) gefangengehaltene
b) gefangen gehaltene

13. Wie lautet die korrekte Schreibweise?
a) ineinanderfließen
b) in einander fließen

Lösungen: Getrennt- und Zusammenschreibung

| | | |
|---|---|---|
| 1. a) | 6. a) | 11. a) |
| 2. b) | 7. b) | 12. a) |
| 3. a) | 8. a) | 13. a) |
| 4. a) | 9. a) | |
| 5. b) | 10. b) | |

# Groß- und Kleinschreibung I

**Substantivierungen**

Substantivierungen sind Verben (im Infinitiv) oder Adjektive, die als Substantive gebraucht werden. Substantivierungen werden großgeschrieben. Oft steht ein Artikel davor, der auch mit einer Präposition verschmolzen sein kann (zum, beim etc..). Beispiele sind:

- Beim Laufen unterhalten sie sich.
- Das Rumpeln ist gut zu hören.
- Der Neue stellt sich vor.
- Altes und Neues sollte man begrüßen.
- In der Zeitung steht viel Interessantes.
- Der Schlauste bist du nicht gerade.

**Nominale Aneinanderreihungen**

Als nominale Aneinanderreihung bezeichnet man ein aus mehreren Wörtern bestehendes Wort, bei dem alle Bestandteile durch Bindestriche miteinander verbunden sind. Das erste Wort wird dabei immer großgeschrieben, da die gesamte Fügung nun ein Substantiv ist. Außerdem werden alle Substantive in der Aneinanderreihung großgeschrieben. Abkürzungen, Ziffern und Einzelbuchstaben behalten ihre ursprüngliche Schreibweise. Beispiele sind:

- UV-Strahlung
- Pro-Kopf-Verbrauch
- Das ist ja zum Aus-der-Haut-Fahren
- Preis-Leistungs-Verhältnis
- das i-Tüpfelchen

**Weitere Regeln:**

- Substantive und Namen werden großgeschrieben.
- Tageszeiten nach Adverbien werden als Substantive gesehen und daher großgeschrieben (Bsp.: gestern Nacht, morgen Abend, vorgestern Mittag). Ausnahme: Die Tageszeitangabe „früh" kann man klein- oder großschreiben (Bsp.: heute früh, heute Früh).
- Unbestimmte Pronomen und Zahlwörter werden kleingeschrieben (Bsp.: ein bisschen, ein paar (nicht: ein Paar Schuhe, also zwei Stück)).

- Präpositionen werden kleingeschrieben (Bsp.: dank, kraft, laut, statt, trotz, seitens, angesichts, namens, um ... willen).
- Das erste Wort eines Straßennamens wird großgeschrieben, ebenso alle zum Namen gehörenden Adjektive und Zahlwörter (Bsp.: Lange Gasse, Neuer Markt, Auf dem Sande).
- Von geografischen Namen abgeleitete Wörter auf -er schreibt man immer groß (Bsp.: Berliner Bürger, Münchener Firma).
- Die von geografischen Namen abgeleiteten Adjektive auf -isch schreibt man klein, außer wenn sie Teil eines Namens sind (Bsp.: chinesische Gewürze, böhmische Dörfer).
- Das erste Wort eines in Anführungszeichen gesetzten Satzes wird großgeschrieben (Bsp.: Mit seinem ständigen „Ich mag nicht!" ging er uns allen auf die Nerven.).
- Nach einem Doppelpunkt wird ein selbstständiger Satz in der Regel großgeschrieben (Bsp.: Beachten Sie folgenden Hinweis: Alle Wohnungen verfügen über Einbauküchen.).
- Man schreibt nach einem Doppelpunkt klein, wenn der folgende Text nicht als selbstständiger Satz aufgefasst wird. Das ist in der Regel bei Aufzählungen, bei speziellen Angaben in Formularen etc. der Fall. (Bsp.: Er hatte alles verloren: sein Haus, seinen Hund und seine Frau.)

Zeit: **5 Minuten**

1. Mathe ist das ...
a) schönste
b) Schönste

2. Beim ... habe ich mich verletzt.
a) Laufen
b) laufen

3. Es gibt montags immer wenig ...
a) Neues
b) neues

4. An ein ... war nicht zu denken.
a) Weglaufen
b) weglaufen

5. Ein ... Auto habe ich mir gewünscht.
a) grünes
b) Grünes

6. Ein ... habe ich mir gewünscht.
a) grünes
b) Grünes

7. Die Ausbildung hatte viel ...
a) schönes
b) Schönes

8. ... sollte man begrüßen.
a) Altes und Neues
b) Altes und neues

9. Wir treffen uns ...
a) morgen mittag
b) Morgen mittag
c) Morgen Mittag
d) morgen Mittag

10. Meistens bin ich ... sehr müde.
a) Abends
b) abends

11. Um Gottes ...
a) Willen
b) willen

12. ... gehen wir jetzt nach Hause.
a) Am besten
b) Am Besten

13. Du bist ... daran!
a) schuld
b) Schuld

14. Es waren mal wieder die ... Verdächtigen.
a) Üblichen
b) üblichen

15. Er genießt das ...
a) Auf-der-faulen-Haut-Liegen
b) auf-der-faulen-Haut-liegen

16. Es sind mal wieder die ... .
a) üblichen
b) Üblichen.

Lösungen: Groß- und Kleinschreibung I

| | | |
|---|---|---|
| 1. b) | 7. b) | 13. a) |
| 2. a) | 8. a) | 14. b) |
| 3. a) | 9. d) | 15. a) |
| 4. a) | 10. b) | 16. b) |
| 5. a) | 11. b) | |
| 6. b) | 12. a) | |

## Groß- und Kleinschreibung II

Markiere den Satz mit der korrekten Schreibweise. Zeit: **15 Minuten**

1. a) Ich stimme dir im Allgemeinen zu.
   b) Ich stimme Dir im allgemeinen zu.
   c) Ich Stimme dir im Allgemeinen zu.
   d) Ich stimme Dir im Allgemeinen zu.

2. a) Am Dienstag nachmittag können wir uns treffen.
   b) Am Dienstagnachmittag können wir uns treffen.
   c) Am Dienstag Nachmittag können wir uns Treffen.
   d) Am dienstag Nachmittag können wir uns treffen.

3. a) Jeweils am ersten des Monats findet die veranstaltung statt.
   b) Jeweils am Ersten des Monats findet die Veranstaltung statt.
   c) Jeweils am ersten des Monats findet die Veranstaltung statt.
   d) Jeweils am ersten des monats findet die Veranstaltung statt.

4. a) Im folgenden abschnitt wird das Ganze nochmals erklärt.
   b) Im Folgenden Abschnitt wird das ganze nochmals erklärt.
   c) Im folgenden Abschnitt wird das ganze nochmals Erklärt.
   d) Im folgenden Abschnitt wird das Ganze nochmals erklärt.

5. a) Von den unzähligen, die vor der Mauer standen, brach Jeder zweite in Tränen aus.
   b) Von den unzähligen, die vor der Mauer standen, brach jeder zweite in Tränen aus.
   c) Von den Unzähligen, die vor der Mauer standen, brach jeder Zweite in Tränen aus.
   d) Von den unzähligen, die vor der Mauer standen, brach jeder Zweite in Tränen aus.

6. a) Sie trug am liebsten Kleider in Weiß.
   b) Sie Trug am liebsten Kleider in weiß.
   c) Sie trug am Liebsten Kleider in Weiß.
   d) Sie trug am Liebsten Kleider in weiß.

7. a) Vom bayerischen Wald bis zu den ostfriesischen Inseln ...
   b) Vom Bayerischen Wald bis zu den Ostfriesischen Inseln ...

c) Vom Bayerischen wald bis zu den Ostfriesischen inseln ...
d) Vom bayerischen wald bis zu den ostfriesischen inseln ...

8. a) Die Ermittler tappten bei der Suche im Dunkeln.
b) Die Ermittler Tappten bei der Suche im dunkeln.
c) Die Ermittler tappten bei der suche im Dunkeln.
d) Die Ermittler tappten bei der Suche im dunkeln.

9. a) Ihr wurde Angst und Bange bei dem gedanken an den Keller.
b) Ihr wurde Angst und Bange bei dem Gedanken an den Keller.
c) Ihr wurde Angst und bange bei dem Gedanken an den Keller.
d) Ihr wurde angst und bange bei dem Gedanken an den Keller.

10. a) Sie haben dem Unternehmen großes leid zugefügt.
b) Sie haben dem Unternehmen großes Leid zugefügt.
c) Sie haben den unternehmen großes Leid zugefügt.
d) Sie haben dem Unternehmen Großes Leid zugefügt.

11. a) Ist es dir recht, wenn wir morgen gemeinsam Essen?
b) Ist es Dir recht, wenn wir Morgen gemeinsam essen?
c) Ist es dir Recht, wenn wir Morgen gemeinsam Essen?
d) Ist es dir recht, wenn wir morgen gemeinsam essen?

12. a) Es ist ein schöner Tag, die Sonne scheint und die Vögel zwitschern.
b) Es ist ein schöner Tag, die Sonne scheint und die vögel zwitschern.
c) Es ist ein schöner tag, die Sonne scheint und die Vögel zwitschern.
d) Es ist ein schöner Tag, die Sonne scheint und die Vögel Zwitschern.

13. a) Er reiste zum ersten Mal nach China, aber viel Erfahrung hatte er nicht.
b) Er Reiste zum ersten Mal nach China, aber viel Erfahrung hatte er nicht.
c) Er reiste zum Ersten mal nach China, aber viel erfahrung hatte er nicht.
d) Er reiste zum Ersten Mal nach China, aber viel erfahrung hatte er nicht.

14. a) Alles weitere kann mit mir besprochen werden.
    b) Alles Weitere kann mit Mir besprochen werden.
    c) Alles weitere kann mit mir Besprochen werden.
    d) Alles Weitere kann mit mir besprochen werden.

15. a) Meiner meinung nach ist es nicht gut, wenn ein Buch viele Rechtschreibfehler hat.
    b) Meiner Meinung nach ist es nicht gut, wenn ein Buch viele rechtschreibfehler hat.
    c) Meiner Meinung nach ist es nicht gut, wenn ein Buch viele Rechtschreibfehler hat.
    d) Meiner Meinung nach ist es nicht Gut, wenn ein Buch viele Rechtschreibfehler hat.

16. a) Der Eine oder Andere wird noch kommen.
    b) Der eine oder andere wird noch kommen.
    c) Der Eine oder andere wird noch kommen.
    d) Der eine oder Andere wird noch kommen.

Lösungen: Groß- und Kleinschreibung II

| | | |
|---|---|---|
| 1. a) | 7. b) | 13. a) |
| 2. b) | 8. a) | 14. d) |
| 3. b) | 9. d) | 15. c) |
| 4. d) | 10. b) | 16. b) |
| 5. c) | 11. d) | |
| 6. a) | 12. a) | |

## Schreibweise von Straßennamen

Für die Schreibweise der Namen von öffentlichen Straßen, Plätzen und Brücken gelten im Allgemeinen dieselben Regeln wie für sonstige Namen. Abweichende Einzelfestlegungen durch die jeweils zuständigen Behörden kommen jedoch vor.

Das erste Wort eines Straßennamens wird großgeschrieben, ebenso alle zum Namen gehörenden Adjektive und Zahlwörter:

- Im Trutz
- Am Alten Lindenbaum
- Kleine Bockenheimer Straße
- An den Drei Tannen

Zusammengesetzte Straßennamen schreibt man zusammen:

- Bahnhofstraße, Rathausgasse, Bismarckring, Beethovenplatz, Schlossallee
- Neumarkt, Langgasse, Hochstraße

Bei einem gebeugten Adjektiv wird getrennt geschrieben:

- Neuer Markt, Lange Gasse, Hohe Straße

Getrennt schreibt man, wenn eine Ableitung auf „-er" von einem Orts- oder Ländernamen vorliegt:

- Leipziger Straße, Am Saarbrücker Tor, Thüringer Platz, Kalk-Deutzer Straße, Bad Homburger Weg oder Bad-Homburger Weg

Straßennamen, die mit mehrteiligen Namen zusammengesetzt sind, schreibt man mit Bindestrichen:

- Georg-Büchner-Straße, Kaiser-Friedrich-Ring, Van-Dyck-Weg, E.-T.-A.-Hoffmann-Straße, Carl-Maria-von-Weber-Allee, Berliner-Tor-Platz, Am St.-Georgs-Kirchhof, Bad-Kissingen-Straße, Sankt-Blasien-Weg, Von-Repkow-Platz, Bürgermeister-Dr.-Meier-Allee

Korrekte Schreibweise:

- Straße, Allee, Chaussee, Pfad, Weg, Platz, Gasse, Hof, Markt, Damm

Schreibweise von Straßennamen

Beantworte bitte die folgenden Aufgaben, indem du den Buchstaben mit der richtigen Schreibweise markierst.

Zeit: **5 Minuten**

1.
a) Bismarkstraße
b) Bismarck Strasse
c) Bismarckstraße
d) Bismark-Straße

2.
a) Kaiser-Wilhelm-Allee
b) Kaiser Willhelm Allee
c) Kaiserwilhelm Allee
d) Kaiser-Willhelm Alee

3.
a) Leipziger Strasse
b) Leipzigerstraße
c) Leipziger-Straße
d) Leipziger Straße

4.
a) Charlottenburger-Chausee
b) Charlotten-Burger-Chaussee
c) Charlottenburger Chaussee
d) Charlottenburger Choussee

5.
a) Nietsche Straße
b) Nietzschestraße
c) Nietzsche-Straße
d) Nietschestrasse

6.
a) Altona-Neustädter Chaussee
b) Altona-Neustädter-Chaussee
c) Altona Neustädter Choussee
d) Altona Neustädter Chaussee

7.
a) Beethovenplatz
b) Beethoven Platz
c) Beethofenplatz
d) Beethoven-Platz

8.
a) Bären Weg
b) Berenweg
c) Bären-Weg
d) Bärenweg

9.
a) Frankfurter Alle
b) Frankfurter-Allee
c) Frankfurter Allee
d) Frankfurterallee

10.
a) Willy-Brandt-Platz
b) Willi Brandt Platz
c) Willy-Brant Platz
d) Willi Brand-Platz

Lösungen: Schreibweise von Straßennamen

Zu 1. c) Bismarckstraße
Ist nur der Nachname einer Person Teil des Straßennamens, wird er zusammen- geschrieben. Der Politiker Bismarck schreibt sich mit „ck".

Zu 2. a) Kaiser-Wilhelm-Allee
Wenn der Straßenname den Vor- und Nachnamen einer Person beinhaltet, werden alle Glieder mit Bindestrich verbunden.

Zu 3. d). Leipziger Straße
Ist die Straße nach einem Ort benannt, steht der Ortsname getrennt von der Straßenbezeichnung. Straße schreibt sich mit „ß".

Zu 4. c) Charlottenburger Chaussee
Ist die Straße nach einem Ort benannt, steht der Ortsname getrennt von der Straßenbezeichnung. „Chaussee" schreibt sich mit „ss" und „ee".

Zu 5. b) Nietzschestraße
Ist nur der Nachname einer Person Teil des Straßennamens, wird er zusammengeschrieben. Der Philosoph Friedrich Nietzsche schreibt sich mit „tz".

Zu 6. a) Altona-Neustädter Chaussee
Ist die Straße nach einem Ort benannt, steht der Ortsname getrennt von der Straßenbezeichnung. Altona-Neustadt ist eine Ortsbezeichnung.

Zu 7. a) Beethovenplatz
Ist nur der Nachname einer Person Teil des Straßennamens, wird er zusammengeschrieben.

Zu 8. d) Bärenweg
Ist ein Substantiv namensgebend, wird es mit der Straßenbezeichnung zusammengeschrieben.

Zu 9. c) Frankfurter Allee
Ist die Straße nach einem Ort benannt, steht der Ortsname getrennt von der Straßenbezeichnung.

Zu 10. a) Willy-Brandt-Platz
Wenn der Straßenname den Vor- und Nachnamen einer Person beinhaltet, werden alle Glieder mit Bindestrich verbunden. Der Politiker Willy Brandt schreibt sich mit „y" und „dt".

## Deutscher Lückentext

In den Lückentext-Übungen müssen die leeren Positionen um Pronomen, Verben, Adjektive, Subjekte, Artikel, Appositionen oder die korrekte Kasus- oder Pluralmarkierung ergänzt werden.

1. Der Kunde nimmt ____ Produkt entgegen, um es später auszuprobieren.
a) das
b) die
c) der
d) des

2. Auf dem Weg zur Arbeit wurde ___ Angestellten bewusst, dass er seine Brieftasche zuhause vergessen hatte.
a) des
b) den
c) dem
d) die

3. Es ist wichtig, sich einen ___blick zu verschaffen.
a) An
b) Aus
c) Um
d) Über

4. Meine Großeltern haben ___ Nachbarin, die täglich Unkraut jätet.
a) eine
b) ein
c) einen
d) einer

5. Wir leben in einer Straße, ___ ___ nicht viel los ist.
a) in das
b) in der
c) in dem
d) in die

6. Auf der Autobahn entdecke ich ein Fahrzeug, _____ zu schnell fährt.
a) welcher
b) welchen
c) welches
d) welchem

7. Der NSA-Untersuchungsausschuss soll Ausmaß und Hintergründe der Ausspähungen durch ____ Geheimdienste in Deutschland aufklären.
a) Ausland
b) ausländische
c) fremd
d) fremde

8. Unter einem Verbrechen wird gemeinhin ein schwerwiegender Verstoß gegen die Rechtsordnung ___ Gesellschaft oder die Grundregeln menschlichen Zusammenlebens verstanden.
a) seiner

b) keiner
c) einer
d) ihrer

9. Unter Kapital im volkswirtschaftlichen Sinne kann man alle bei der Erzeugung beteiligte Produktionsmittel _____.
a) lernen
b) verstehen
c) sehen
d) behandeln

10. Südostengland mit der Hauptstadt London, der klimatisch meist-begünstigte Teil Großbritanniens, unterscheidet sich in ____ Hinsicht von den anderen Teilen der Insel.
a) vielerlei
b) weiter
c) großer
d) mehrerer

11. Neben der Bushaltestelle steht ___ _____ Junge und wartet auf den Bus.
a) ein kleiner
b) eine kleine
c) ein kleines
d) einer kleiner

12. Dass die Betreuung für ältere Menschen zu viel kostet, ist eine ____stellung.
a) Über
b) Unter
c) Auf
d) Ab

13. Die Aussage, ___ die Anzahl der Gewaltdelikte jedes Jahr steigt, muss überprüft werden.
a) welche
b) daß
c) das
d) dass

14. Dass ___ der Höhepunkt ist, hat niemand bezweifelt.
a) dass
b) das
c) welches
d) daß

15. Das Werk des angesehenen italienischen __________ wurde mit dem Literaturnobelpreis ausgezeichnet.
a) Schriftstellern
b) Schriftsteller
c) Schriftstellers
d) Schriftstelle

16. Der Fund des ______ ist für die weiteren Ermittlungen von großer Bedeutung.
a) Fluchtfahrzeugs
b) Flucht Fahrzeugs
c) Fluchtfahrzeug
d) Flucht-Fahrzeug

17. Bevor man sich ein neues Auto zulegt, ist es ratsam, eine ________ zu machen.
a) Probe Fahrt
b) Probefahrt
c) probefahrt
d) probe Fahrt

18. Am Abend werden ______ die Ampeln ausgeschaltet.
a) überlicherweise
b) üblicherweise
c) üblichweise
d) üblicher Weise

19. Der Vorname meiner ______ ist Anna.
a) Lehrer
b) Lehrers
c) Lehrern
d) Lehrerin

20. Wenn du jetzt _____, ist alles vorbei.
a) gingst
b) gehen
c) geht
d) gehst

21. Das _____ von Alkohol ist während der Dienstzeit nicht erlaubt.
a) trinken
b) Getränk
c) Trinken
d) Getrinke

22. Wenn man etwas investiert, erwartet man, etwas ________.
a) zurückzuerhalten
b) zurück zu erhalten
c) zurück erhalten
d) zurückerhalten

23. Ein Verbrechen ist ein Verstoß gegen die Rechtsordnung _____ Staates.
a) ein
b) einer
c) eines
d) einem

24. Diese Frage sollten Sie mit Ihrem ____ besprechen.
a) Ärzten
b) Arzt
c) Ärztin
d) Arztes

25. Das Dschungelbuch ist eine Sammlung von Erzählungen und Gedichten des britischen ___ Rudyard Kipling.
a) Autor
b) Autorin
c) Autoren
d) Autors

26. Die Karrieremessen werden von Hochschulen, professionellen ___ und den Industrie- und Handelskammern organisiert.
a) Dienstleister
b) Dienstleistern
c) Dienstleisters
d) Dienstleisterin

27. Non-Profit-Organisationen nehmen bestimmte ___ der Bedarfsdeckung, Förderung oder Interessenvertretung bzw. Beeinflussung für ihre Mitglieder oder Dritte wahr.
a) Zwecke
b) Zweck

c) Zwecks
d) Zwecken

28. Ziele von Frauenvereinen sind häufig soziale Anliegen im ___ oder Frauenthemen und Frauenfragen im Besonderen.

a) allgemein
b) Allgemein
c) Allgemeinen
d) allgemeinen

Lösungen: Deutscher Lückentext

| | | |
|---|---|---|
| 1. a) | 11. a) | 21. c) |
| 2. c) | 12. b) | 22. a) |
| 3. d) | 13. d) | 23. c) |
| 4. a) | 14. b) | 24. b) |
| 5. b) | 15. c) | 25. d) |
| 6. c) | 16. a) | 26. b) |
| 7. b) | 17. b) | 27. a) |
| 8. c) | 18. b) | 28. c) |
| 9. b) | 19. d) | |
| 10. a) | 20. d) | |

Zu 22.: a) Für die Getrennt- oder Zusammenschreibung bei Erweiterungen von Infinitiven mit „zu“ gibt es eine einfache Regel: Wird das Verb in seiner Grundform bereits zusammengeschrieben, so wird auch die Erweiterung mit „zu“ zusammengeschrieben. Wird die Verb-Verbindung allerdings auseinander geschrieben, wird auch die Erweiterung getrennt geschrieben.

## Kommasetzung

Kommata treten im Deutschen in verschiedenen Satzkonstellationen auf. Hier sind einige Grundregeln, die du beachten solltest.

**Regeln**

1. Ein Komma kann bei Aufzählungen genutzt werden.

Beispiel: Ich bin eine fleißige, strebsame, ordentliche Schülerin. Oder: Ich bin eine fleißige, strebsame und ordentliche Schülerin. Hier wurde das Komma durch ein „und" ersetzt. Statt „und" könnte auch „oder" oder „sowie" das Komma ersetzen.

2. Ein Komma steht vor Konjunktionen wie aber, allerdings, jedoch, sondern etc.

Beispiel: Ihre Mutter ist eine liebevolle, aber strenge Frau. Nicht nur der Bus, sondern auch der Zug ist sehr pünktlich.

3. Wird das Subjekt in einem Satz genauer beschrieben, wird die nähere Beschreibung (Apposition) durch Kommas eingeschlossen.

Beispiel: Herr Schneider, der Nachbar, ist genervt von den Kindern.

4. Ein Komma trennt den Hauptsatz vom Nebensatz ab. Weil es schneit, dürfen die Kinder im Klassenraum bleiben.

Beispiel: Die Kinder dürfen im Klassenraum bleiben, weil es schneit. Der Mann, der jeden Sonntag joggen geht, ist krank.

Zeit: **10 Minuten**

1. In welchem Satz sind alle Kommas richtig gesetzt?
a) Der Kriminalstatistik 2014, die Schleswig-Holstein im März 2015 veröffentlichte, ist zu entnehmen, dass die Anzahl der Kriminalfälle um 1,2 Prozent auf 202.301 Delikte anstieg, nachdem in den vier Kalenderjahren zuvor eine rückläufige Kriminalität verzeichnet wurde.
b) Der Kriminalstatistik 2014 die Schleswig-Holstein im März 2015 veröffentlichte ist zu entnehmen, dass die Anzahl der Kriminalfälle um 1,2 Prozent auf 202.301 Delikte anstieg nachdem in den vier Kalenderjahren zuvor eine rückläufige Kriminalität verzeichnet wurde.

c) Der Kriminalstatistik 2014, die Schleswig-Holstein im März 2015 veröffentlichte, ist zu entnehmen dass die Anzahl der Kriminalfälle um 1,2 Prozent auf 202.301 Delikte anstieg, nachdem in den vier Kalenderjahren zuvor eine rückläufige Kriminalität verzeichnet wurde.
d) Der Kriminalstatistik 2014, die Schleswig-Holstein im März 2015 veröffentlichte, ist zu entnehmen, dass die Anzahl der Kriminalfälle um 1,2 Prozent, auf 202.301 Delikte anstieg, nachdem in den vier Kalenderjahren zuvor eine rückläufige Kriminalität verzeichnet wurde.

2. In welchem Satz sind alle Kommas richtig gesetzt?
a) „Da die Aufklärungsquote auf 51,2 Prozent angestiegen ist bleibt Schleswig-Holstein ein sicheres Bundesland" erklärte Stefan Studt der Landesinnenminister stolz, „zumal dies der beste Wert des letzten Jahrzehnts ist."
b) „Da die Aufklärungsquote auf 51,2 Prozent angestiegen ist, bleibt Schleswig-Holstein ein sicheres Bundesland", erklärte Stefan Studt, der Landesinnenminister stolz, „zumal dies der beste Wert des letzten Jahrzehnts ist."
c) „Da die Aufklärungsquote, auf 51,2 Prozent angestiegen ist, bleibt Schleswig-Holstein ein sicheres Bundesland", erklärte Stefan Studt, der Landesinnenminister stolz, „zumal dies der beste Wert, des letzten Jahrzehnts ist."
d) „Da die Aufklärungsquote auf 51,2 Prozent angestiegen ist, bleibt Schleswig-Holstein ein sicheres Bundesland", erklärte Stefan Studt, der Landesinnenminister stolz „zumal dies der beste Wert des letzten Jahrzehnts ist."

3. In welchem Satz sind alle Kommas richtig gesetzt?
a) Die Häufigkeitszahl die angibt, wie viele Straftaten auf 100.000 Einwohner entfallen erhöhte sich leicht auf 7.184.
b) Die Häufigkeitszahl die angibt, wie viele Straftaten auf 100.000 Einwohner entfallen, erhöhte sich leicht auf 7.184.
c) Die Häufigkeitszahl, die angibt, wie viele Straftaten, auf 100.000 Einwohner entfallen, erhöhte sich leicht auf 7.184.
d) Die Häufigkeitszahl, die angibt, wie viele Straftaten auf 100.000 Einwohner entfallen, erhöhte sich leicht auf 7.184.

4. In welchem Satz sind alle Kommas richtig gesetzt?
a) Der Kriminalitätsanstieg gegenüber 2013, verlautbarte der Innenminister, beruhe im Wesentlichen auf Verstößen gegen das Asylverfahrens-, das Aufenthalts- und das EU-Freizügigkeitsgesetz.
b) Der Kriminalitätsanstieg gegenüber 2013 verlautbarte der Innenminister, beruhe im Wesentlichen auf Verstößen gegen das Asylverfahrens-, das Aufenthalts- und das EU-Freizügigkeitsgesetz.
c) Der Kriminalitätsanstieg gegenüber 2013 verlautbarte der Innenminister beruhe im Wesentlichen auf Verstößen gegen das Asylverfahrens-, das Aufenthalts- und das EU-Freizügigkeitsgesetz.
d) Der Kriminalitätsanstieg, gegenüber 2013, verlautbarte der Innenminister, beruhe im Wesentlichen auf Verstößen, gegen das Asylverfahrens-, das Aufenthalts- und das EU-Freizügigkeitsgesetz.

5. In welchem Satz sind alle Kommas richtig gesetzt?
a) Während in 2014 noch 4.309 derartige Delikte verzeichnet wurden kam es 2015 zu einer Erhöhung um 3.463 Fälle auf 7.772 was einem Anstieg von 80,4 Prozent entspricht.
b) Während in 2014 noch 4.309 derartige Delikte verzeichnet wurden, kam es 2015 zu einer Erhöhung um 3.463 Fälle auf 7.772 was einem Anstieg von 80,4 Prozent entspricht.
c) Während in 2014 noch 4.309 derartige Delikte verzeichnet wurden, kam es 2015 zu einer Erhöhung, um 3.463 Fälle auf 7.772, was einem Anstieg von 80,4 Prozent entspricht.
d) Während in 2014 noch 4.309 derartige Delikte verzeichnet wurden, kam es 2015 zu einer Erhöhung um 3.463 Fälle auf 7.772, was einem Anstieg von 80,4 Prozent entspricht.

6. In welchem Satz sind alle Kommas richtig gesetzt?
a) Dies liege, so Studt, an einem vermehrten Zuzug, von Flüchtlingen, nicht nur aus weltweiten Kriegs-, sondern auch Armutsregionen.
b) Dies liege, so Studt, an einem vermehrten Zuzug von Flüchtlingen nicht nur aus weltweiten Kriegs-, sondern auch Armutsregionen.
c) Dies liege so Studt, an einem vermehrten Zuzug von Flüchtlingen nicht nur aus weltweiten Kriegs-, sondern auch Armutsregionen.
d) Dies liege so Studt an einem vermehrten Zuzug von Flüchtlingen nicht nur aus weltweiten Kriegs-, sondern auch Armutsregionen.

7. In welchem Satz sind alle Kommas richtig gesetzt?
a) Im Übrigen berichtete der Innenminister von rückläufigen Zahlen, musste aber eine Zunahme bei Raub und Brandstiftung einräumen.
b) Im Übrigen, berichtete der Innenminister von rückläufigen Zahlen, musste aber eine Zunahme bei Raub und Brandstiftung einräumen.
c) Im Übrigen berichtete der Innenminister von rückläufigen Zahlen musste aber eine Zunahme bei Raub und Brandstiftung einräumen.
d) Im Übrigen berichtete der Innenminister, von rückläufigen Zahlen, musste aber eine Zunahme bei Raub und Brandstiftung einräumen.

8. In welchem Satz sind alle Kommas richtig gesetzt?
a) Während die Gewaltkriminalität um ein Prozent zurückging verminderte sich die Zahl der Diebstähle um 0,3 Prozent der Sachbeschädigungen um 1,7 Prozent und der Vermögensdelikte um 2,9 Prozent wohingegen 78 vorsätzliche Brandstiftungen mithin 13,4 Prozent mehr als im Vorjahr registriert wurden.
b) Während die Gewaltkriminalität um ein Prozent zurückging, verminderte sich die Zahl der Diebstähle um 0,3 Prozent, der Sachbeschädigungen, um 1,7 Prozent und der Vermögensdelikte, um 2,9 Prozent, wohingegen 78 vorsätzliche Brandstiftungen, mithin 13,4 Prozent mehr als im Vorjahr registriert wurden.
c) Während die Gewaltkriminalität um ein Prozent zurückging, verminderte sich die Zahl der Diebstähle um 0,3 Prozent, der Sachbeschädigungen um 1,7 Prozent und der Vermögensdelikte um 2,9 Prozent, wohingegen 78 vorsätzliche Brandstiftungen, mithin 13,4 Prozent mehr als im Vorjahr registriert wurden.
d) Während die Gewaltkriminalität, um ein Prozent zurückging, verminderte sich die Zahl der Diebstähle um 0,3 Prozent, der Sachbeschädigungen um 1,7 Prozent und der Vermögensdelikte, um 2,9 Prozent, wohingegen 78 vorsätzliche Brandstiftungen, mithin 13,4 Prozent mehr als im Vorjahr registriert wurden.

9. In welchem Satz sind alle Kommas richtig gesetzt?
a) Stefan Studt betonte ferner dass die Jugendkriminalität auch gemessen am Anteil Tatverdächtiger unter 21 Jahren von 23,1 auf 22,7 Prozent gesunken sei.

b) Stefan Studt betonte ferner, dass die Jugendkriminalität auch gemessen am Anteil Tatverdächtiger unter 21 Jahren, von 23,1 auf 22,7 Prozent gesunken sei.
c) Stefan Studt betonte, ferner dass die Jugendkriminalität, auch gemessen am Anteil Tatverdächtiger unter 21 Jahren, von 23,1 auf 22,7 Prozent gesunken sei.
d) Stefan Studt betonte ferner, dass die Jugendkriminalität, auch gemessen am Anteil Tatverdächtiger unter 21 Jahren, von 23,1 auf 22,7 Prozent gesunken sei.

10. In welchem Satz sind alle Kommas richtig gesetzt?
a) Die diesbezüglichen Landeskonzepte, die insbesondere auf die Prävention von Kriminalität bei jugendlichen Intensivtätern zielten, trügen wohl, so scheine es jedenfalls, zu der positiven Entwicklung bei, meinte der Innenminister.
b) Die diesbezüglichen Landeskonzepte die insbesondere auf die Prävention von Kriminalität bei jugendlichen Intensivtätern zielten, trügen wohl, so scheine es jedenfalls, zu der positiven Entwicklung bei, meinte der Innenminister.
c) Die diesbezüglichen Landeskonzepte, die insbesondere auf die Prävention von Kriminalität bei jugendlichen Intensivtätern zielten trügen wohl so scheine es jedenfalls, zu der positiven Entwicklung bei, meinte der Innenminister.
d) Die diesbezüglichen Landeskonzepte, die insbesondere auf die Prävention von Kriminalität bei jugendlichen Intensivtätern zielten, trügen wohl so scheine es jedenfalls zu der positiven Entwicklung bei, meinte der Innenminister.

Lösungen: Deutsche Kommasetzung

| | | |
|---|---|---|
| 1. a) | 5. d) | 9. d) |
| 2. b) | 6. b) | 10. a) |
| 3. d) | 7. a) | |
| 4. a) | 8. c) | |

## Plural bilden

Bilde den Plural der folgenden Sätze.

Zeit: **5 Minuten**

1. Der Bruder schreibt ein Diktat.
2. Das Kind macht ein Experiment.
3. Der Student schreibt ein Märchen.
4. Der Vater repariert das Fenster.
5. Bernie schreibt ein Buch.
6. Der Vater braucht ein Auto.
7. Der Mechaniker repariert ein Auto.
8. Mario braucht ein Geschenk.
9. Der Wagen ist nicht hier.
10. Der Urlauber fotografiert die Kirche.
11. Der Autor hat eine Katze.
12. Dort kommt der Prüfer.
13. Der Chef repariert kein Fenster.
14. Der Zug ist in Linz.
15. Der Bewerber schreibt eine Prüfung.
16. Bernie hat ein gutes Argument.
17. Die Mutter braucht Freiraum.
18. Der Chef geht in das Restaurant.

Lösungen: Plural bilden

Zu 1.: Die Brüder schreiben Diktate.

Zu 2.: Die Kinder machen Experimente.

Zu 3.: Die Studenten schreiben Märchen.

Zu 4.: Die Väter reparieren die Fenster.

Zu 5.: Bernie schreibt Bücher.

Zu 6.: Die Väter brauchen Autos.

Zu 7.: Die Mechaniker reparieren Autos.

Zu 8.: Mario braucht Geschenke.

Zu 9.: Die Wagen sind nicht hier.

Zu 10.: Die Urlauber fotografieren die Kirchen.

Zu 11.: Die Autoren haben Katzen.

Zu 12.: Dort kommen die Prüfer.

Zu 13.: Die Chefs reparieren keine Fenster.

Zu 14.: Die Züge sind in Linz.

Zu 15.: Die Bewerber schreiben Prüfungen.

Zu 16.: Bernie hat gute Argumente.

Zu 17.: Die Mütter brauchen Freiräume.

Zu 18.: Die Chefs gehen in die Restaurants.

## Rechtschreibfehler

Die folgenden Wörter enthalten je einen oder mehrere Fehler. Schreibe die Wörter in der korrekten Schreibweise auf ein extra Blatt Papier.

Zeit: **5 Minuten**

1. Parrtere
2. representativ
3. häußlich
4. Vorwandt
5. pennibel
6. Chemiekalie
7. apropo
8. Kathastrophe
9. Kolektiv
10. symphatisch
11. Karrussell
12. spatzieren
13. Rabarber
14. skurill
15. Aparat
16. krakehlen
17. Billiard
18. Kuß
19. nähmlich
20. Kuveer
21. Tymian
22. wiederkeuen
23. Trielogie
24. übrigends
25. vorrausichtlich
26. Verwandschaft
27. paralell
28. Mozarrella
29. Kenntniss
30. Schlammassel
31. narzistisch
32. adequat
33. Bagattele
34. akredietieren
35. Kabarret
36. Gallionsfigur
37. Kreissaal
38. kollosal

Lösungen: Rechtschreibfehler

| | | |
|---|---|---|
| 1. Parterre | 14. skurril | 27. parallel |
| 2. repräsentativ | 15. Apparat | 28. Mozzarella |
| 3. häuslich | 16. krakeelen | 29. Kenntnis |
| 4. Vorwand | 17. Billard | 30. Schlamassel |
| 5. penibel | 18. Kuss | 31. narzisstisch |
| 6. Chemikalie | 19. nämlich | 32. adäquat |
| 7. apropos | 20. Kuvert | 33. Bagatelle |
| 8. Katastrophe | 21. Thymian | 34. akkreditieren |
| 9. Kollektiv | 22. wiederkäuen | 35. Kabarett |
| 10. sympathisch | 23. Trilogie | 36. Galionsfigur |
| 11. Karussell | 24. übrigens | 37. Kreißsaal |
| 12. spazieren | 25. voraussichtlich | 38. kolossal |
| 13. Rhabarber | 26. Verwandtschaft | |

## Infinitive bilden

Bilde von den folgenden 20 konjugierten Verben jeweils den Infinitiv Präsens (Grundform). Schreibe die korrekten Infinitive auf ein extra Blatt Papier.

Zeit: **3 Minuten**

1. sieht
2. trifft
3. lässt
4. darf
5. erklärt
6. brach
7. geschieht
8. nimmst
9. mag
10. befiehlt
11. gabst
12. fingen
13. rieten
14. hielt
15. gerät
16. trat
17. stieß
18. flöge
19. grübe
20. vorgeworfen

Lösungen: Infinitive bilden

| | | |
|---|---|---|
| 1. sehen | 8. nehmen | 15. geraten |
| 2. treffen | 9. mögen | 16. treten |
| 3. lassen | 10. befehlen | 17. stoßen |
| 4. dürfen | 11. geben | 18. fliegen |
| 5. erklären | 12. fangen | 19. graben |
| 6. brechen | 13. raten | 20. vorwerfen |
| 7. geschehen | 14. halten | |

## Fremdwörter zuordnen

Das Beherrschen von Fremdwörtern ist vor allem im Vorstellungsgespräch sehr wichtig. Ist dir ein Fremdwort jedoch nicht geläufig, ist es sicherlich ratsam, nachzufragen, als durch eine falsche Deutung ein Missverständnis zu riskieren.

Markiere bei der folgenden Aufgabe die jeweils richtige Bedeutung des Fremdwortes.

Zeit: **5 Minuten**

1. sich echauffieren
a) zusammenarbeiten
b) erstaunt sein
c) arrogant sein
d) sich erregen

2. Dementi
a) Erstellung eines Gesetzes
b) Widerruf einer Behauptung
c) Rücktritt
d) Grenzberichtigung

3. Kasserolle
a) Schmorgefäß
b) einfacher Visierhelm
c) kleines Rhythmusinstrument
d) militärische Befestigungsanlage

4. diametral
a) teuflisch
b) völlig entgegengesetzt
c) zuckerkrank
d) schräg verlaufend

5. Altruismus
a) Eigenliebe
b) Möglichkeit
c) Stolz
d) Selbstlosigkeit

6. opportun
a) unterdrückend
b) prinzipienlos
c) passend, angebracht
d) nicht zweckmäßig

7. Dissens
a) Abschreckung
b) Ausbreitung einer Seuche
c) Meinungsverschiedenheit
d) Missklang

8. Ovation
a) Beifall
b) Eröffnung
c) ovale Form
d) Übertreibung

9. prekär
a) gekünstelt
b) vorhersehbar
c) vorzeitig
d) schwierig, misslich

10. Suggestion
a) Umsturz
b) Beeinflussung
c) Befragung
d) Leid

11. rigide
a) streng
b) lächerlich
c) schnell
d) zögernd

12. kolportieren
a) körperlich verfallen
b) zeugen
c) Gerüchte verbreiten
d) zusammenarbeiten

13. Eloquenz
a) Aufmerksamkeit
b) Lobrede
c) Entrüstung
d) Redegewandtheit

14. reüssieren
a) zusammenfassen
b) entscheiden
c) sich versammeln
d) Erfolg haben

15. prätentiös
a) vorherrschend
b) anmaßend
c) verlässlich
d) genau

16. Konzession
a) Zusammenfassung
b) Dichtigkeit
c) Zugeständnis
d) Glaubensgemeinschaft

17. Resolution
a) Widerruf
b) Beschluss
c) Auflösung
d) Wiederaufnahme

18. parieren
a) befehlen
b) verteilen
c) plaudern
d) ohne Widerspruch gehorchen

19. ambitioniert
a) zwiespältig
b) aufopfernd
c) ehrgeizig
d) förmlich

20. rekapitulieren
a) zusammenfassen, wiederholen
b) zurückfordern
c) nachbilden
d) aufgeben

Lösungen: Fremdwörter zuordnen

| | | |
|---|---|---|
| 1. d) | 8. a) | 15. b) |
| 2. b) | 9. d) | 16. c) |
| 3. a) | 10. b) | 17. b) |
| 4. b) | 11. a) | 18. d) |
| 5. d) | 12. c) | 19. c) |
| 6. c) | 13. d) | 20. a) |
| 7. c) | 14. d) | |

## Synonyme

Finde zu einem vorgegebenen Wort ein zweites aus einer Auswahl von vier vorgegebenen Wörtern, das die gleiche oder eine sehr ähnliche Bedeutung hat.

Zeit: **5 Minuten**

1. bescheiden
a) natürlich
b) anspruchsvoll
c) genügsam
d) unaufhaltsam

2. gutmütig
a) furchtlos
b) lieb
c) realitätsfern
d) gehässig

3. verderben
a) verkommen
b) gedeihen
c) verbringen
d) verschwinden

4. langsam
a) rasant
b) unbedacht
c) gemächlich
d) tröpfelnd

5. fest
a) Feierlichkeit
b) hart
c) dick
d) flüssig

6. Vorurteil
a) Aufgeschlossenheit
b) richtend
c) verurteilend
d) Stereotyp

7. Mortalität
a) Sterblichkeit
b) Unwissenheit
c) Ausstattung
d) Muskelbewegungen

8. schlafen
a) liegen
b) träumen
c) schlummern
d) abwesend

9. schimpfen
a) verurteilen
b) verdonnern
c) loben
d) tadeln

10. Anweisung
a) Instruktion
b) Durchsage
c) Plan
d) Urteil

11. einsam
a) traurig
b) allein
c) selten
d) gemeinsam

12. initiieren
a) etwas nachahmen
b) etwas anstoßen
c) etwas anmachen
d) etwas verfolgen

13. Spur
a) Intuition
b) Trick
c) Fährte
d) Hinterhalt

14. taumeln
a) tanzen
b) hektisch sein
c) stolpern
d) schwanken

15. Tatsache
a) Fakt
b) Vermutung
c) Gegebenheit
d) Annahme

16. willkürlich
a) herrisch
b) absichtlich
c) beliebig
d) unerlaubt

17. zerstören
a) ruinieren
b) sabotieren
c) durchstreichen
d) aufbauen

18. Zurückhaltung
a) Anstand
b) Willenskraft
c) Bescheidenheit
d) Protest

19. Disput
a) Anordnung
b) Streit
c) Vorschlag
d) Gebet

20. beschaulich
a) vergessen
b) klein
c) freundlich
d) auffallend

21. Lärm
a) Aufregung
b) Durcheinander
c) Stille
d) Krach

22. fleißig
a) tüchtig
b) schnell
c) hartnäckig
d) träge

23. lethargisch
a) todkrank
b) angepasst
c) skandalös
d) träge

24. Attrappe
a) Angriff
b) Gutachten
c) Nachbildung
d) Vorbeugung

25. Effizienz
a) Zahlungsunfähigkeit
b) Redegewandtheit
c) Wirksamkeit
d) Ausdauer

Lösungen: Synonyme

| | | |
|---|---|---|
| 1. c) | 10. a) | 19. b) |
| 2. b) | 11. b) | 20. b) |
| 3. a) | 12. b) | 21. d) |
| 4. c) | 13. c) | 22. a) |
| 5. b) | 14. d) | 23. d) |
| 6. d) | 15. a) | 24. c) |
| 7. a) | 16. c) | 25. c) |
| 8. c) | 17. a) | |
| 9. d) | 18. c) | |

Zu 5.: b) Hier ist die Groß- und Kleinschreibung zu beachten. Gesucht ist ein Synonym für das Adjektiv „fest".

## Gegenteile

Finde zu einem vorgegebenen Begriff das entsprechende Gegenteil.

Zeit: **4 Minuten**

1. euphorisch
a) sauer
b) traurig
c) mürrisch
d) lustlos

2. oberflächlich
a) tiefgründig
b) ungenau
c) präzise
d) exakt

3. feige
a) waghalsig
b) mutig
c) unerschrocken
d) riskant

4. Lösung
a) Konflikt
b) Streit
c) Problem
d) Auseinandersetzung

5. leichtsinnig
a) besonnen
b) rücksichtsvoll
c) sorgfältig
d) bedacht

6. selten
a) regulär
b) typisch
c) alltäglich
d) häufig

7. fleißig
a) faul
b) träge
c) lustlos
d) demotiviert

8. Wahrheit
a) Illusion
b) Lüge
c) Ausrede
d) Betrug

9. Demut
a) Missmut
b) Ehre
c) Überheblichkeit
d) Stolz

10. radikal
a) ruhig
b) tolerant
c) moderat
d) gelassen

11. kaufen
a) schenken
b) feilschen
c) leihen
d) stehlen

12. nachlässig
a) gewissenhaft
b) genau
c) bedacht
d) folgsam

13. pragmatisch
a) kreativ
b) idealistisch
c) träumerisch
d) egoistisch

14. gierig
a) zurückhaltend
b) gelassen
c) bescheiden
d) schüchtern

15. Misstrauen
a) Zuversicht
b) Vertrauen
c) Glaube
d) Verständnis

16. Mitleid
a) Gleichgültigkeit
b) Verständnis
c) Verachtung
d) Bedeutungslosigkeit

17. ungenügend
a) maßgeblich
b) erwartungsvoll
c) ausreichend
d) zufriedenstellend

18. ernst
a) glücklich
b) erfreut
c) unseriös
d) vergnügt

19. Gegner
a) Freund
b) Gefährte
c) Gleichgesinnter
d) Befürworter

20. Mangel
a) Wohlstand
b) Überschuss
c) ausreichend
d) Sicherheit

Lösungen: Gegenteile

| | | |
|---|---|---|
| 1. d) | 8. b) | 15. b) |
| 2. a) | 9. c) | 16. a) |
| 3. b) | 10. c) | 17. c) |
| 4. c) | 11. d) | 18. d) |
| 5. a) | 12. a) | 19. d) |
| 6. d) | 13. b) | 20. b) |
| 7. a) | 14. c) | |

## Sprichwörter ergänzen

Setze für die jeweiligen Sprichwörter das passende Wort ein.

Zeit: **10 Minuten**

1. Jedes Wort auf die _____________ legen.
a) Lappen
b) Bahre
c) Goldwaage
d) Münze

2. Morgenstund hat _____________ im Mund.
a) Silber
b) Gold
c) Brei
d) Kaffee

3. Seine ___________ davonschwimmen sehen.
a) Pantoffeln
b) Wäsche
c) Felle
d) Güter

4. Es ist Jacke wie _______
a) Hemd.
b) Schuhe.
c) Mantel.
d) Hose.

5. Die Kuh vom ______ holen.
a) Eis
b) Feld
c) Gras
d) Berg

6. Der Fisch stinkt vom __ her.
a) Prinzip
b) Bauch
c) Schwanz
d) Kopf

7. Alles über einen ________ scheren.
a) Rechen
b) Schädel
c) Kamm
d) Kopf

8. Auch ein blindes Huhn findet mal ein _____________.
a) Ei.
b) Küken.
c) Wurm.
d) Korn.

9. Der __________ macht die Musik.
a) Geiger
b) Ton
c) Chor
d) Sänger

10. Lieber den ____________
in der Hand als die Taube auf
dem Dach.
a) Spatz
b) Sperling
c) Vogel
d) Ziegel

11. ____________ kommt vor
dem Fall.
a) Gleichmut
b) Neid
c) Hochmut
d) Arroganz

12. Steter ____________
höhlt den Stein.
a) Erfolg
b) Strom
c) Tropfen
d) Widerstand

13. Die ____________
im Sack kaufen.
a) Hühner
b) Katze
c) Äpfel
d) Lorbeeren

14. ____________ macht auch
Mist.
a) Kleinvieh
b) Gemüse
c) Stroh
d) Viehhaltung

15. Stille ______ sind tief.
a) Ozeane
b) Teiche
c) Bäche
d) Wasser

16. Etwas übers __________
brechen.
a) Knie
b) Kerbholz
c) Schienbein
d) Feuer

17. Für jemanden die Hand ins
____________ legen.
a) Wasser
b) Trockene
c) Feuer
d) Öl

18. Vom Regen in die _______
kommen.
a) Dunkelheit
b) Traufe
c) Scheune
d) Flut

19. Wer im ____________
sitzt, soll nicht mit Steinen wer-
fen.
a) Gewächshaus
b) Trockenen
c) Regen
d) Glashaus

20. Sich mit fremden ________ schmücken.
a) Lorbeeren
b) Kleidern
c) Federn
d) Kränzen

21. Sein Licht unter den ______________ stellen.
a) Schatten
b) Schirm
c) Scheffel
d) Baum

22. Sich auf den __________ getreten fühlen.
a) Fuß
b) Schlips
c) Schuh
d) Zeh

23. Die Nadel im ___________ suchen.
a) Heuhaufen
b) Stroh
c) Gras
d) Gestrüpp

24. Die ______________ im Dorf lassen.
a) Familie
b) Bäckerei
c) Eiche
d) Kirche

25. Den Wald vor lauter ______________ nicht sehen.
a) Tannen
b) Wild
c) Bäumen
d) Leuten

26. Mit jemandem ist nicht gut ______________ essen.
a) Kuchen
b) Kirschen
c) Äpfel
d) Erdbeeren

27. Mit ______________ auf Spatzen schießen.
a) Schrot
b) Kanonen
c) Luftgewehren
d) Pistolen

Lösungen: Sprichwörter ergänzen

| | | |
|---|---|---|
| 1. c) | 10. a) | 19. d) |
| 2. b) | 11. c) | 20. c) |
| 3. c) | 12. c) | 21. c) |
| 4. d) | 13. b) | 22. b) |
| 5. a) | 14. a) | 23. a) |
| 6. d) | 15. d) | 24. d) |
| 7. c) | 16. a) | 25. c) |
| 8. d) | 17. c) | 26. b) |
| 9. b) | 18. b) | 27. b) |

## Englisch-Vokabeln

Übersetze die Vokabeln sowohl ins Englische als auch ins Deutsche.

Zeit: **3 Minuten**

1. fear
a) fangen
b) fallen
c) Angst
d) Nähe

2. Tür
a) door
b) blank
c) gap
d) hole

3. patient
a) müde
b) geduldig
c) tolerant
d) beharrlich

4. impression
a) Täuschung
b) Anreiz
c) Eindruck
d) Ausdruck

5. Schuhe
a) boot
b) traipse
c) shoo
d) shoes

6. Fahrer
a) driver
b) priest
c) leader
d) handlebars

7. Fahrzeug
a) car
b) engine
c) device
d) vehicle

8. Mauer
a) blanket
b) block
c) well
d) wall

9. Werkzeug
a) steel
b) mean
c) tool
d) screwdriver

10. tomorrow
a) gerade
b) heute
c) gestern
d) morgen

11. Gefängnis
a) institute
b) prison
c) kitchen
d) detention

12. direction
a) Entwicklung
b) Ausweg
c) Richtung
d) Perspektive

13. turn off
a) rausziehen
b) ausschalten
c) beseitigen
d) stilllegen

14. knife
a) Schere
b) Gabel
c) Messer
d) schneiden

15. Boden
a) place
b) country
c) shore
d) ground

16. handcuffs
a) Handschellen
b) Handgeld
c) Handschuhe
d) Handgelenk

17.Zug
a) train
b) tug
c) draft
d) drag

18. böse
a) berserk
b) rabid
c) nasty
d) penance

19. to visit
a) warten
b) kommen
c) besuchen
d) beschaffen

20. Gift
a) poison
b) topic
c) means
d) evil

21. investigation
a) Investition
b) Maßnahme
c) Untersuchung
d) Unterlagen

22. luggage
a) Gepäck
b) Besitz
c) Sprache
d) Koffer

23. thief
a) Einbrecher
b) Räuber
c) Dieb
d) Ermittler

24. shut
a) Schuss
b) geschlossen
c) durchdacht
d) erschossen

25. fair
a) gerecht
b) hart
c) fahren
d) ehrlich

26. Brücke
a) bridge
b) floor
c) gangway
d) connection

27. assumption
a) Vermutung
b) Panik
c) Empfinden
d) Glaube

28. höflich
a) helpful
b) nice
c) pretty
d) polite

29. Strafe
a) sentence
b) crime
c) punishment
d) felony

30. drinnen
a) chamber
b) scope
c) inside
d) during

Lösungen: Englisch-Vokabeln

| | | |
|---|---|---|
| 1. c) | 11. b) | 21. c) |
| 2. a) | 12. c) | 22. a) |
| 3. b) | 13. b) | 23. c) |
| 4. c) | 14. c) | 24. b) |
| 5. d) | 15. d) | 25. a) |
| 6. a) | 16. a) | 26. a) |
| 7. d) | 17. a) | 27. a) |
| 8. d) | 18. c) | 28. d) |
| 9. c) | 19. c) | 29. c) |
| 10. d) | 20. a) | 30. c) |

## Englische Definitionen

Im Folgenden werden dir Fragen auf Englisch gestellt. Jede Frage zielt auf die Definition einer Englisch-Vokabel ab. Deine Aufgabe ist es, diese Vokabeln auf Englisch zu umschreiben.

Beispiel:
Frage: What does "to prove" mean?
Antwort: To prove means to show that something is true.

Zeit: **10 Minuten**

1. What does barefoot mean?

2. What does wage mean?

3. What does unreal mean?

4. What does to delete mean?

5. What is a swampland?

6. What is a ferry?

7. What is a shopping mall?

8. What does patience mean?

9. What is an issue?

10. What does to quit mean?

11. What is sunlight?

12. What does to adopt mean?

13. What does frequent mean?

14. What is a crisis?

15. What does to paraphrase mean?

**Lösungen**

1.Barefoot means with nothing on your feet.

2. A wage is the money/amount of money that you earn/get.

3. Unreal means that something is more like a dream/vision than reality/real life.

4. To delete means to remove/eliminate/take something that has been written or stored on a computer/PC.

5. A swampland is an area/region/territory of soft, wet land/ground.

6. A ferry is a ship/boat which carries people, vehicles and goods across water/the sea.

7. A shopping mall is a large number of stores/shops under one roof/top.

8. Patience is the ability to wait without complaining/to complain.

9. An issue is an important theme/topic.

10. To quit means to stop to do/doing something.

11. Sunlight is the light from the sun.

12. To adopt means to take another person's child into your family.

13. Frequent means happening often/a lot of times.

14. A crisis is a time of great trouble/danger/problems.

15. To paraphrase means to repeat something using different words.

## Englischer Lückentext

1. Jonas and his friend Marcus want to ___ on a three-day boys trip to Munich.
a) went
b) gone
c) go
d) going

2. Before leaving, they have to make plans on what to ___ in Munich.
a) doesn't
b) does
c) do
d) done

3. Marcus ___ that he really wants to visit the famous Marienplatz.
a) decides
b) decide
c) decided
d) have decided

4. Jonas ___ going to the 'Englischer Garten' because he really
enjoys nature.
a) suggest
b) suggests
c) suggesting
d) has suggested

5. With the Oktoberfest in full swing, Jonas and Marcus ___ on whether to go there or not.
a) contemplate
b) are contemplating
c) contemplated
d) contemplating

6. Some of their friends have already been there and they really ___ it.
a) like
b) likes
c) liking
d) liked

7. However, Marcus and Jonas are not sure because they are both not so much into folk festivals. "Why don't we ___ whether we want to go to the Oktoberfest or not spontaneously?" asks Marcus.
a) decided
b) decide
c) decides
d) deciding

8. "Good idea!" - ___ Jonas. Now they are both ready to enjoy their trip to Munich!
a) say
b) said
c) saying
d) says

9. The Munich Oktoberfest originally ______ in the 16-day period leading up to the first Sunday in October.
a) take place
b) taken place
c) has taken place
d) took place

10. The Oktoberfest ____ as the largest Volksfest (people's fair) in the world.
a) know
b) has known
c) is known
d) is knowing

Lösungen: Englischer Lückentext

| | | |
|---|---|---|
| 1. c) | 5. b) | 9. d) |
| 2. c) | 6. d) | 10. c) |
| 3. a) | 7. b) | |
| 4. b) | 8. d) | |

## Englische Sätze verbinden

In den nachfolgenden Aufgaben sollen die Satzanfänge mit den logisch richtigen Satzenden verbunden werden.

1. Today, Amy went to the doctor's office because ...
a) it was very late and her favorite TV show was on.
b) her brother locked her into the kitchen.
c) she wasn't feeling very well and wanted to get some medicine.
d) Leo took out the trash.

2. James bought a new car ....
a) at his local grocery store.
b) at the farm.
c) at his friend's car dealership.
d) at the zoo.

3. Yesterday, Lydia went to the cinema ...
a) to watch a movie with her friend Leanne.
b) to buy a dress for prom.
c) because she really needed a massage.
d) to take a cooking class.

4. Maria and Jordan are getting married ...
a) in outer space.
b) at a beautiful chapel in the New England countryside.
c) in the kitchen.
d) at the supermarket.

5. At the presidential election in November ...
a) Mickey Mouse is going to be president.
b) Mariah Carey lost 5 kg.
c) I want to have a donut.
d) he would have to draw many non-aligned voters.

6. The policemen ...
a) is going to explode.
b) are talking to the suspects.
c) painting their nails with pink nail polish.
d) has to stop.

7. Janice wants to become a police officer ...
a) because she likes helping people.
b) when she was a baby.
c) at her neighbor's house.
d) because it is Saturday.

8. Marc works as a mechanic
a) in order to feed all the animals.
b) because he likes to swim.
c) because he has loved working on cars ever since he was a little boy.
d) just to eat ice cream.

9. The local soup kitchen ...
a) provides free food for the homeless.
b) has to wash the car.
c) wants to eat a sandwich.
d) can leave early today.

10. Tomorrow, Sina has a dance performance ...
a) because she is tired.
b) while she is sleeping.
c) on the moon.
d) and she is very nervous because her friends will watch her.

11. Nina and Jack are playing hide and seek ...
a) to clean out the basement.
b) but they can't seem to find each other.
c) in class.
d) because Nina is ill.

12. In the town hall ...
a) couples can get married.
b) you can buy groceries.
c) it is raining.
d) dad is hiking.

13. The kettle is whistling ...
a) for donuts.
b) in the ground.
c) because Jason fell and hit his knee.
d) because the water is boiling.

14. Mia doesn't like mathematics ...
a) because she is tall.
b) in order to sit down.
c) because most of the time she doesn't understand the exercises.
d) after going to the doctor's office.

15. Jamie loves cooking Italian
a) to the cinema.
b) because he loves Pizza and Pasta.
c) in the shower.
d) while driving to work.

16. Michael works as a lawyer
a) at the local court.
b) for rainy days.
c) because he likes swimming.
d) after work.

17. Gingerbread cookies ...
a) are a popular treat in the summer.
b) speak Chinese.
c) are a popular treat around Christmas.
d) can dance hip-hop.

18. Lisa is eighteen years old,
a) after work.
b) forever.
c) a lot since she was little.
d) which makes her an adult.

19. At midnight ...
a) the clock strikes 10.
b) the clock strikes 12.
c) the clock strikes 9.
d) the clock strikes 15.

20. Because I am an employee, ...
a) I can do whatever I want.
b) I have to obey my boss.
c) I love cooking.
d) I can come to work and leave at any time I like.

Lösungen: Englische Sätze verbinden

| | | |
|---|---|---|
| 1. c) | 8. c) | 15. b) |
| 2. c) | 9. a) | 16. a) |
| 3. a) | 10. d) | 17. c) |
| 4. b) | 11. b) | 18. d) |
| 5. d) | 12. a) | 19. b) |
| 6. b) | 13. d) | 20. b) |
| 7. a) | 14. c) | |

# Bonus: Informative Online-Inhalte und Communities

**Hunderte kostenlose Online-Tests**
www.plakos.de

**Online-Trainings und weitere Informationen**
www.plakos-akademie.de

www.beamtentest-vorbereitung.de

Öffentlicher Dienst
oeffentlicher-dienst.plakos.de

Verwaltungsfachangestellte
www.plakos.de/verwaltungsfachangestellte/

## ANMELDUNG

### Kauf über die Plakos Akademie Homepage

Du bekommst nach Kaufabschluss eine E-Mail mit den Zugangsdaten zum Mitgliederbereich (Online Lerninhalte). Die Zugangsdaten kannst du sowohl in unserer Web-Oberfläche, als auch in unserer App nutzen. Als Plakos Akademie Mitglied musst du für Inhalte in unseren Apps nicht extra zahlen.

Link zum Mitgliederbereich:
**https://web.plakos-akademie.de**

Link zur passenden App:
**https://plakos-akademie.de/kundenservice-apps/**

### Kauf außerhalb der Plakos Akademie z.B. Amazon, Hugendubel etc.

1a. Scanne den QR-Code um direkt zum Registrierungsformular zu kommen

1b. Oder gib die folgende URL in die Adresszeile ein:
**https://kurse.plakos-akademie.de/registrierung-rechtspfleger-einstellungtest-kurs/**

2. Fülle das Formular mit deinen Daten und gebe unter „Zugangscode“ den folgenden Code ein:
**rechtBYJXS**
3. Klicke auf „Registrieren“.
4. Du kannst dich nun mit den gerade eingegebenen Daten in der Plakos Akademie anmelden.

## MEIN PROFIL

Unter „Mein Profil“ findest du alle relevanten Informationen zu deinem Account. Du kannst dort:

- Deine persönlichen Daten verwalten
- Bilder und Informationen über deine Person hinzufügen

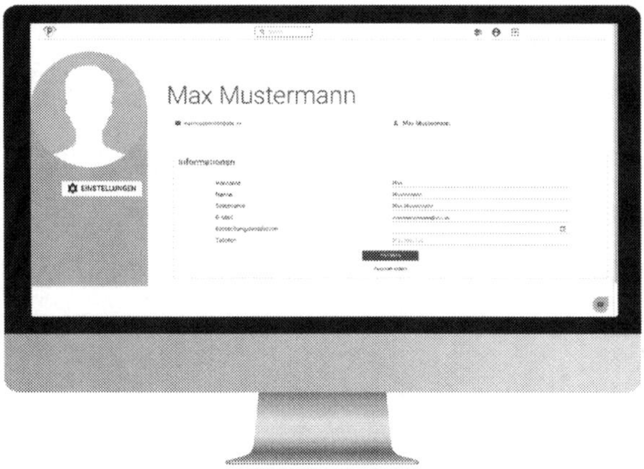


## MEINE KURSE

Unsere Kurse haben immer den gleichen Aufbau. Ein Kurs besteht aus mehreren Lektionen, diese wiederum aus einzelnen Themen und Tests.
Über den Reiter “Meine Kurse” im Menü rechts oben kommst du zu deiner Kursübersicht. Dort siehst du alle Kurse, die für dich freigeschaltet sind. Je nach Paket können das mehrere oder auch nur ein Kurs sein. Im Kurs bekommst einen Überblick zu den Lernzielen, Lerninhalten und der Dauer des Kurses.

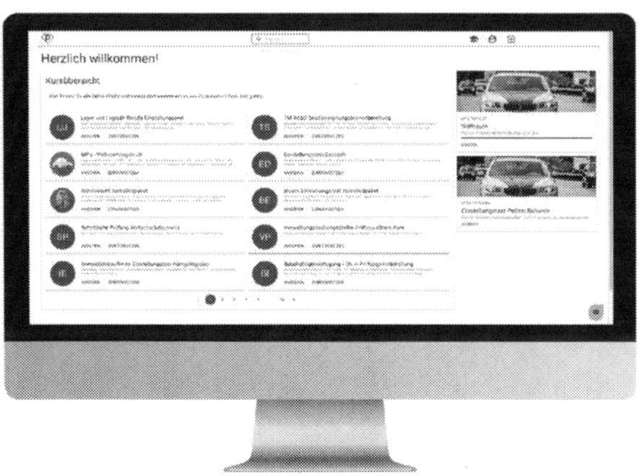

## NAVIGATION

Falls du mit einem bestimmten Thema beginnen möchtest, navigiere über die Hauptnavigation links zum gewünschten Inhalt. Über den "Weiter"-Button unten rechts kannst du direkt mit deiner nächsten Lerneinheit beginnen. Die Hauptnavigation lässt sich auf und zuklappen, sodass dein Fokus immer auf dem Lerninhalt liegt.
Zur besseren Übersicht erhältst du über der Überschrift einen Navigationspfad zu dem Thema, welches du gerade aufgerufen hast. Dort kannst du zu den übergeordneten Inhalten springen.
Weiterhin kannst du unsere Suche zum Durchsuchen von passenden Kursinhalten verwenden.

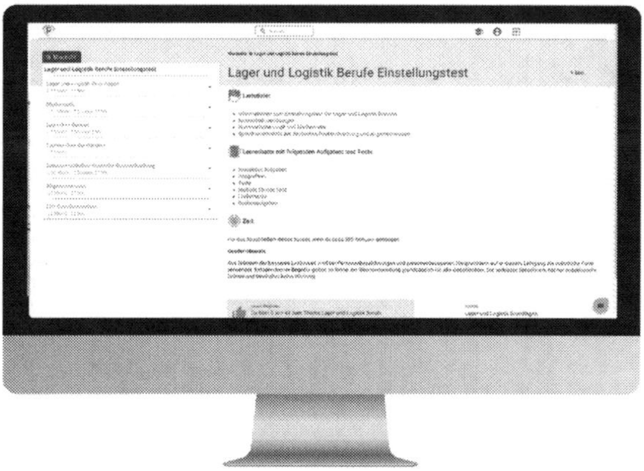


## KURSFORTSCHRITT

Sobald du mit dem Lernen eines Themas fertig bist, kannst du über den "Fertig"-Button das Thema abschließen. Dein Kurslevel steigt dadurch und du näherst dich deinem Ziel zum wahren Profi aufzusteigen.

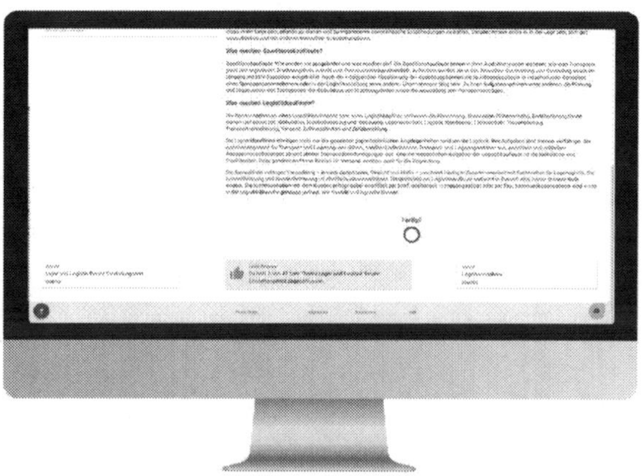

## MERKZETTEL

Du möchtest gewisse Fragen aus einem Test abspeichern, damit du diese nicht nur schnell wiederfindest, sondern auch gesammelt ein weiteres Mal bearbeiten kannst? In diesem Fall empfehlen wir dir die "Merkzettel"-Funktion.

Hast du Fragen zum Merken markiert, erscheint die entsprechende "Merkzettel-Box" mit deinem neuen Test (Kurs-Test "Merkzettel"), der ausschließlich die gespeicherten Fragen enthält. (Hinweis: Je Kurs kannst du dir einen eigenen Merkzettel einrichten).

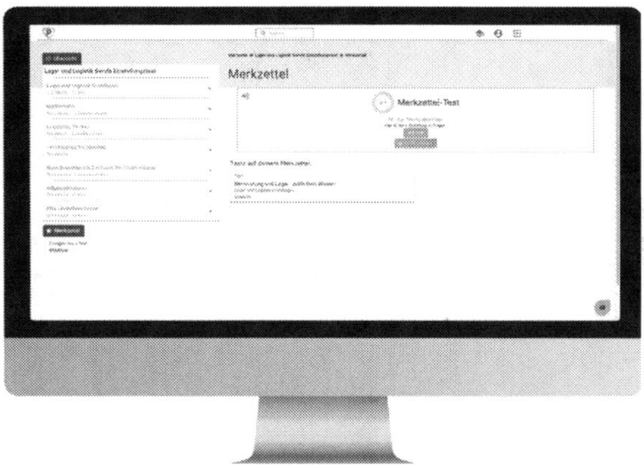

## FEEDBACK

Bei Fragen zu unseren Tests kannst du uns direkt Feedback geben, wenn du auf die Sprechblase rechts neben der Frage im Fragenübersichtsbereich am Ende des Tests klickst. Es öffnet sich daraufhin ein Dialogfeld, in dem du deine Frage oder dein Feedback genauer beschreiben kannst. Wenn du deine E-Mail Adresse hinterlässt, melden wir uns in der Regel innerhalb von 24h bei dir.

## ANSPRECHPARTNER UND SUPPORT

Falls du noch Fragen hast, scanne den QR-Code oder gib die folgende URL in die Adresszeile ein: **https://plakos-akademie.de/kundenservice/**, um auf unsere FAQ Seite zu gelangen.

Wenn du weitere Hinweise hast oder Hilfe benötigst, kannst du dich per Mail unter **support@plakos.de** oder per Chat über unsere Homepage an uns wenden. Wir antworten dir in der Regel innerhalb von 24h auf deine Anfrage. Bitte bedenke, dass die Antwortzeit am Wochenende oder an Feiertagen länger ausfallen kann.

Unsere Betreuungszeiten: Mo. - Fr. von 9 - 15 Uhr

## TIPPS FÜR EIN OPTIMALES LERNEN

Vermeide die folgenden drei Lernfehler:

Lernfehler 1: Aufschieberitis (= Hinausschieben des Lernbeginns). Stattdessen solltest du rechtzeitig mit deiner Vorbereitung beginnen, also spätestens drei Wochen vor dem Prüfungstermin.

Lernfehler 2: Bulimie-Lernen (wenige Tage vor dem Test versuchen, den ganzen Stoff aufzunehmen). Stattdessen solltest du dich in kleinen Schritten vorbereiten – zum Beispiel 30 Minuten täglich in deine Vorbereitung investieren.

Lernfehler 3: Mangelnder Ausgleich. Achte darauf, dass du dir genug Auszeiten vom Lernen nimmst! Bewegung an der frischen Luft, zum Beispiel ein täglicher 30-minütiger Spaziergang, ist sehr hilfreich.
Vermeide gedankliches Multitasking und fokussiere dich beim Lernen ausschließlich auf die Aufgaben.

Wenn du Aufgaben übst, legst du am besten dein Smartphone weg, schaltest es auf stumm oder direkt aus.

Wenn du zu lange am Schreibtisch sitzt, verkrampft dein Körper, deine Gedanken schweifen ab und deine geistige Aufnahmefähigkeit schwindet. Stehe demnach zwischendurch auf, mache Dehnübungen oder kleinere Spaziergänge. Baue genügend Erholungsphasen in deinen Alltag mit ein.

Vermeide Zuckerbomben wie Süßigkeiten, denn diese lassen dich schneller ermüden und führen zum Konzentrationsabfall. Greife stattdessen lieber zu „Brain Food", wie Nüsse oder Äpfel.

Achte auf eine regelmäßige Zufuhr von komplexen Kohlenhydraten, zum Beispiel durch ein nahrhaftes Frühstück, etwa mit Haferflocken oder einem Vollkornbrot.

Schreibe nach dem Lernen auf, was du heute alles geübt hast (welche Lektionen und Aufgaben), welche Erkenntnisse du daraus gezogen hast und welche Aufgaben gut sowie welche eher mäßig gelaufen sind. Führe quasi ein Lerntagebuch um deinen Fortschritt festzuhalten.

Printed in France by Amazon
Brétigny-sur-Orge, FR

17450454R00203